高职高专旅游类专业系列教材

饭店管理

主　编：孙　靳
副主编：刘中杰　魏　娟　杨　洋

南开大学出版社
天　津

图书在版编目(CIP)数据

饭店管理 / 孙靳主编. —天津:南开大学出版社,
2013.10

高职高专旅游类专业系列教材

ISBN 978-7-310-04326-2

Ⅰ.①饭… Ⅱ.①孙… Ⅲ.①饭店－企业管理－
高等职业教育－教材 Ⅳ.①F719.2

中国版本图书馆 CIP 数据核字(2013)第 231329 号

南开大学出版社出版发行

出版人:孙克强

地址:天津市南开区卫津路 94 号 邮政编码:300071

营销部电话:(022)23508339 23500755

营销部传真:(022)23508542 邮购部电话:(022)23502200

*

唐山天意印刷有限责任公司印刷

全国各地新华书店经销

*

2013 年 10 月第 1 版 2013 年 10 月第 1 次印刷

260×185 毫米 16 开本 15 印张 378 千字

定价:30.00 元

如遇图书印装质量问题,请与本社营销部联系调换,电话:(022)23507125

前　言

新时代的中国饭店业呈现出新的特点，经济的发展和迅速崛起的旅游业吸引着世界的目光。目前，已有 40 多个国际饭店管理集团的 70 多个品牌落户中国，在华经营和管理的饭店数量达 1000 多家，世界排名前 10 位的国际饭店管理集团均已进入中国，中国已经成为全球饭店业中发展潜力最大、发展效益最好、综合收益最高的市场之一。截至 2012 年底，我国共有星级饭店 14000 家，其中四星级酒店 2500 多家，五星级酒店 700 家，客房总数 150 多万间，固定资产原值 4600 亿元，营业总收入 2000 多亿元，从业人员总数达 150 多万人。当前，中国还处于城镇化的中期，未来二三十年仍将是中国城镇化的快速发展期，饭店业与城镇化相互交织、相互融合的状态将长期存在，饭店业在二三线城市和中西部地区的较快发展势头将不会改变。

面临行业的高速发展，饭店管理专业的教育教学也要与时俱进，特别是饭店从业人员的主力军——高职高专学生，更应该用最新、最前沿的饭店管理理论武装自己，为之后的饭店管理实践打下良好基础。在这样的情况下，我们结合国内外饭店发展具体实际，参考众多专家学者的相关研究成果，编写了《饭店管理》一书，以期对饭店管理专业高职高专学生认知饭店、培养管理意识提供帮助，同时也希望能为饭店管理从业人员提供理论参考。

本书共分为三个部分十三章。第一部分为饭店管理概述，论述了饭店及饭店行业的内涵、特征及基本发展情况，饭店管理的基础理论和方法，饭店集团及企业文化的基本内容。第二部分为饭店职能管理，在系统介绍传统饭店职能部门管理的基础上加入了国际品牌饭店常见的收益管理知识。第三部分为饭店业务部门的管理，较为详细地描述了饭店业务部门各岗位的管理要点。

全书在各章前设有学习目标、主要内容及导入案例，各章末尾安排了思考题和案例分析题，并将饭店常见词汇短语按照国际饭店常用标准进行了英语翻译。

本书由河南信息统计职业学院孙靳担任主编；河南信息统计职业学院刘中洁、武汉信息传播职业技术学院魏娟、河南商业高等专科学校杨洋担任副主编；参编人员还有河南信息统计职业学院万慧、谢宇、王丹丹，武汉航海职业技术学院陶仕娟，浙江越秀外国语学院潘颖颖，连云港职业技术学院魏焱，武汉信息传播职业技术学院吕晓蓉。全书最后由孙靳统纂定稿，谢宇担任了关键词汇的翻译和校对工作。本书在编写过程中，也得到了三亚海棠湾 9 号凯莱度假酒店于莎莎经理的协助，提供了大量的真实数据和参考资料。

本书在编写过程中参考和引用了一些专家的研究成果和相关资料，在此，谨向他们致以最诚挚的谢意。参加本书编写的老师虽长期从事饭店管理课程教学，有一定的专业功底和丰富的教学经验，但毕竟缺少在业内工作的实践经验，因此书中难免疏漏、欠缺及不当之处。真诚希望能得到各位专家、同行和读者的批评指正，便于今后予以完善。

目　录

第一章 饭店概述

【学习目标】

1. 掌握现代饭店的概念
2. 了解饭店发展简史
3. 熟悉饭店的类型、等级、功能与
4. 熟悉饭店星级的评定与管理

【主要内容】

1. 饭店的含义及功能

饭店的定义；饭店的特点；饭店的功能

2. 世界饭店发展史

古代客栈时期；大饭店时期；商业饭店时期；现代饭店时期

3. 饭店的类型

根据饭店市场及宾客特点划分；根据饭店客房数量划分；根据饭店建筑投资费用和服务档次划分

4. 饭店的等级

国际饭店业等级制度；我国饭店业星级评定制度

【导入案例】

世界饭店之最

全世界最豪华的饭店当数阿联酋迪拜的阿拉伯塔（Burj Al-Arab）饭店，它是所谓的"七星级"饭店。还有在我国海南海棠湾由今典集团斥资 16.8 亿元打造的费尔蒙酒店。

最高的旋转式饭店——瑞士 Allalin 饭店。这家饭店建在阿尔卑斯山上，海拔 3500 米。整个饭店每 1 小时旋转一周，顾客在用餐时可欣赏阿尔卑斯山周围美景。

首家水下饭店——以色列 Red Sea Stars 饭店。这家饭店于 1993 年开业，顾客在这里就餐时可以一边吃着新鲜的海鲜，一边观看海底世界。

最奇特的饭店——西班牙 El Bulli 饭店。在这家饭店里，顾客可品尝到世界上工艺最独特和最古怪的丰盛可口的食物，其独特风味可以说在世界上其他任何一家饭店都不会品尝到。

最大的饭店——泰国曼谷 Tum Nuk Thai 饭店。其面积有 4 个足球场大，仅中央大厅一次就可接待 5000 多名客人。这里所有服务员都穿着轮滑鞋为顾客服务。

最古老的饭店——巴黎 Le Grandveyour 饭店。这家饭店建于 1784 年，法国历史上最著名的人士几乎都曾经到这家饭店就餐。饭店中所有的饭菜一直保持着法国最古老的特色，这里的所有摆设都是正宗的法国古董。

最小的饭店——芬兰 Kuappi 饭店。这家饭店只有 1 个单独的小餐厅，餐厅内仅设 2 个座位，一次只招待 2 位顾客。

最漂亮和最雅致的饭店——莫斯科图兰多特饭店。该饭店由世界上数十家著名的设计公司合作设计建造，完全是仿古建筑。饭店中摆有中国古代的瓷器，俄罗斯古老的壁炉、枝形烛台和灯架。

资料来源：百度百科，http://baike.baidu.com/view/128810.htm

第一节　饭店的含义及功能

饭店是一个古老的行业。伴随着人类活动的展开，为旅行者提供食宿的场所也随之产生，从古至今延续不断，世界各地皆然，只是由于地域、语言、风俗的差别，饭店的称呼各异，但其本质是相同的。随着历史的变迁、时代的演进，饭店在功能上和服务上都发生了巨大的变化。认识并了解饭店，才能实现饭店从业者所追求的职业目标，使饭店成为文明、进步、积极、愉悦的消费体验满足地。

【案例 1】

关于"Hotel"的称谓

* 国外有关"Hotel"的称谓

Hotel，一般指为旅游者提供饮食和住宿设施的建筑物。关于 Hotel 一词的来源有两种说法：一种说法是其源于法语，意为"贵族的别墅"，即贵族门第和官宦之家的主人用来招待亲朋好友的地方；另一种说法是其源自拉丁文，意为"主人接待客人的地方"。目前 Hotel 一词一般指那些开设在现代城市中，设施豪华、设备齐全、服务优质，并能向客人提供一系列综合服务的住宿设施。

* 国内有关"Hotel"的称谓

目前对 Hotel 的中文翻译包括酒店、饭店、宾馆、旅馆等。特别是在不同地区，因其使用习惯不同称谓也不同。在中国南方和东南亚地区，一般习惯称"酒店"。中国北方地区则大多称"饭店"；自新中国成立至改革开放以前，也有部分饭店是政府作招待所用，是一种非营利的机构，称为"宾馆"。1988 年，我国制定并开始执行《中华人民共和国评定旅游涉外饭店星级的规定和标准》，由于该标准使用的是"饭店"这一名词，所以目前"饭店"这一名称也极为常用。中国教育部也作出规定，将课程名称统一为"饭店管理"，也是沿用了"饭店"这一称谓。

一、饭店的含义

有关饭店的理论知识已形成一定的体系，但对于饭店的具体概念却众说纷纭，始终未形成一个统一的定义。

有观点认为，"饭店"（Hotel）一词源于法语，原意是指贵族在乡间招待贵宾的别墅。随着社会发展，饭店的内涵与外延都发生了巨大的变化。

国外一些权威词典对"饭店"一词有如下定义：

• "饭店是在商业性的基础上，向公众提供住宿也往往提供膳食的建筑物。"——《大不列颠百科全书》。

• "饭店是装备完好的公共住宿设施，它一般都提供膳食、酒类以及其他服务。"——《美利坚百科全说》。

• "饭店是提供住宿、膳食等而收费的住所。"——《牛津插图英语辞典》。

国内学者对饭店概念的界定也有很多，如：

• 饭店是指功能要素和企业要素达到规定标准的，能够接待旅居宾客及其他宾客，并为他们提供住宿、饮食、购物、娱乐以及其他服务的综合性服务性企业。（蒋丁新，2002）

• 饭店实际上是以一定的建筑物及其相应设施为凭借，通过为顾客提供住宿、饮食和其他各种综合性服务而获取经济效益的企业组织。（杜建华，2003）

• 饭店旅馆是以大厦或其他建筑物为凭借，通过出售各种服务——客房、饮食和综合性服务项目，使旅行者的旅居成为可能的一种投宿设施和综合性的经济组织。（蔡万坤，刘胜玉，1987）

• 饭店是以接待住宿设施为依托，为公众提供食宿及其他服务的商业性服务企业。（黄震方，2001）

结合国际性权威解释和中国具体国情，本书对现代饭店概念界定为：饭店是以建筑物和设施设备为依托，以提供餐饮、住宿、娱乐等综合性服务为手段，以实现盈利为目的的企业。

另外需要注意，本书中提到的饭店提供的是综合性服务，要把它和只提供单一服务的企业，比如餐饮店、洗浴中心等区别开来。

通过如上定义，我们认为，现代饭店应具备以下几个特点：

1. 综合性

饭店综合性服务的性质表明现代饭店与一般企业不同，饭店所提供的产品是多种产品的组合。这些产品既有有形产品，又有无形产品；既有一次性消费产品，又有多次性、连续性消费产品。综合性服务的概念不仅表明了饭店产品形式的综合性，而且表明了饭店产品在产、供、销方面的综合性；不仅表明了饭店在对客人服务中的综合性，而且也表明了饭店经营管理中的综合性。在饭店服务管理中经常提到"100-1=0"和"100-1<0"，就是现代饭店综合性服务概念的一种反映。

2. 涉外性

涉外性表明了现代饭店不仅要接待各类国内旅游者，而且要接待各类国际旅游者。饭店的服务管理人员不仅要熟知饭店所在地政府的方针、政策，而且要了解熟悉国际惯例、各国风俗习惯以及国际交往的相关政策；不仅要提供符合本国、本地区旅游者所需要的饭店产品，而且要提供满足各类国际旅游者需求的服务与管理。

3. 商业性

商业性表明了现代饭店是一个经济实体，是一个必须要产生经济效益才能生存的企业。它要求饭店的经营管理必须要符合市场规律，必须迎合、满足市场的需要；要以顾客、市场为导向，使顾客感到"宾至如归"；要考虑饭店产品的产、供、销，不断改进产品的质量，提高市场竞争力；要遵循经济规律，搞好经济核算，控制成本，提高利润；要面对市场，敢于竞争，善于竞争。

4. 公共性

公共性反映出现代饭店是一个进行文化科技交流、社交活动的中心，是一个除了"衣冠不整者"以外任何人都可以进入的公共区域。这一性质要求饭店的管理人员要具有安全保卫的意识：既要保护饭店财产安全，又要保护客人的生命、财产安全；既要维护客人的各种利益，又要维护饭店的利益。饭店的经营管理者要充分认识和理解客人的需求：既要满足住店客人的需求，又要满足各种进入饭店的非住店客人的需求；既要让住店客人感觉安全和温馨，又要保证饭店作为公共场所的形象和作为生活、科技、文化交流中心及社交中心的功能。

二、饭店的功能

随着人们的旅游需求越来越高，饭店的功能也越来越齐全。其主要功能有住宿功能、餐饮功能、商务功能、家居功能、度假功能、娱乐功能等。

（一）饭店的旅游功能

1. 饭店是创收的基地

饭店是旅游业发展的物质基础，为旅游者提供了旅游活动中的食、住、娱场所。除此之外，现代饭店还为人们提供了保健、社交、会议、消遣与购物的场所。它以一种特殊的商品形式吸引人们用较多的货币去购买在家庭和其他地方享受不到的东西，以提供各种优质服务来获得盈利，这就促进了旅游业的发展，并直接促进了国民经济的发展。

2. 饭店本身即是旅游吸引物

例如，位于阿联酋迪拜的阿拉伯塔（Burj Al-Arab）饭店、太空旅馆等，它们既是饭店，同时又可以将本国（自身）文化所包含的内容通过硬件和软件等各方面综合表现出来，从而成为旅游吸引物，成为旅游资源。

【案例 2】

迪拜的"七星级"饭店——阿拉伯塔饭店

阿拉伯塔是世界上唯一的"七星级"饭店（因为饭店设备实在太过高级，远远超过五星的标准，只好破例称它做"七星级"），它开业于 1999 年 12 月，建在离海岸线 280 米处的人工岛 Jumeirah Beach Resort 上。阿拉伯塔糅合了最新的建筑及工程科技，迷人的景致及造型，使它看上去仿佛和天空融为一体。建造阿拉伯塔花了 5 年的时间，其中一半时间用于在阿拉伯海填出人造岛，另一半时间用于建筑本身。建筑使用了 9000 吨钢铁，并把 250 根基建桩柱打在 40 米深海下。饭店由英国设计师 W. S. Atkins 设计，外观如同一张鼓满了风的帆，一共有 56 层、321 米高，是全球最高的饭店，比法国艾菲尔铁塔还高上一截。

阿拉伯塔是阿拉伯人奢侈的象征，亦是迪拜的新标志。走进这个世界上最高的饭店就如同走进了阿拉丁的洞穴，豪华的佐证非笔墨可言喻，从带顾客进入海鲜餐馆的小型潜艇，到每个房间的 17 个电话筒，再到用作机场巴士的 8 辆劳斯莱斯都可略见些许。顾客甚至可以要求直升机接送，在 15 分钟的航程里，率先从高空鸟瞰迪拜的市容，欣赏壮丽的景观后才徐徐降落在 28 楼的直升机坪。

阿拉伯塔饭店内部装饰更是极尽奢华，触目皆金，连门把、厕所的水管，甚至是一张便条纸都"爬"满黄金。虽然是镀金，但要将所有细节都优雅不俗地以金装饰，则是对于设计师品位与功力的考验。由于其外观造型如同水上的一张帆，因此饭店内到处都是与水有关的主题。比如：一进饭店的两座大喷水池，不时变换着不同的喷水方式，每一种皆经过精心设计，约 15～20 分钟就换一种喷法；搭着电梯还可以欣赏高达十几公尺的水族箱，使人很难相信室外就是炎热高温的阿拉伯沙漠。

给顾客感受最深的应当是雄霸 25 楼及以上楼层的皇家套房，如同皇宫一样气派：家具是镀金的，有私家电梯、私家电影院、旋转睡床、阿拉伯式会客室，甚至衣帽间的面积都比一般饭店的房间大。最特别的是睡房的天花板上有一面与床等大的镜子，和自己面对面睡觉的感觉会不会很奇怪？

房间的奢华还没来得及回味，餐厅更是让人觉得匪夷所思：饭店内的 AI-Mahara 海鲜餐厅仿佛是在深海里为顾客捕捉最新鲜的海鲜，在这里进餐的确是难忘的经历——要动用潜水艇接送。从饭店大堂出发直达 AI-Mahara 海鲜餐厅，虽然航程短短 3 分钟，可是已经进入一个神奇的海底世界，沿途有鲜艳夺目的热带鱼在潜水艇两旁游来游去，美不胜收。安坐在舒适的餐椅上，四周的玻璃窗外珊瑚、海鱼构成了一幅幅流动景象，客人在此美景中享受惬意的晚餐。

海里有餐厅，空中也有餐厅，客人只需乘搭快速电梯，33 秒内便可直达屹立在阿拉伯海湾上 200 米高空的 AI-Mahara 餐厅。进入太空设计的餐厅，以蓝绿为主的柔和灯光，再加上波浪设计的衬托，就仿佛进入另一世界。该餐厅可容纳 140 名顾客，晚餐之际，夜空璀璨，环观迪拜的天空和海湾，享受地中海风味的高级厨艺，想是人生至高的享受了。而仅供应美味的 Mediterranean（地中海餐），则是该餐厅的另一大特色。

资料来源：新华网，2005 年 4 月 25 日

（二）饭店的产业功能

1. 经济效益

饭店作为一个实行自负盈亏、独立核算的经济组织，经济效益是其追逐的一个很直接的目标。饭店通过生产和销售饭店产品而获取收益，其收入在旅游业收入中往往占一半以上。特别是旅游饭店，通过接待以外汇结算的海外旅游者可以获得大量的外汇收入，从而对接待国家或地区的外汇收支平衡、促进国家（地区）建设起到了重要作用。

2. 市场拉动作用

饭店业的发展带动了其他相关行业的发展，为其所在地区带来了巨大的经济收益。一是饭店建设中的大量投入能拉动建筑市场、建材市场、室内装潢市场的发展；二是饭店经营过程中所需的大量物资能拉动生产资料市场和生活资料市场，并促进相关行业的发展。

3. 带动就业

饭店是劳动密集型企业，需要大量的管理和服务人员。按我国目前饭店的人员配备状况，平均每间客房约配备 1.5～2 人，若新建一座 300 间客房的饭店，将创造 450～600 个直接就业机会。同时，饭店又能为其他相关行业，如饭店建筑与设备、饭店所需物品的生产和供应

行业提供大量的间接就业机会。根据国际统计资料和我国近年来的实践经验，高档饭店每增加 1 个房间，可以直接和间接为 5～7 人提供就业机会；中低档饭店每增加 1 个房间，则可以为 4～5 人提供就业机会。

（三）饭店的社会功能

1. 饭店在管理和服务方面起着表率作用

首先，此表率作用是相对国内的其他行业而言的。饭店面对的是国际市场，它的经营理念、管理水平、服务质量都应和国际市场接轨，从而达到较高水准。饭店的管理和服务应超越国内生产力的水平，具有先进性和适度超前性。

1982 年我国饭店业引进外资进行饭店建设和改造；1983 年引进国外管理公司对饭店进行管理，或引进国外先进的饭店管理经验，并在全国饭店业推广岗位责任制和浮动工资制；1988 年推行"饭店星级评定制度"。同时，饭店将大量商品市场观念运用到饭店的实际经营管理中。从而，其他行业也提出进行"宾馆式的管理"，饭店由此起到表率作用。

其次，饭店在提倡文明礼貌方面也起到了表率作用。饭店业是一个讲究礼貌的服务性行业，需要通过礼貌、热情的服务与宾客沟通，树立形象，赢得市场。

2. 饭店是改革开放的先导及各地经济发展的窗口

中国饭店业的形成和发展本身就是改革开放的产物，而饭店业的发展对我国改革开放又起到了十分重要的推动作用。饭店业的发展不仅带来了新的文化和新的生活方式，而且其在经营过程中的创新和发展更带来了新的管理观念和管理制度，所有这些对各地改革开放都起到了重要的推动作用。一个地区、一个城市的饭店业构成了当地投资环境的重要组成部分，其发展水平在一定程度上标志着该地改革开放的水平，直接影响客商对当地投资环境的认可程度，因而也是各地经济发展的窗口。

第二节　世界饭店发展史

为旅行者提供过夜、休息、餐食的设施自古有之。相传欧洲最初的食宿设施始于古罗马时期，其发展进程大致经历了古代客栈时期、大饭店时期、商业饭店时期、现代饭店时期等阶段，期间几经起落，几经盛衰。第二次世界大战以后，随着欧美等国经济的恢复，旅游业迅猛发展，各国饭店数量激增，世界饭店业进入了新的历史时期。伴随着饭店业发展的是饭店经营管理理念的发展。在不断的探索、研究与总结中，饭店的经营和管理理论在实践中获得成长和完善，从而可以更好地指导实践。

一、古代客栈时期（Ancient Inn Era）（12 世纪～18 世纪末）

由于社会的需要，千百年前就出现了客栈和饭店，这是一种简单满足旅行者食宿需求的设施。这种状况一直延续到 18 世纪末，这一段漫长的时期在世界饭店发展史上被称为古代客栈时期。

客栈，英文名为 Inn，指乡间或路边的小旅馆，供过往的客人寄宿。它是现代意义上旅馆的雏形。早期的客栈设施简陋，仅提供基本食宿。由于客栈的服务项目少、服务质量差，因此常常被视为低级行业。它真正流行于 12 世纪以后，盛行于 15～18 世纪。那时候，有些客栈已拥有 20～30 间客房，有些较好的客栈设有酒窖、食品室、厨房，为客人提供酒水和食品。还有一些客栈已开始注意周围环境状况，房屋前后有花园、草坪，客栈内有宴会厅、舞厅等。客栈大多设在古道边或是驿站附近，外出的传教士、信徒、外交官吏、信使、商人等是其主要的客源。客栈除了为过往旅客提供食宿外，还逐渐成为人们聚会、相互交往并交流信息的场所。

二、大饭店时期（Grand Hotel Era）（18 世纪末～19 世纪末）

18 世纪后期，始于英国的产业革命为饭店业的发展注入了活力。首先，火车、轮船的普及方便了人们的远行，贵族等上层人物的度假旅游和公务旅行日益增多；其次，产业革命带来的一系列技术革命为饭店设施的革新创造了良好的条件，饭店开始了装备现代化的第一步。

大饭店时期也叫豪华饭店时期，建造豪华饭店是这一时期欧美国家的潮流，具有代表性的有美国波士顿的特里蒙特饭店、巴黎的巴黎大饭店和罗浮宫大饭店、柏林的凯撒大饭店、伦敦的萨伏依大饭店等。豪华饭店多建在繁华的大都市，规模宏大，建筑与设施豪华，装饰讲究，服务一流，以接待王公贵族、官宦名流为主。在此，我们还不得不提到这一时期饭店经营者中最具代表性的人物恺撒·里兹（Caeser Ritz），他提出了许多豪华饭店的经营理念，至今广为流传。

豪华饭店时期的饭店经营管理主要有以下三方面特征：

1. 提出了"客人永远不会错"的服务理念

恺撒·里兹毫无疑问是一位饭店业的天才，他所经营、管理的饭店均以设施豪华、服务精良著称，总能吸引达官显贵、社会名流前往。在服务员和客人的相互关系上，他提出了"客人永远不会错"（The customer is never wrong）的观点，追求"不惜代价，尽其所能，使客人满意"（At all costs, doing everything possible to make the customer satisfied）的服务境界，留下了很多饭店服务方面的佳话。

豪华饭店时期很多奢华的经营作风在岁月中流逝了，但"客人永远不会错"的理念从此流传下来，并逐步演变成"客人永远是对的"（The customer is always right），成为现代所有服务行业的金玉良言。

2. 将管理与服务分离

这一时期，饭店服务开始正规化，饭店不仅对服务员的待客礼仪严格要求，还对客人的社交礼仪作出规定。比如，在里兹管理萨伏依饭店时期，每位客人由一名专门指定的服务人员服务，同时饭店要求进店客人举止文雅、衣着讲究，进餐厅者必须穿礼服，女士不得戴头饰，无男士陪伴的单身女子不得入内。

饭店讲求服务规格后，管理事务日益增多，于是开始专门设立饭店经理、副经理、餐厅总管、厨师长等管理职位，聘请有经验的人员进行管理。欧洲逐渐出现了一批优秀的饭店管理人员，他们经常受邀到各地管理不同的饭店，管理经验得以相互交流。

3. 饭店的社会功能进一步加强

起先的豪华饭店以接待度假的达官贵人为主，到了里兹时期，到饭店用餐渐渐成为风尚，吸引了包括多国国王在内的王公贵族，很多豪华饭店成为上层社会的活动中心。

在同时期的美国，饭店被看作公共建筑，常常是一个城镇最引人注目、最宏伟的建筑物。因此，新城镇的创建者们都认识到一家好饭店的价值，甚至在城镇成型之前就先把饭店建好。

此时，饭店就不仅仅是为旅行者提供食宿的地方了，它既是社会的产物，又是社会的创建者，同时还是人们狂热追求社会生活的象征。由于工业革命产生的新技术大量运用于住宿、饮食和娱乐生活，饭店开始引导世界消费的新潮流，这一特点保留至今。

三、商业饭店时期（Business Hotel Era）（20 世纪初～20 世纪 50 年代）

商业饭店时期大约从 20 世纪初到 20 世纪 50 年代中期。美国的饭店大王埃尔斯沃思·斯塔特勒（Ellsworth Statler）被认为是商业饭店的创始人。他凭着自己多年从事饭店经营的经验及对市场需求的了解，立志要建造一种"以一般公众能负担的价格，提供必要的舒适与方便、优质的服务与清洁卫生"的饭店，亮出了"平民化、大众化"的旗号。1908 年，他在美国纽约水牛城（Buffalo）建造了第一家由他亲自设计并用自己名字命名的斯塔特勒饭店，一个带卫生间的客房房价仅为 1 美元 50 分。该饭店拥有 300 间客房，是全美国第一家全部客房都带卫生间的饭店。斯塔特勒饭店成为饭店业新的里程碑。

斯塔特勒对饭店经营管理理念的发展有重大贡献，主要体现在：

1. 强调饭店的区位选择

"饭店经营成功的根本要素是地点，地点，还是地点"，这一至今仍广为流传的名言就是出于斯塔特勒的杰出创意，并被如今的经济型饭店奉为至宝。斯塔特勒认为，选址是饭店成功的第一要义，他经营的饭店均选择在火车站、轮船码头、城市中心等人流量很大的地方。

2. 重新定义了"最好的服务"（Best Services）

商业饭店时期，不再把有钱人作为唯一服务对象，经营者把目光转向了商务旅行者及社会各界人士，市场更宽广了，新的服务理念也随之提出。斯塔特勒强调"饭店从根本上说，只销售一样东西，这就是服务"，并且将"舒适、方便、清洁、安全、实用且价格合理的设施和服务"称为"最好的服务"。为此，他的客房设计以提高有效使用率和保证客人拥有一片属于自己的小天地为目标，在服务上则强调员工的服务态度，规定任何服务员都不可以在任何问题上与客人争论。

他也将这种服务理念用于对待自己的员工。他首次对饭店员工实行一周 6 个工作日的上班制度，为他们提供带薪假期和免费医疗服务，又设计了利润共享计划，使每位员工都可自由持股。

3. 首创了"标准化产品"（Standardized Products）的概念

1908 年，斯塔特勒自己设计并经营的第一家饭店——纽约布法罗斯塔特勒饭店开业。该饭店拥有 300 间客房，推销口号是"带浴室的房间只要一美元半"，令人耳目一新。随后几年内，克利夫兰、底特律等地的斯塔特勒饭店相继开业。新建的饭店在细节上常常有所改进，如饭店的外观、实用性的服务等，但建筑格局、房间设计、服务项目、服务质量等严格地实行标准化，同时坚持设施的大批量统一采购。标准化降低了饭店的经营成本，也保证了饭店的服务质量。最终，斯塔特勒式的强大市场攻势迫使竞争对手不得不仿效他的样子来改革自己的饭店，而斯塔特勒从此也被尊称为"美国饭店业的标准化之父"，实际上，这也意味着他成了"世界饭店业的标准化之父"。

这一阶段，汽车饭店随着汽车工业的发展而发展起来，尤以美国为代表。最初的汽车饭店十分简陋，屋内仅有铁床，旅客住宿需自备铺盖。1925 年，加利福尼亚州出现了一家叫迈尔斯顿的饭店，正式使用了"motel"的名称，为开车的旅客提供较好的住宿条件。随后，更多的汽车饭店在美国各地涌现。

同时，饭店业日渐引起社会的重视，欧美各国相继成立了饭店协会，制定了行业规范，出现了培养饭店管理人才的饭店管理院校，其中著名的有康奈尔饭店管理学院、柏林饭店管理学院和伯尔尼大学的饭店经济专业。

商业饭店时期是世界饭店发展史中最为重要的阶段，也是世界各地饭店业最为活跃的时期，它奠定了现代饭店业的基础。

四、现代饭店时期（Contemporary Hotel Era）（20 世纪 50 年代至今）

第二次世界大战之后，世界经济开始高速发展，人们收入逐渐增加，航空、铁路等交通工具十分便利，这为人们外出旅游、享受饭店服务创造了条件，长期压抑的旅游需求再度膨胀起来，一度处于困境的饭店业又开始复苏，饭店数量骤增。这个时期的饭店规模不断扩大，类型多样化。它发展了各种类型的住宿设施，服务向综合性方向发展：不但提供食、住服务，而且提供旅游、通信、商务、康乐、购物等多种服务，力求尽善尽美。为了迎合大众旅游市场的需要，许多饭店设在了城市中心和旅游胜地，大型汽车饭店设在公路边和机场附近。饭店联号也开始出现。但是，这一时期西方饭店业的发展也有很大的变化，可以把它分为两个阶段。

1. 大规模扩张时期（Massive Expansion Period）

二战以后，随着社会的稳定、经济的复苏以及交通工具的改进，人们在国内和国际间的旅行活动日益频繁。这个阶段涌现出的大批旅行者，被后人称为"大众旅游者"。他们人数众多，常以团队出游的方式进行观光旅游，对价格较为敏感。在强烈的市场需求驱动下，西方饭店业开始走出低谷，走向繁荣。从 20 世纪 50 年代起的近 30 年时间里，西方饭店业处于供不应求的黄金时期，对外扩张与集团化经营成为这一时期的重要特征。

2. 注重经营品质时期（Quality-Focused Period）

20 世纪 80 年代起，在西方发达国家，虽然需求仍在迅猛发展，但由于充足的资金供给与优越的长期融资环境，加之众多投资商对饭店业的盲目乐观，使饭店供给增速更快，客房过剩的局面已不可逆转，饭店经营者面临着更激烈的竞争，注重经营品质的时代来临了。饭店经营者开始关注更为有效的收益管理策略，进行严格的服务质量管理，并着手进行更进一步的品牌区分。

第三节　饭店的类型

世界上饭店的类别繁多，通常可根据其所在的地点、设备、规模、性质、经营方式等来分类。

一、根据饭店市场及宾客特点划分

（一）商务饭店（Commercial Hotels）

此类饭店一般地处都市的中心地带，建筑设计富丽堂皇，档次高，价位高，客房、餐厅等各种服务设施配备齐全，规格上乘，主要接待国内外商务客人、旅游客人及因各种原因作短暂停留的客人，如北京的王府饭店、上海的锦江饭店、广州的白天鹅、深圳的香格里拉等。这类饭店适应性广，在饭店业中占的比例较大。此类饭店为适应细分市场的需求也分有各种等级。其中，等级较高、以接待商务客人为主的饭店一般比较豪华、舒适，服务设施齐备，交通及通信便利，通常设有商务中心、各类会议厅室、宴会厅等，还设有商务套房及行政楼层。

（二）度假饭店（Resort Hotels）

度假饭店主要为宾客旅游、休假、开会、疗养等提供食宿及娱乐服务。此类饭店一般都建在海滨、海岛、河谷、温泉、湖畔、森林、山区等风景优美的地区，开辟各种娱乐体育项目，如滑雪、骑马、狩猎、垂钓、划船、潜水、冲浪、高尔夫球、网球等活动来吸引客人，因此这些度假地区及活动的吸引力是一个度假型饭店成功的关键。疗养型饭店亦属此类。近年来，在许多饭店业发达的国家已出现度假型与商务型相结合的饭店，在饭店里增设商务会议设施，这被认为是当代饭店设施发展的方向。

（三）公寓饭店（Resident Hotels or Apartment Hotels）

公寓饭店的目标市场主要是针对在某地需逗留较长时间的旅游者，典型的客户群包括：因工作调动需在所在地解决临时过度住所的公司高级职员；被指派到所在地参加学习、培训以及从事评估和统计的工作人员；中短期逗留及追求住家环境的休闲度假和商务客人、家庭旅游者、律师、工程技术人员等。公寓饭店与宾客之间有着一种不同于其他类型饭店与宾客间的法律关系，这类饭店与宾客通常需要签订一个租约。

公寓饭店的建筑布局与传统饭店相似但又有区别，客房多采用家庭式布局，以套房为主，为客人提供一个完整、独立、具有自助式服务功能的住宿设施，由一个或多个卧室组成，并带有独立的起居室以及装备齐全的厨房和就餐区域，配备适合宾客长住的家具和电器设备。这类饭店一般只提供住宿、饮食等基本服务，但服务讲究家庭式气氛，特点是亲切、周到、针对性强。饭店的组织、设施、管理较其他类型简单。

（四）会议饭店（Convention Hotels）

会议饭店的主要接待对象是各种会议团体。会议宾客平均每天消费额一般高于度假客人。会议型饭店通常设在大都市和政治、经济中心，或交通方便的游览胜地。要求饭店设置足够数量、多种规格的会议厅或大的多功能厅，其中多功能厅可根据需要用做会议厅、舞厅或宴会厅，有的饭店还设展览厅。

（五）汽车饭店（Motor Hotels 或 Motels）

汽车饭店常见于欧美国家公路干线上。早期此类饭店设施简单，规模较小，有相当一部分仅有客房而无餐厅酒吧，以接待驾车旅行者投宿为主。现在，有的汽车饭店不仅在设施方面大有改善，且趋向豪华，多数可提供现代化的综合服务。例如假日饭店集团、华美达饭店集团、霍华德约翰逊集团等都拥有大量的汽车饭店。

（六）青年旅馆（Youth Hotel）

青年旅馆是国际知名品牌，已有近百年历史。有人称它为"穷人的希尔顿饭店"。1909年，德国一位名叫理查德·斯尔曼的教师带领一班学生徒步旅行，途遇大雨，只能住在一乡间学校里，以稻草铺地当床，度过了艰难的一夜。彻夜未眠的教师萌发了建立专门为青年提供住宿旅馆的想法。理查德·斯尔曼主张青年走出校门，亲近自然。他说："所有的男孩女孩都应该走出校门，参加远足，留宿青年旅馆。"他带着这一想法四处游说，最终为人们所接受。1912年，世界上第一个青年旅馆在德国一个废弃古堡中诞生，并奠定了青年旅舍的基本结构，即以"安全、经济、卫生、隐私"为特点，室内设备简朴，备有高架床、硬床垫和被褥、带锁的个人储藏柜、小桌椅、公共浴室和洗手间，有的还有自助餐厅、公共活动室，受到了青年人的广泛欢迎。仅一年后，青年旅馆即达到 83 家，共 2.1 万个床位。到 2009 年，国际青年旅馆联盟（YHA）在全球共有 65 个成员国，共有青年旅馆 5000 家，床位数达到 3884 万个，有国际会员 410 万人。今天，青年旅馆已成为当今世界上最大的住宿连锁组织，世界上有 1000 万青年旅游者在使用青年旅馆。

1961 年，联合国科教文组织批准由冷杉和房子组成的蓝色三角国际路标专门用来指定通向青年旅馆之路。原装进口的青年旅馆会员卡（HI 卡）只是一张名片大小的硬纸片而已，甚至没有像普通证件一样过塑压膜。

（七）精品饭店（Boutique Hotels）

精品饭店是饭店市场中一类较为特殊的饭店产品，它是一个典型的市场补缺者。这种业态诞生于 20 世纪 80 年代中期的美国。1984 年 Ian Schrager 最早在美国纽约麦迪逊大街开办了 Morgans 精品饭店，1988 年又开办了 Roy-alton 饭店。近年来精品饭店呈现蓬勃发展的态势。

由于顾客厌倦了毫无特性的标准化饭店产品，而愿意为差异化的饭店产品支付较高的价格。为了抓住这个高端的补缺市场，有些小饭店以独特的产品进入了这个市场。这些饭店具有独特的风格和个性，提供高度的个人关注，满足了具有猎奇心理的顾客需求。

二、根据饭店客房数量划分

（一）大型饭店（Large-scale Hotel）
一般指拥有 500 间以上客房的单体饭店。
（二）中型饭店（Medium-scale Hotel）
一般指拥有 300～500 间客房的单体饭店。
（三）小型饭店（Small-scale Hotel）
一般指拥有 300 间客房以下的单体饭店。

三、根据饭店建筑投资费用和服务档次分类

可以分为经济型饭店、舒适型饭店、豪华饭店和超豪华饭店等，具体见表 1-1：

表 1-1 各档次饭店服务分类

服务类型	分类	国际品牌代表	性质	平均房价（人民币）
全服务	超豪华（Deluxe）	圣瑞吉斯（St.Regis）	拥有奢侈品牌的装饰装潢、顶级设施及服务，最高档的娱乐设施和时装店，房价非常昂贵	2000
	豪华（Luxury）	万豪（Marriott）	宽大的房间与豪华的装饰装潢，高级娱乐设施及全方位服务	1500
	高档（Upscale）	皇冠假日（Crown Plaza）	高品质的房间装饰装修，贴心周到的完美服务，具有当地独特风味的菜肴	1000
	舒适（Comfort）	诺富特（Novotel）	高档实用的装饰装修，充分周到的服务	500

续表

服务类型	分类	国际品牌代表	性质	平均房价（人民币）
有限服务	中档（Midscale）	假日快捷（Holiday Inn Express）	实用便捷的装饰装修，周到的客房服务	200
	经济型（Economy）	宜必思（IBS）	基本的装饰装修，以客房服务为主	150
	廉价（Budget）	速8（Super 8）	设施简单，服务有限，满足基本住宿需求	100

第四节　饭店的等级

饭店等级是指一家饭店的豪华程度、设施设备水平、服务范围和服务质量等方面所反映出的级别与水准。很多国家和地区常常根据饭店的位置、环境、设施和服务等情况，按照一定的标准和要求对饭店进行分级，并用某种标志表示出来，在饭店显著的位置公诸于众，这就是饭店的定级或等级制度。它的作用体现在向消费者提供有价值的信息上，市场营销专家通常将划分体系作为重要的市场营销工具。从政治角度看，划分体系还有助于获得政府对产业的支持，因为它带来了人们对饭店业的关注，并认识到它在经济中的重要地位。

一、国际饭店业等级制度

在世界上，不同的国家和地区采用的饭店分级制度各不相同，用以表示级别的标志与名称也不一样。目前国际上采用的饭店等级制度与表示方法最重要的有以下几种：

（一）《米其林指南》（Michelin Restaurant & Hotel Guides）与米其林星级评估体系（Michelin Stars Rating System）

传统的饭店定性评估方法的最佳典范是由法国创立的，其同时拥有官方的和商业性的标准体系。米其林第一本旅游指南诞生于1900年，具备一定知识和经验的旅行者几乎忘记了强制的官方标准，他们依赖由米其林轮胎公司旅游部出版的《米其林指南》。

米其林的标准要求从不公开，由公司决定哪些饭店可以榜上有名。饭店被匿名检查，《米其林指南》公布饭店检查的结果。根据《米其林指南》，饭店被划分为5个等级，并通过房屋等图形标志表现出来。米其林评定标准还使用一些图形标志来代表特定的饭店设施，如空调、免费停车场、带设备的会议室及残疾人客房等。米其林每年销售地图和旅游指南共约2000万册。

（二）《美孚旅行指南》（Mobil Travel Guide）与美孚星级分类体系（Mobil Lodging Star Criteria System）

在北美，由美孚石油公司制作的《美孚旅行指南》每年有1500万的使用者。《美孚旅行指南》从1958年开始出版，已经包括了美国和加拿大的7个地区、4000个城市、22000家饭店、汽车旅馆、客栈、小旅馆、度假地和餐馆。在世界上使用的大约100种饭店等级体系中，美孚评价体系被认为是最重要的。每年都约有17000家住宿设施被审查，只有14000家左右得以被列入出版物。在这些饭店中，60%～70%为一星级和二星级，30%为三星级，只有不到

5%的饭店被评为四星级和五星级。一些饭店专家坚信，五星级称号每年能为一家饭店带来100万美元的额外收入。由于饭店被年度评估，因此，评定的等级也不是终生的。几乎每年都有10%的饭店被从名录上撤销，由新的饭店取而代之，以此保证指南的代表性。

此制度使用的符号为一颗至五颗星，按照标准划分为：

★：好——提供有限的服务、清洁、便利、有礼貌，此外还必须有每日房务服务。

★★：很好——能提供舒适的住宿设施以及充分的服务礼仪。

★★★：优秀的——经营管理良好的饭店，对经营管理部分的要求较为严格。

★★★★：杰出的——非常出色的饭店，能提供彬彬有礼及优异的服务。

★★★★★：国内最好的——能够提供最高品质的服务，为全国最优秀的饭店。

评估的主要范围包括：

- 有形结构：包括建筑外观的质量和状况、绿化、内部公共区域、客房；
- 家具类：包括地板和地面覆盖物、纺织品、灯具、电器及其他家具；
- 维修保养：包括客房、卫生间、公共区域、娱乐设施；
- 总体服务：包括员工和管理人员的制服、态度及员工客人比；
- 餐饮服务：包括餐厅和客房送餐服务质量及花色品种、摆台、展示等。

与此同时，无形服务也是评分时考虑的重要组成部分，美孚体系强调饭店根据投资者和管理目标所确定的特色和服务的一致性，同时还考虑地点和文化方面存在的差异。例如，适合迈阿密的装潢和家具陈设不一定适合曼哈顿，老饭店中的小卫生间与新饭店中的大卫生间不可同日而语，但评分时会考虑其功能及管理人员是否朝现代化方面作了努力。

（三）美国汽车协会（America Automobile Association）与 AAA 评价体系（Mobile Travel Guide Star Rating System）

美国汽车协会（AAA）从 20 世纪 30 年代开始，将饭店列到《旅行指南》之中。但是，直到 60 年代才开始依据一套简单的评估体系真正进行等级评定。这套体系将饭店分为好、很好、优秀和杰出四个等级。从 1977 年开始，钻石体系（Diamond Rating System）——从一颗到五颗，被用作质量的象征。每年，AAA 在美国、加拿大、墨西哥和加勒比地区检查的饭店超过 32500 多家。在这些饭店中，只有 2500 家饭店、汽车旅馆、餐馆能够被收录进《AAA 旅行手册》和《旅行指南》中。《AAA 旅行手册》的评估服务主要针对成员企业，其出版物不向大众销售；而《旅行指南》则主要面向公众进行发放。这些手册每年的发行量在 2500 万份以上。

AAA 评价制度有舒适、方便、隐私、整洁、安全五大原则，采取每年一次的评价方式，被评估饭店不需付费即可申请加入为会员接受评价，但经过评价后希望能够悬挂钻石标志者则必须缴纳费用。AAA 的评价方式是在一年内不主动告知且不以一次为限，查后如无法达到最基本要求则不列入手册内，并且寄信通知该饭店需要继续努力之处。

在饭店名录册中，大约只有 7%的饭店能够获得 AAA 的四颗钻石奖。

在给饭店评分之前，AAA 首先将饭店分为 9 种类型（饭店、度假饭店、汽车旅馆、乡村旅馆、历史遗迹饭店、旅馆、别墅、农场庄园和混合型），这样有助于进行比较。随着新型饭店（如全套间饭店）开始兴起，分级标准也要相应地进行变化。

现行的 AAA 标准共有 300 多项，涵盖饭店的 9 大方面：外部、公共区域、客房装饰、客房设备、卫生间、客房清扫、维修保养、管理和对客服务。超出上述主要领域的部分（如娱乐设施），将会加以考虑，但在评分时不作硬性规定。每一个部分又分成若干子项目。检查者首先评估子项目部分，并给它们进行评分；然后再对主项目进行评估和分数汇总等；最后提出对饭店的总体评估。对于四颗和五颗钻石饭店，无论初评还是复查，都必须对各个细节和服务进行仔细检查，同时还必须进行匿名住宿和就餐体验。该体系总分不是由各个单项汇总而成，而是累积总体印象，但是饭店的所有设施和服务检查都必须达到一定水准。

经过最终评定的饭店被区分为五个等级：

一颗钻石（One-Diamond Rating）：达到规定的基本要求，以舒适、清洁及亲切的态度为衡量基准。

两颗钻石（Two-Diamond Rating）：有些硬件和运营项目超过规定的要求，在房间装潢、服务态度等方面的要求更为严格。

三颗钻石（Three-Diamond Rating）：在许多硬件和运营项目中远远超过规定的要求，能够提供非常舒适和具有吸引力的膳宿条件。

四颗钻石（Four-Diamond Rating）：在绝大部分硬件和运营项目中远远超过规定的要求，提供豪华的膳宿条件和额外的物品，管理、员工、客房清扫和维修保养方面超过平均水平。

五颗钻石（Five-Diamond Rating）：只授予那些被人们普遍承认的、具有出类拔萃的顶级设施、服务和环境的饭店，同时具备豪华的建筑设施和高雅的服务态度，并且能够维持相当完美的服务品质。

除此之外，在世界上使用的大约100种饭店等级体系中，还包括以色列评定体系、英国划分体系、英国AA标准体系、爱尔兰旅游局划分体系、西班牙地方性标准体系、丹麦旅游委员会划分体系等，在这里不再详细阐述。

二、我国饭店业星级评定制度

我国的旅游饭店星级评定始于1988年。2003年12月1日颁布、2004年7月1日实施的《旅游饭店星级划分与评定》（GB/T14308—2003）标准中设立了白金五星，这是中国自1988年出台饭店星级标准16年来的第三次修订，其中首次出现自行设计的标准。白金五星的饭店缀有五颗星的标牌将选用白金色。

2006年7月8日，国家旅游局正式启动创建白金五星级饭店（Platinum 5-Star Hotel）试点工作。北京中国大饭店、上海波特曼丽嘉饭店、广州花园饭店、济南山东大厦4家饭店入围首批白金五星级饭店创建试点名单。被提名的饭店须接受为期一年严格的质量监督考察、客人反馈意见和服务质量监测。从2006年7月8日到2007年1月，国家旅游局对这4家已被列为创建白金五星试点的饭店，通过明察暗访、专家评定及公示等方式，对其创建成果进行检验。2007年8月，北京中国大饭店、上海波特曼丽嘉饭店、广州花园饭店成为我国首批白金五星级饭店。

2011年1月1日，我国开始实施新版《旅游饭店星级划分与评定》（GB／T14308—2010）标准。

按照新版国家标准，全国旅游星级饭店评定委员会对饭店星级的划分有一星级（1-Star）、二星级（2-Star）、三星级（3-Star）、四星级（4-Star）、五星级（5-Star）以及白金五星级（Platinum 5-Star）。任何饭店都不允许以"准×星"、"超×星"等作为宣传手段。新标准正式施行后，五星级饭店不再是最高级别的饭店，白金五星级才是星级饭店的"旗舰"。

新星级评定标准将强调绿色环保理念，首次取消了对牙膏、牙刷、拖鞋、梳子、沐浴液、洗发液六小件客用品的硬性要求。饭店可以根据自身情况自行决定是否配备。

新评定标准更突出客房舒适度。比如评定五星级饭店时，对是否有配套游泳池或高尔夫球场的打分降低了，但是客房舒适度是一个刚性标准，小到客房的隔音、遮光、室温、水龙头出水温度等均有量化要求。如灯光，此前笼统地以"豪华"进行标准描述，新标准则分屋顶、照明、阅读等功能进行要求。此外，新标准还史无前例地对水龙头水温提出了高标准：完全打开 15 秒钟之内温度达 46℃，且要保持长时间的稳定性。

截至 2012 年 9 月，全国共有通过省级旅游行政管理部门审核的星级饭店 12708 家，包括一星级 177 家、二星级 3368 家、三星级 5683 家、四星级 2214 家、五星级 658 家。（数字来源：国家旅游局 2012 年第三季度全国星级饭店统计公报，2012 年 11 月 20 日）

【思考题】
1. 饭店可以从哪些角度进行分类？为什么要对饭店进行分类？
2. 世界饭店业发展主要经历了哪些时期？
3. 我国饭店星级评定标准是如何构成的？

【案例分析题】
中国的×城是一座国际性的大型商贸城市，国内外流动人口非常多。该城市要新建两座五星级的饭店。在饭店的设计上，特别是饭店的门面——大堂的装修设计上，这两家饭店采取了截然不同的两种方法。

A 饭店以意大利现代风格为主调，材料以石材为主，全部进口，营造一种雍容华贵的气氛，这样能使外宾有种亲切感，也能吸引较多内宾。

B 饭店采用较浓郁的中国风格，在大堂设置了太湖山石、小桥流水，材料多采用中国花梨木做饰面。

在建造过程中，社会各界对两家饭店均有议论。结果建成后，两家饭店都获得了相当大的成功。

案例思考：文中两家饭店成功的原因是什么？

【实训练习】
在本地找一家四星级饭店和一家五星级饭店，试比较两者之间的不同点。
目的：通过对真实饭店的走访，形成对星级饭店的感性认识，并体会饭店等级的差距。
要求：尽可能考察饭店各个部门，以寻找不同点。

第二章　饭店管理基础理论

【学习目标】

1. 掌握管理的含义
2. 明确管理与经营的区别
3. 了解科学管理理论，行为科学理论以及现代管理理论的主要内容和代表人物
4. 熟悉饭店管理的主要内容与基本方法

【主要内容】

1. 饭店管理内涵

管理的内涵；管理与经营的区别

2. 饭店管理基础理论

科学管理理论，代表人物泰罗、法约尔，韦伯及其主要贡献；行为科学理论，梅奥的人群关系理论、马斯洛的需求层次论、赫茨伯格的双因素理论、麦格雷戈的 XY 理论；现代管理理论，系统理论、决策理论、权变理论与运筹学。

3. 饭店管理的内容与方法

十项主要内容；八项管理方法

【导入案例】

近日，中国旅游饭店业协会发布了截至 2013 年 1 月 16 日全国五星级饭店名录，其中华北地区 118 家、东北地区 31 家、华东地区 287 家、中南地区 188 家、西南地区 65 家、西北地区 32 家，总计 721 家。目前全国地区白金五星的数量仍只有 3 家，分别是北京中国大饭店、上海波特曼丽嘉酒店和广州花园酒店。

华北地区：北京（62 家）、河北（19 家）、山西（18 家）、天津（12 家）、内蒙古（7 家）；

东北地区：辽宁（20 家）、吉林（6 家）、黑龙江（5 家）；

华东地区：江苏（68 家）、浙江（66 家）、上海（55 家）、福建（36 家）、安徽（22 家）、江西（11 家）、山东 29 家；

中南地区：广东（107 家）、湖北（18 家）、湖南（18 家）、河南（13 家）；

西南地区：四川（21 家）、重庆（21 家）、云南（17 家）、贵州（4 家）、西藏（2 家）；

西北地区：新疆（15 家）、陕西（10 家）、甘肃（4 家）、青海（2 家）、宁夏（1）家。

2012 年 1 月该协会发布全国五星级酒店的数量为 651 家，经过将近一年的时间，五星级酒店整体新增了 70 家，其中华东地区仍是五星级酒店增长最快的地区。从各省市来看，目前五星级酒店数量排在前五位的依次是广东、江苏、浙江、北京和上海，星级酒店数量依次是 107 家、68 家、66 家、62 家和 55 家。单个城市中五星级酒店超过 10 家以上的依次为北京（62 家）、上海（55 家）、广州（22 家）、重庆（21 家）、东莞（20 家）、杭州（19 家）、南京（17

家)、深圳（18 家)、宁波（16 家)、厦门（16 家)、武汉（13 家)、天津（12 家)、成都（12 家)、苏州（12 家)、长沙（11 家)、三亚（11 家)、乌鲁木齐（11 家)。

资料来源：迈点网

第一节　饭店管理内涵

广义的管理是指应用科学的手段安排组织社会活动，使其有序进行。其对应的英文是 Administration 或 Regulation。狭义的管理是指为保证一个单位的全部业务活动而实施的一系列计划、组织、协调、控制和决策的活动，对应的英文是 Manage 或 Run。

"科学管理之父"弗雷德里克·温斯洛·泰罗（Frederick Winslow Taylor）在其代表作《科学管理原理》中这样认为："管理就是确切地知道你要别人干什么，并使他用最好的方法去干。"

"现代管理学之父"彼得·德鲁克（Peter F. Drucker）在《管理——任务、责任、实践》一书中写道："管理是一种工作，它有自己的技巧、工具和方法；管理是一种器官，是赋予组织以生命的、能动的、动态的器官；管理是一门科学，一种系统化的并到处适用的知识；同时管理也是一种文化。"

亨利·法约尔（Henri Fayol）在其名著《工业管理与一般管理》中给出的管理概念，产生了整整一个世纪的影响，对西方管理理论的发展具有重大的影响力。法约尔认为，管理是所有的人类组织都有的一种活动，这种活动由五项要素组成：计划、组织、指挥、协调和控制。法约尔对管理的看法颇受后人的推崇与肯定，形成了管理过程学派。

20 世纪初诞生的管理学随着研究者的努力，理论与实践均呈现出空前繁荣，流派迭出，新理论新思想不断产生。各个学派的管理学家对管理的定义也各不相同，所以作为饭店管理专业的高职学生，不必深究管理的定义，而应当在熟悉管理理论的基础上进行思考，并结合饭店客观实际，在今后从事管理实践的过程当中去领悟管理的内涵与真谛。

从广义上来讲，饭店的管理应当既包括管理又包括经营，作为一个合格的饭店管理者，应同时做好管理和经营两件事。经营，对应的英文是 Operation 或 Business，是企业针对外部的行为，是面向全局的战略，需要经营者立足当前，考虑长远。经营的主要任务是竞争，经营的目的在于获得效益。管理的主要任务是协调，管理的目的在于提高效率。当然经营这一行为也需要进行管理。

第二节　饭店管理基础理论

管理理论与思想自诞生之日起经历了一个曲折的发展过程，而且仍在不断创新与发展。作为一个优秀的饭店管理者，需要有扎实的管理学理论作为基础。

一、科学管理理论

科学管理理论比较系统（Scientific Management Theory Comparison System）建立于 19 世

纪末 20 世纪初，它以追求生产效率为目的，运用科学的方法，按生产的规律进行自觉管理。科学管理产生以前，管理的主要形式是传统的经验管理，这种管理的特征是管理者凭借自己的经验和主观意识管理企业，既无规范也无目标，随意性大，用一种原始的方法追逐企业的利润。这种管理效率不高，浪费很多人力、物力、财力成本。直到今天，还有很多管理者采用经验管理的办法来管理饭店。

随着生产力的发展、生产技术的进步、市场和企业规模的扩大，管理工作的要求越来越高。管理工作逐渐成为一种专门职业，企业所有权和管理权逐步分离。管理的发展要求对管理的经验进行总结提高，使之系统化、科学化、理论化，以便可以更有效地指导管理实践。随着管理研究的不断深入、管理的不断变革，产生了科学管理理论。

（一）泰罗的科学管理理论

1. 泰罗

泰罗（Frederick Winslow Taylor, 1856-1915），出生于美国费城的一个律师家庭。泰罗曾经在哈佛大学法律系学习，但由于得了眼疾被迫辍学。1875 年，他进入费城一家小机械厂做学徒工。1878 年，他进入费城米德瓦尔钢铁厂当技工。由于工作努力、业绩突出，他先后被提升为车间管理员、小组长、技师和绘图主任，在 1884 年开始担任该厂的总工程师。为了改进管理，他在米德瓦尔钢铁厂进行了各种实验。1898 年至 1901 年，他受聘于伯利恒钢铁公司继续从事管理方面的研究。1901 年之后，泰罗把大部分时间用在写作和演讲上，来宣传自己的一套管理理论——科学管理（Scientific Management），即"泰罗制"（Taylorism）。泰罗的代表著作有：《计件工资制》（1895 年）、《车间管理》（1903 年）、《科学管理原理》（1911年）。由于泰罗对管理学作出了基础性和开创性的贡献，在他去世后的墓碑上刻有"科学管理之父"的字样，作为后人对他的评价。

2. 科学管理理论的主要内容

泰罗的科学管理理论的核心是提高效率，其内容主要包括以下六个方面：

（1）工作定额。以经验为主的管理方式造成工作的低效率，并且伴随着人力财力的惊人浪费。为了提高生产效率和工作效率，就应该制定出有科学依据的工作定额。在这一方面，泰罗从时间研究和动作研究入手做了大量的实验工作。为了提高时间的利用率，通过长期的研究和实验，他提出根据工作日记写实记录进行改进，保留必要时间，去掉不必要时间，从而达到提高劳动生产率的目的。以工序为对象进行测量时，按操作步骤进行实地测量并研究工时消耗。他总结先进工人的操作经验，并推广先进的操作方法，确定合理的工作结构，为制定工作定额提供参考。通过动作分析，去掉多余动作，保留和改善必要的动作，既能够节省工人的体力消耗，避免身体的伤害，又能够提高作业的效率。其中最著名的就是泰罗在伯利恒钢铁公司进行的搬运生铁块的实验。该公司有 75 名工人负责把 92 磅重的生铁块搬运到30 米外的铁路货车上，他们每人平均每天搬运 12.5 吨，日工资 1.15 美元。泰罗找了一名工人进行实验，测量搬运时的姿势、行走的速度、把握的位置以及休息时间的长短等因素对搬运量的影响。结果表明，存在一个合理的搬运生铁块的方法。利用这种方法，将 57%的时间用于休息，可以使每个工人的搬运量提高到 47～48 吨，工人的日工资提升至 1.85 美元。

（2）实行标准化。劳动定额的制定是科学管理的基础，实际上也是劳动时间和操作动作的标准化。泰罗认为，在工作中还要建立各种标准的操作方法、规定和条例，使用标准化的机器、工作和材料。"要为人们工作的每一个环节制定一种科学方法，以代替旧有的只凭经验的工作方法”，标准化能够大幅度提高生产效率和工作效率，因此标准化是泰罗研究的重要方面。

（3）科学地选人、用人。原来工厂招聘工人、分配工作只考虑数量问题，很少考虑具体的岗位需要什么样的人，从而造成人与工作的不协调。泰罗认为，人的天赋与才能各不相同，他们所适合的工作也不相同，为了提高生产效率必须为工作挑选最合适的工人。他把工人分为头等工人和二等工人两类。头等工人指那些既能干又愿意干的人，二等工人指那些在身体条件上完全能够胜任但十分懒惰的人。他认为应该为工作挑选头等工人，不仅在能力上要适合工作，还要考虑工人的态度问题。

（4）有差别的计件工资制。泰罗认为，工资制度不合理是引发劳资矛盾的重要原因。计时工资制度不能体现多劳多得，弊病很大。计件工资制表面上将报酬与完成的工作数量挂钩，但随着工人完成数量的增加，资方可以降低单件的报酬，最后并不能使工人的实际报酬有实质性的提高，因此工人只好“磨洋工”。为了鼓励工人超额完成定额，他提出：如果工人完成或者超额完成定额，按比正常单价高出25%的标准计酬；如果完不成定额，按比正常单价低20%的标准计酬。

（5）计划职能与执行职能的分离。泰罗认为应该对企业中的各项工作的性质进行认真仔细的研究和科学分析，用科学的工作方法取代传统的经验工作方法。当时的企业没有专门的管理部门，许多管理工作，诸如计划、统计、质量管理、控制等都混杂在执行工作中。他主张将计划工作与执行工作分开，建立专门的计划部门，并配备标准工具，采用标准操作方法。计划职能与执行职能相分离，既促进了劳动分工的发展，实现了管理工作的专业化，又为科学管理理论的形成奠定了坚实的组织基础。

（6）在组织机构的管理控制上实行例外原则。泰罗认为，规模较大的企业的组织和管理必须用例外的原则，即企业的高级管理人员把例行的一般日常事务授权给下级管理人员处理，自己只保留对例外事项的决定权和监督权。这种原则的实质是实行分权管理，在当时集权化管理的背景下，这无疑具有非常积极的现实意义。

3. 科学管理理论的实质、局限及其历史贡献

（1）实质。泰罗认为，科学管理的实质是对一切企业或机构中的雇主和工人双方在思想上进行的一次完全的革命。这种完全的思想革命使双方不再把注意力放在利润如何分配上，而是放在如何增长利润上，使利润增加到无论如何分配都不会引起双方争论的程度。这时他们将停止对抗，转为朝一个方向并肩前进；这时他们自然懂得友谊与合作，用互相帮助来代替相互对抗。可是，泰罗的理论在实践中效果并不理想，运用科学管理理论的工厂引发了大规模的工人罢工，在当时的美国引起了很大的轰动。

（2）局限性。科学管理理论最明显的局限性就是泰罗认为工人是“经济人”（Economic Man）。他认为，工人之所以工作是追求物质利益，没有金钱和物质的诱惑，人们不会好好工作。大部分人是懒惰的、无知的、没有责任心的，因此，对工人的管理方法和手段就是制定严格的规章制度，将工人管起来，工人只能被动地服从管理者的命令。泰罗只重视物质技术因素，忽视人及社会因素，没有看到工人的主观能动性及心理因素在生产中的作用。对工人的错误认识，必然导致科学管理理论在实践中的困境。

（3）历史贡献。泰罗的自身条件、所处的时代背景和社会条件，都不可避免地会影响到他进行研究的方法、效率和思路，他所提出的理论也难免存在一定的局限性。但是，科学管理理论的提出不仅是管理方法的革命，促进了当时工厂生产效率的提高和工厂管理的根本性

变革，也是管理思想的革命，标志着管理学作为一门独立的学科开始形成，对以后的管理理论的发展产生了深远的影响，具有历史性的意义。

（二）法约尔及其一般管理理论（General Management Theory）

1. 法约尔

当泰罗在美国研究并倡导科学管理的时候，法约尔（Henri Fayol, 1841-1925）也在欧洲积极地从事管理理论的研究。他于 1860 年毕业于法国圣艾蒂安国立矿业学院，作为一名采矿工程师进入法国一家矿业公司，不久被提升为一口矿井的经理。1888 年，他开始担任该公司的总经理直至退休。1961 年，他出版了其代表作《工业管理与一般管理》（General and Industrial Management）。该书是他一生的管理经验和管理思想的总结，虽然其中的管理理论以大企业为研究对象，但是除了可以应用于工商企业外，还可以应用于政府、教会、慈善机构和军事组织等。因此，法约尔被公认是第一位概括和阐述一般管理理论的管理学家。

2. 一般管理理论的主要内容

法约尔的一般管理理论的主要内容包括以下两个方面：

（1）基本活动和管理的五种职能。

法约尔指出，任何企业都存在六种基本活动，而管理只是其中的一种，具体来说包括：技术活动，指生产、制造和加工；商业活动，指采购、销售和交换；财务活动，指资金的筹措、运用和控制；安全活动，指设备的维护和人员的保护；会计活动，指货物盘点、成本统计和核算；管理活动，指计划、组织、指挥、协调和控制。

对于管理的五种职能，他认为：计划是指预测未来并制定行动方案；组织是指建立企业的物质结构和社会结构；指挥是指使企业人员发挥作用；协调是指让企业人员团结一致，使企业的所有活动和努力统一和谐；控制是指保证企业中进行的一切活动符合制定的计划和所下达的命令。

（2）法约尔提出的 14 条管理原则。

①分工。分工是指在技术工作和管理工作中实行专业化以提高效率。

②权力与责任。权力是指"指挥他人的权力以及促使他人服从的权力"，并且行使权力的同时必须承担相应的责任，不能出现有权无责或者有责无权的情况。更为重要的是法约尔区分了管理者的职位权力和个人权力，指出职位权力来自个人职位高低，而个人权力是由个人的品德、智慧和能力等个人特性形成的。

③纪律。纪律是指企业领导人同下属之间在服从、勤勉、积极、举止和尊敬等方面所达成的一种协议，而所有的组织成员都要根据各方面达成的协议对己在组织内的行为进行控制。

④统一指挥。统一指挥是指组织内每个人只能服从一个上级并接受他的命令。

⑤统一领导。统一领导是指凡是目标相同的活动，只能有一个领导、一个计划。

⑥个人利益服从集体利益。集体目标必须包含个人的目标，但个人和小集体的利益不能超越组织的利益；当两者有矛盾时，领导人要以身作则，使之一致。

⑦报酬合理。报酬制度应当公平，对工作成绩和工作效率优良者给予奖励，但是奖励应有一个限度。

⑧集权与分权。提高属下重要性的做法是分权，而降低属下重要性的做法是集权。要根据企业的性质、条件、环境和人员的素质来恰当地决定集权和分权的程度，当企业的实际情况发生变化时，要适时改变。

⑨等级链与跳板。等级链，也叫等级制度，是指"从最高的权威到最底层管理人员的等级系列"。它表明权力等级的顺序和信息传递的途径。但是，有时可能由于信息沟通的线路太长而延误时间或出现信息失真现象。为了既能够维护统一指挥原则，又避免以上情况，法约尔提出了一种"跳板"原则，即在需要沟通的两个部门之间建立一个"法约尔桥"，建立同级之间的横向沟通。双方在沟通之前需征求各自上级的意见，并且事后要立即向上级汇报。

⑩秩序。秩序是指"有地方放置每件东西，而每件东西都放在该放置的地方；有职位安排每个人，且每个人都安排在应安排的职位上"。

⑪公平。公平是指在待人方面，管理者必须做到"善意与公道结合"。

⑫人员稳定。培养一个人胜任目前的工作需要花费时间和金钱。所以，人员，特别是管理人员的经常变动对企业很不利。

⑬首创精神。首创精神是创立和推行一项计划的动力。领导者不仅本人要有首创精神，还要鼓励全体成员发挥他们的首创精神。

⑭集体精神。在组织内部要形成团结、和谐和协作的气氛。

3. 法约尔的历史贡献

法约尔的管理理论虽然是以企业为研究对象建立起来的，但是由于他抓住了管理的一般性，使得这种理论更有普遍性，为管理理论的形成构筑了一个科学的理论框架。法约尔认为人类对知识的需要是普遍的，尤其是企业的中上层领导人。他大力提倡在大学和专科学校开设管理方面的课程，传授管理知识。后人根据这种设想建立了管理学，并把它引入了课堂。管理学的教科书一般也都是按照法约尔的一般管理的框架撰写的。

（三）韦伯及其理想的行政组织体系理论

1. 韦伯

韦伯（Max Weber, 1864-1920）是德国著名的社会学家。他认为，古往今来的社会组织无非是建立在三种权威之上的：其一是世袭的权威，其二是神授的权威，其三是合理－合法的权威。他坚信只有合理－合法的权威才是现代社会中最有效、最合理的组织形式的基础。他的管理思想主要集中在《社会组织和经济组织理论》（The theory of social and economic organization）一书中，他提出了理想的行政组织体系理论（The Ideal Theory of Administrative Organization），又被称为官僚制组织理论（The Theory of Bureaucratic Organization），因此他被尊称为"组织理论之父"（The Father of Organization Theory）。

2. 理想的行政组织体系理论的主要内容

韦伯提倡的理想的行政组织体系理论具有以下一些特点：

（1）分工明确。对每个职位上的组织成员的权利和责任都有明确的规定，并作为正式职责使之合法化，表明这一职务是任职者唯一的或主要的工作。

（2）等级严密。按照等级原则对各种公职或职位进行法定安排，形成一个自上而下的指挥链或等级体系。每个下级都处于一个上级的监控和监督之下。每个管理者不仅要对自己的决定和行动负责，而且要对下级的决定和行动负责。

（3）规范录用。所有的组织成员都是按照职务的要求，根据正式考试的成绩或在培训中取得的技术资格来进行录用的，职务关系通过契约关系来承担。

（4）实行任命制。除了个别需要经过选举产生的公职以外，其余的都是任命的。

（5）管理职业化。职务已经形成一种职业，管理人员必须是公职的，有固定的薪金并享有养老金，有明文规定的、较为完善的、合理的人事升迁制度。

（6）公私分明。管理人员在组织中的职务活动应当与私人事务相区别。二者之间应有明确的界限。管理人员并不是其管辖企业的所有者，不享有组织财产的所有权，因此不能滥用职权。

（7）遵守纪律。组织的管理人员必须严格遵守组织中的规则、纪律以及办事程序。

（8）理性处理组织关系。组织中成员之间的关系以理性准则为指导，不应受个人感情的影响。处理组织与外界的关系也应如此。

3. 韦伯的历史贡献

韦伯的理论反映了当时德国从封建主义向资本主义过渡的要求。在对大型组织的管理实践经验总结的基础上，他为资本主义的发展提供了一种稳定、严密、高效、合理的管理组织体系理论。他认为这种理论所造就的组织形式能够适用于大型组织，例如教会、国家机构、军队、政党、经济组织和社会团体等。

二、行为科学理论

科学管理理论提示了企业生产过程中的规律性，以科学代替经验进行管理。但是科学管理知识重任务、重物质、重过程，它忽视了一个重要的因素——人。随着生产力的发展，人在企业中地位越来越显得重要；随着人们意识的进步，人也越来越注重自身的价值。科学管理的方法会造成人与物的对立，进而引起人与人的对立。要改变这种状况，就要研究人本身，于是产生了行为科学（Behavioral Science）。

行为科学作用于管理学，主要研究人的本性、需要、行为动机，特别是生产中的人际关系，对工人在生产中的行为以及行为产生的原因进行分析研究。从人的心理动机、欲望思想、需求以及人际关系等方面出发，通过改善生产环境、组织机构、管理方式，以激励企业员工，调动员工工作积极性，挖掘人的潜能，充分利用人力资源达到企业最优化的效果。

（一）人群关系论

行为科学的发展是从人群关系论（Human Relation Approach）开始的，其代表人物是美国的梅奥（Elton Mayao, 1880-1949）。梅奥曾参加 1927～1932 年在芝加哥电器公司霍桑工厂进行的实验工作，即引起管理学界重视的"霍桑实验"。根据实验以及实验中对工人的访问交谈的结果，梅奥等人进行总结得出主要结论："生产效率不仅受物理、生理因素的影响，而且受社会环境、社会心理的影响"。这一点与科学管理的观点不同，他们观点包括以下四方面：

（1）企业的职工是"社会人"，不只是追求金钱收入的"经纪人"。作为生产集体中的成员，经济利益并非刺激积极性的原动力，还有社会心理因素的影响。

（2）满足员工的社会要求，提高员工的士气。士气的高低决定于员工社会的、心理的欲望满足程度，满足程度高则士气高，满足程度低则士气低。士气又取决于家庭、社会生活的影响，以及企业内的人际关系。这是提高生产效率的关键。

（3）企业内存在着非正式组织。企业的正式组织是为了实现企业总目标而担当明确职能的机构。而非正式组织是在生产过程中形成的共同感性和行为准则的群体机构，它对员工的行为产生影响。非正式组织以感情为主要标准，要求成员遵守人群关系中形成的非正式、不成文的行为准则。非正式组织存在于工人、技术人员、管理人员之中，只不过对不同层次重要性不同，如果管理人员仅仅依据效率、制度因素而忽略员工的感情因素，那么二者必将发生冲突，妨碍企业目标的实现，因此调和这种矛盾、解决这种冲突是管理的基本问题。

（4）企业应采取新型的领导方法。新型的领导方法主要是组织好集体工作，采取措施促进沟通协作，提高士气，使企业的每个员工能与领导真诚持久地合作。如"邀请员工参与企业决策，实行上下级之间沟通，建立面谈制度，改善工作环境，建设宿舍等福利设施，组织娱乐、体育活动等"。

人群关系论是行为科学的早期理论思想，它只强调要重视人的行为，而行为科学要进一步研究人的行为规律，找出产生不同行为的因素，探讨如何控制人的行为以达到预定的目标。

（二）需求层次理论

需求层次理论（Hierarchy of Needs Theory）是美国心理学家亚布拉罕·马斯洛（Abraham Harold Maslow, 1908-1970）提出的。他把人的需要分成五个层次：生理需要（The Physiological Needs）、安全需求（The Safety & Security Needs）、感情需要（The Love & Belonging Needs）、尊重需要（The Esteem Needs）和自我实现需要（The Self-actualization Needs）。

马斯洛认为，在特定的时刻，人们一切需求如果没有得到满足，那么满足最主要的需要比其他需要更迫切，只有排在前面较低层次的需要得到满足，才能产生更高一级的需要，而且只有当前一层需要得到满足，后面的需要才显示出激励作用。在管理中要善于不断发现员工未被满足的需要，及时采取措施激励员工，调动员工的积极性和创造性。

（三）双因素理论

双因素理论（Two Factors Theory），又称激励保健理论（Motivator-Hygiene Theory），是美国的行为科学家弗雷德里克·赫茨伯格（Fredrick Herzberg）提出来的。双因素理论认为引起人们工作动机的因素主要有两个：一是保健因素，二是激励因素。只有激励因素才能够给人们带来满意感，而保健因素只能消除人们的不满，但不会带来满意感。激励因素是员工工作本身和工作关系方面的因素，如工作成就、受重视和提升、工作性质、个人发展的可能性、责任等。这些因素构成对员工的激励，使员工得到满足。但这些因素不存在也不会使员工产生极大的不满。

其理论根据是：第一，不是所有的需要得到满足都能激励起人们的积极性，只有那些被称为激励因素的需要得到满足才能调动人们的积极性；第二，不具备保健因素时将引起强烈的不满，但具备时并不一定会调动强烈的积极性；第三，激励因素是以工作为核心的，主要是在职工进行工作时发生的。

保健因素是指造成员工不满的因素。保健因素不能得到满足，则易使员工产生不满情绪，消极怠工，甚至引起罢工等对抗行为；但在保健因素得到一定程度改善以后，无论再如何进行改善的努力往往也很难使员工感到满意，因此也就难以再由此激发员工的工作积极性，所以就保健因素来说，"不满意"的对立面应该是"没有不满意"。

激励因素是指能造成员工感到满意的因素。激励因素的改善会使员工感到满意，能够极大地激发员工工作的热情，提高劳动生产效率；但激励因素即使管理层不给予其满意的结果，往往也不会因此使员工感到不满意，所以就激励因素来说，"满意"的对立面应该是"没有满意"。

双因素理论与需求层次理论有很大的相似性，需要层次中的高层次需要是双因素理论的主要激励因素，低层次需要相当于保健因素，可以说双因素理论对需要层次论作了补充。

（四）XYZ 理论

1. XY 理论

本理论为美国的社会心理学家麦格雷戈（Douglas Megregor）所创。他认为在企业管理的指导思想（即对员工的看法上）中存在着两种对立的思想，从而提出了 X 理论和 Y 理论。同时又对两种理论作了比较。

（1）X 理论。X 理论有以下观点：①一般员工都好逸恶劳，尽可能逃避工作；②员工工作缺乏动力，必须采取强制、监督、指挥、惩罚等措施；③员工以自我为中心，缺乏组织目标；④员工自负责任，安于现状，缺乏创造性。

（2）Y 理论。麦格雷戈同时也提出了与 X 理论相对应的理论——Y 理论，观点是：①人并不是天生懒惰，认为工作是人的需要，是一种满足；②员工工作具有动力，不需控制与惩罚；③对组织目标承担的义务是同劳动的报酬相关的；④员工敢于负责任，具有创造性。

2. 超 Y 理论

在麦格雷戈提出 X 理论、Y 理论后，美国的乔伊·洛尔施（Joy L）和约翰·莫尔斯（John M）通过不同生产单位进行实验得出超 Y 理论。其主要观点为：不同的人对管理方式的要求不同，有的人希望有正规化的组织与规划条例来要求自己的工作，而不愿参与问题的决策去承担责任，这种人欢迎以 X 理论指导管理工作；有的人需要更多地承担责任和发挥个人创造的机会，这种人欢迎以 Y 理论为指导的管理方式。此外，工作的性质、员工的素质也影响管理理论的选择，对不同情况应采取不同的管理方式。

3. Z 理论

Z 理论由美国的威廉·大内（William G. D.）提出，其内容为：（1）企业对职工的雇用应该是长期而不是短期的，这样可使职工感到职业有保障而积极关心企业利益和前途；（2）鼓励员工参与企业管理；（3）实行个人负责制，基层管理人员创造性地执行命令，中层管理人员对各方面的建议统一协调；（4）上下级关系要融洽；（5）对职工进行全面培训；（6）职工评价与稳步提拔，对企业职工的评价应是长期全面的考察，而非"一时一事"；（7）控制机构要较为含蓄，但检测手段要正规。

行为科学的代表理论很多，其他还有：弗詹姆的"期望几率模式"、麦克莱的"成就需要理论"、克特的"民主管理"、布莱克和穆顿的"管理方格式"等。行为科学作为一门研究人的学科正不断发展。饭店以提供劳务服务为主，服务直接面对人，服务对象是人。因此研究行为科学理论，并把这些理论正确运用于饭店管理具有特殊意义。

三、现代管理理论

科学管理实现了对生产过程、对人管理的革命，行为科学实现了对人管理的变革。生产力的发展、社会科技的进步使得企业状况与社会环境都发生极大的变化，管理理论随着发展变化而产生了现代管理理论。现代管理理论是多种最新管理理论的综合体系，它涉及管理的诸多方面。

（一）系统理论

传统的分析问题的方法，往往是把事物分解成许多孤立的部分，分别深入研究。这样做容易把事物看成孤立的、静止的，因而所得出的结论也只适合于一些局部的条件，如果放到更大的范围考察，其结论可能是片面的、错误的。

系统管理理论（The Theory of Systematic Management）把管理对象看作一个整体，是一个有机联系的整体系统，要求企业管理的任何个别事物都要从系统整体出发，既要研究事物与系统内部组成部分的关系，又要研究事物与外部环境的相互联系。企业在研究部门工作时，应把内部因素与外部环境相结合进行全面分析，研究各部门的相互联系与制约关系，以求得各部门工作能保证企业获得最优的结果。系统理论认为各部门的工作优化固然重要，但企业整体目标的优化更为重要。

企业作为一个系统，一般由人、财、物、设备、信息和任务六要素构成，企业组织管理是各种各样的，但可将其构成要素分成许多子系统，由于企业系统总是处于不断变化之中，所以研究系统管理不仅要研究其静态结构，更要研究系统的动态变化。系统管理离不开数学方法、模型理论、计算机手段以及行为科学理论观点，所以也可以说系统管理理论是对现代管理科学的综合。

（二）决策理论

决策理论（Decision-making Theory）认为，决策是从多个达到目标的行动方案中选择最优的方案，管理的关键就是决策。因此管理必须采用一套制定决策的科学方法，要研究科学的决策方法以及合理的决策程序。决策理论有下述论点：

1. 管理就是决策

决策是一个复杂的过程。确定目标、制定计划、选择方案是经营目标及其计划决策；机构构成、生产单位组织、权限分配是组织决策；计划执行检查、程序控制是控制决策。决策贯穿于整个管理过程，所以管理即决策。

2. 决策的过程

从大的方面看至少应分成四阶段：提出决策的理由；找出可能的方案；在多方案决策中选出最优方案和对方案评估。这四个过程中包含复杂的内容，而且相互交错，因此决策是一个复杂的过程。

3. 程序化决策与非程序化决策

程序化决策是指反复出现和例行的决策，而非程序化决策是指从未出现过的或性质结构不清楚的复杂的决策。

4. 满意的行为准则

企业在决策时，由于信息获得难易程度不同及知识能力以及经济因素的影响，往往很难获得最佳的行动方案，但应制定令人满意的准则并据此进行决策，只要达到或超过了这个标准就是可行的方案。

（三）权变理论（Contingency Theory）

组织和组成成员的行为是复杂的、不断变化的，这是固有的性质。而环境的复杂又给企业的管理带来困难，从而使以前的管理适用范围更有限，例外的情况越来越多，可以说没有一种理论和方法适用于所有情况。因此管理方式或方法也随情况的不同而改变。为了使问题得以很好的解决，要进行大量的调查与研究，然后把组织的情况进行分类，建立模式，根据组织的实际情况选择最好的管理方式。

（四）运筹学

运筹学（Operational Research）是管理科学的理论基础。第二次世界大战期间，以杰出的物理学家布莱克特（BLackett P. M. S.）为首的一部分科学家，为了解决雷达的合理布局问题而发展起来的数学分析和计算技术。就其内容而言，这是一种分析的、实验的、定量的科学方法。运筹学的研究内容是在既定的物质（人力、物力、财力）条件下，为了达到一定的目的，运用科学的方法，主要是数学的方法，进行定量分析，统筹兼顾研究对象的整个活动以及所有各个环节之间的关系，为选择最优的方案提供数量上的依据，以便作出综合的合理安排，最经济有效地使用人力、物力、财力，达到最大的效果。

运筹学在管理领域由于研究的不同形成了许多分支，如规划论、库存论、排队论、对策论、探索论、网络分析等。

上述管理学的一般原理是饭店管理理论的主要理论基础。可以说没有一种理论是适用于一切饭店管理的。各种理论运用于饭店管理都不能照搬照抄，应根据企业的实际情况灵活地加以运用，并不断地创新。

第三节 饭店管理内容与方法

一、饭店管理的主要内容

饭店是一个多部门、多岗位、多工种的组织，各部门、各岗位的工作内容互不相同，这就决定了饭店业务的庞杂性。面对饭店纷繁复杂的业务内容，饭店管理者要对饭店进行有效管理，必须首先要全面了解饭店管理的主要内容。

（一）组织管理

饭店组织（Hotel Organization）是饭店管理的载体，没有组织就谈不上管理，但组织又依赖于管理，没有良好的管理措施组织就无法发挥其作用。因此饭店组织管理就是饭店首先根据其规模、档次、人力现状、业务范围、客源市场、饭店沿革等现状，并以饭店组织设计的基本原则为理论依据，建立指挥体系明确、信息畅通的组织机构，同时对其实施有效的管理。组织管理具体内容包括：

（1）确定饭店管理体系与组织形式，饭店各部门的设置和层次的划分；

（2）各部门责、权、利的划分与规定；

（3）各部门、各层次业务相互联系的方式，信息沟通的网络与途径，管理人员的配备与选定，编制定员，监督组织的有效性、合理性；

（4）建立相应的规章制度。

（二）业务管理

饭店业务（Hotel Business）是分散在各部门的，由不同层次的管理者在其工作岗位上组织业务的运转，饭店的四大业务部门包括前厅、餐饮、客房、康乐，是直接对客人服务并产生营业收入的部门。业务管理的内容非常具体，简单来说，包括以下几个方面：

（1）确定业务内容，进行业务决策，划定各部门业务范围；

（2）进行饭店整体和各部门的业务过程设计；

（3）组织、指挥、控制饭店各业务部门具体工作的实施；

（4）建立信息管理系统，确定各业务部门间信息沟通方式和相互协调的途径。

（三）服务质量管理

服务质量是饭店的"生命线"。当今时代，饭店竞争归根结底就是服务质量的竞争，服务质量是饭店管理的中心环节，饭店管理者应把服务质量管理视为一项常规性的工作。饭店服务质量主要体现在劳务服务质量水平、设施设备质量水平、餐饮产品质量水平、环境氛围质量水平和后勤保障质量水平等方面。服务质量应以质量管理体系为基础，以科学管理理论为指导，以满足顾客需求为标准，以开展全面质量管理为手段，具体如下：

（1）全员树立服务意识；

（2）针对饭店具体特点，制定服务质量规范和标准，并时刻根据实际情况进行修订完善；

（3）建立饭店服务质量管理体系；

（4）实施饭店全面质量管理。

（四）人力资源管理

人力资源（Human Resources）是各种生产要素中最重要的要素，是现代企业的一项重要资源。饭店生产管理中许多资源都是被动利用，只有人具有思维，是主动参与、主动投入的资源，其他资源都是在人的操作下进行的，所以饭店管理归根结底是对人的管理。饭店人力资源管理的具体内容如下：

（1）根据饭店管理体制和具体情况，制定人力资源发展计划；

（2）根据不同部门和岗位的要求编制定员；

（3）根据规章制度进行员工的招聘、录用、培训、使用、考核、解雇；

（4）通过薪酬管理、人事档案管理、福利管理及饭店人力资源的激励等手段来为员工营造一个心情舒畅、关系和谐的工作环境，并建立合理的人才流动制度，充分调动员工的工作积极性。

（五）公关与营销管理

公关和营销（Public Relations & Marketing），是饭店市场经营的两个重要内容，但同时也需要进行管理。饭店通过公共关系管理，一方面树立企业形象品牌，促进市场营销；另一方面能够为企业创造一种良好的外部经营环境。市场营销管理是饭店通过对市场营销要素进行管理，从而使饭店产品从生产领域到消费领域的转化更有效率。具体内容如下：

（1）制定饭店公共关系计划，确定饭店公共关系的方式及内容；

（2）制订饭店 CIS 战略并实施；

（3）通过对市场进行调查，掌握市场状况和发展趋势，制定饭店的市场定位策略；

（4）根据市场调查状况分析数据，对饭店产品进行设计、产品组合、调整并制定价格策略；

（六）财务管理

财务管理（Financial Management）是在饭店的整体目标下，关于资产的购置（投资），资本的融通（筹资）和经营中现金流量（营运资金），以及利润分配的管理。简单的说，饭店财务管理是组织饭店财务活动、处理饭店财务关系的一项经济管理工作。具体内容如下：

（1）饭店资金管理，包括资金的筹措、投入、运作、分配等；

（2）饭店资产管理，包括饭店固定资产管理、流动资产管理、无形资产管理等；

（3）饭店成本费用、营业收入及利润管理；

（4）饭店财务收支计划管理；

（5）饭店财务分析与评价；

（6）饭店资本运营管理。

（七）设备管理

饭店的运行依靠大量设施设备的支持，设施设备是饭店经营成功和提高服务质量的物质基础，随着现代饭店对设施设备依赖程度的不断增加，设备管理的重要性也不断凸显出来，饭店设备管理（Equipment Management）主要包括以下内容：

（1）设施设备的投资决策、安装、正常运行管理、设备更新改造的管理；

（2）设备的资产管理和设备档案资料管理；

（3）对水、电、气、冷、暖等能源供应的管理；

（4）建立合理的维修与保养体系；

（5）节能环保和工程节能管理；

（6）设备迁移、改造报废以及更新换代的管理。

（八）安全管理

安全是饭店经营的必要条件。饭店自身需要安全，宾客住店更需要安全。客人的安全包括人身安全和财产安全两个方面，饭店要对安全保卫给予足够的重视，在全店树立安全意识，使得安全工作成为一项全员性的、经常性的、主要的工作来做。安全管理（Security Management）的主要内容有：

（1）建立有效的安全组织体系；

（2）制定饭店安全工作计划；

（3）饭店财产安全管理；

（4）饭店消防安全管理；

（5）饭店紧急事故妥善处理；

（6）做好日常工作中的安全管理，保障饭店正常运转。

（九）物资管理

饭店顺利开展业务向社会提供服务的同时，也要源源不断地消耗各种物资，物资供应与管理是饭店正常运转的保证。

饭店物资供应管理（Material Management）包括：饭店各种物资消耗定额和储备定额的制定，编制执行物资供应计划，物资的采购、保管、发送以及物资的节约和修旧利废等管理。

（十）信息管理

饭店信息资源是饭店管理中涉及的文件、资料、图标和数据等信息的总称，涉及饭店经营管理活动中所产生、获取、处理、存储、传输和使用的一切信息资源，贯穿饭店管理的全过程。饭店只有对信息进行有效的管理，才能作出科学的决策和计划。

饭店信息管理（Information Management）包括：编制和制定饭店信息管理制度，开发或引入饭店信息管理系统，如饭店管理信息系统、决策支持系统、办公自动化系统、客史档案管理系统、餐饮点菜系统、前台订房系统等，以及对饭店互联网信息的开发和利用。

二、饭店管理的基本方法

管理方法（Management Methods）是管理中履行管理职能和完成管理任务的方式、手段和措施的总称。饭店是一种综合性的企业，管理方法是多种多样的，以管理的基本方法为基础，结合饭店的业务特点，针对不同部门与不同管理对象的特点，饭店管理的基本方法有以下几种：

（一）制度管理法

制度管理方法（Systematic Management）是指饭店根据国家的法律、法令、条例、规定等，将饭店管理中一些比较稳定和具有规律性的管理事务，运用规章和制度的形式确定下来，以保证饭店经营活动正常进行的管理方法。制度方法的特点是：（1）强制性，即必须遵守执行，违者必然要受到制裁。（2）权威性，即制度本身高度规范，任何人都必须遵纪守法。（3）稳定性，即制度一旦形成并颁布实施，就不能因人、因地而异或朝令夕改。（4）防范性，即制度是人们必须遵守的行为规范，制约任何人的行为，它可起到预防作用。

在饭店中，制度管理方法的具体体现是依法经营，如严禁黄、赌、毒现象的存在，严格遵守《食品卫生法》以确保饮食安全，禁用国家保护类动物入厨制作菜肴等。制度管理方法的优点是具有自动调节功能，但因它缺乏弹性和灵活性，有时容易限制部门积极性和主动性的发挥。因此，制度管理方法应与其他方法相辅运用，以发挥其真正的作用。

（二）经济管理法

经济管理方法（Economic Management）是指饭店根据客观规律，运用各种经济手段对劳动者进行引导和约束的管理方法。经济管理方法的特点是：（1）间接性。它是以经济手段调节人的利益关系，而非直接干预和控制员工的行为。（2）有偿性。它按多劳多得的原则调节员工的行为。（3）平等性。它有一个统一的活力标准，如以规章制度来保证每位员工能平等获利。（4）关联性。各种经济利益之间存在一定的关系，并且是相互影响的。

运用经济管理方法时，饭店必须建立健全经济核算制度，特别是要做好奖金的分配工作。一般来说，饭店应制定严格的考核和分配方案，奖金名目不宜过多，数额不宜过少。分配过程中应克服"平均主义"，避免"一切向钱看"，从而有效地约束并控制员工行为，达到饭店的预期目标。运用经济方法管理饭店有利于合理使用资源，提高经济效率，充分调动员工的积极性、主动性、创造性。

（三）行政管理法

行政管理方法（Administrative Management）是指根据饭店各级行政组织的行政命令、指示、规定、制度等有约束性的行政手段来管理饭店的方法。行政管理方法的特点是：（1）强制性。即行政命令、指示等必须执行，不得拖延和违抗。（2）权威性。即行政权力使下级对上级的指令必须遵守并执行。（3）垂直性。即行政方法直接作用于被管理者，一级管一级垂直进行，处理问题及时高效。（4）无偿性。即下级对上级的指令必须无条件服从和执行。

在饭店管理中使用行政管理方法时，首先，应根据本饭店的实际情况，建立合理的组织机构，形成合理的行政层次或能级。其次，应按照行政管理的程序发布指令、贯彻执行、检查反馈和协调处理。行政管理方法的优点是能使饭店在总经理的领导下实行集中统一的管理，但管理效果的好坏与管理人员的水平有密切的关系。

（五）表单管理法

表单管理方法（Form Management）就是通过表单的设计制作和传递处理，以控制饭店业务经营活动的一种方法。表单管理法的关键是设计一套科学完善的表单体系。饭店的表单一般可分为三大类：（1）上级部门向下级部门发布的各种业务指令；（2）各部门之间传递业务的表单；（3）下级部门向上级呈递的各种报表。表单管理，必须遵循实用性、准确性、时效性的原则，并对以下五个方面作出具体规定：一是表单的种类和数量，既要全面反映饭店的业务经营活动，又要简单明了，易于填报分析。二是表单的性质，既属于业务指令，又是工作报表等。三是传递的程序，即向哪些部门传递，怎样传递。四是时间要求，即规定什么时候传递，传递所需时间。五是表单资料的处理方法。

饭店的管理者必须学会利用表单来控制饭店的业务活动，如通过检查、查阅各种工作报表来掌握并督促下属的工作，通过阅读、分析营业报表来了解并控制饭店的经营活动等。

（五）定量管理法

定量管理方法（Quantitative Management）就是通过对管理对象数量关系的研究，遵循其量的规定性，利用数量关系进行管理的方法。饭店的经济活动要利用尽可能少的投入取得尽可能多的成果，不仅要有定性的要求，而且必须有定量分析。无论是质量标准，还是资金运用、物资管理以及人的组织，均应有数量标准。应该说，运用定量方法管理经济活动，一般具有准确可靠、经济适用、能够反映本质等优点。当然，是否真正切实可行，关键是定量要科学合理，执行要具体严格。

（六）走动管理法

走动管理法（Management by Wondering Around, MBWA）也叫现场管理法，就是要求管理者深入现场，加强巡视检查，调节饭店业务经营活动中各方面关系的方法。我们知道，饭店产品的特点之一，就是生产服务和消费服务的同一性。要有效控制饭店的业务经营活动，提高服务质量，就必须经常深入服务第一线。目的是为了了解情况，及时发现和处理各种疑难问题，协调各方面的关系。同时，也是为了及时与下属沟通思想，联络感情，实施现场激励。

（七）感情管理法

感情管理法（Emotional Management）是一种形象的比喻，实际上就是行为和心理管理方法。它是通过研究员工的思想、情绪、爱好、愿望、需求和社会关系，并加以引导，给予必要的满足，以实现预期目标的方法。在饭店管理中，人与人之间的关系不仅是经济关系，而且还是一种社会关系。所以，要激发员工的工作热情、调动员工的积极性，就必须注重对员工的"感情投资"，通过各方面的工作去正确处理各种关系，引导和影响员工的行为，使实现饭店的目标变成员工的自觉行为。

（八）全面质量管理法

全面质量管理（Total Quality Management），指的是饭店全方位的、全过程的以及全员参与的质量管理，强调以顾客为中心，不断改进，全员参与，一次到位。全面质量管理的基本程序被简称为 PDCA 循环。该循环由四个阶段构成：第一阶段是计划（Plan），提出饭店在一定时期内工作的主要任务与目标，并制定相应的标准；第二阶段是实施（Do），根据任务与标准，提出完成计划的各项具体措施并予以落实；第三阶段是检查（Check），包括自查、互查、抽查与暗查等多种方式；第四阶段是处理（Action），对发现的问题予以纠正，对饭店质量的改进提出建议，进而形成新的饭店制度。这是一个不断循环往复的动态过程，每一次循环，饭店的质量都提高至一个新的水平。

上述八种方法各有长处和不足，在实际运用过程中应注意扬长避短，结合具体情况组合使用，才能发挥出最佳效用。

【思考题】

1. 管理是不是经营？它们之间有什么联系和区别？
2. 科学管理理论的代表人物是谁？行为科学有哪些代表理论？

3. 饭店管理的主要内容有哪些？

4. 饭店管理的主要方法有哪些？

【案例分析题】

猎狗的故事

一条猎狗将兔子赶出了窝，一直追赶它，追了很久仍没有捉到。牧羊人看到此种情景，讥笑猎狗说："你们两个之间小的反而跑得快得多。"猎狗回答说："你不知道，我们两个是完全不同的！我仅仅为了一顿饭而跑，它却是为了性命而跑呀！"

这话被猎人听到了，猎人想：猎狗说的对啊，那我要想得到更多的猎物，得想个好法子。于是，猎人又买来几条猎狗，凡是能够在打猎中捉到兔子的，就可以得到几根骨头，捉不到的就没有饭吃。这一招果然有用，猎狗们纷纷去努力追兔子，因为谁都不愿意看着别人有骨头吃，自己没的吃。就这样过了一段时间，问题又出现了。大兔子非常难捉到，小兔子好捉，但捉到大兔子得到的奖赏和捉到小兔子得到的骨头差不多，猎狗们善于观察，发现了这个窍门，专门去捉小兔子。慢慢的，大家都发现了这个窍门。猎人对猎狗说："最近你们捉的兔子越来越小了，为什么？"猎狗们说："反正没有什么大的区别，为什么费那么大的劲去捉那些大的呢？"

猎人经过思考后，决定不将分得骨头的数量与是否捉到兔子挂钩，而是采用每过一段时间就统计一次猎狗捉到兔子的总重量，按照重量来评价猎狗，由此决定一段时间内的待遇。于是猎狗们捉到兔子的数量和重量都增加了，猎人很开心。但是过了一段时间，猎人发现，猎狗们捉兔子的数量又少了，而且越有经验的猎狗捉兔子的数量下降得就越厉害。于是猎人又去问猎狗，猎狗说："我们把最好的时间都奉献给了您，主人，但是我们随着时间的推移会老，当我们捉不到兔子的时候，您还会给我们骨头吃吗？"

猎人作了论功行赏的决定。分析与汇总了所有猎狗捉到兔子的数量与重量，规定如果捉到的兔子超过了一定的数量后，即使捉不到兔子，每顿饭也可以得到一定数量的骨头。猎狗们都很高兴，大家都努力去达到猎人规定的数量。一段时间过后，终于有一些猎狗达到了猎人规定的数量。这时，其中有一只猎狗说："我们这么努力，只得到几根骨头，而我们捉的猎物远远超过了这几根骨头。我们为什么不能给自己捉兔子呢？"于是，有些猎狗离开了猎人，自己捉兔子去了。

猎人意识到猎狗正在流失，并且那些流失的猎狗像野狗一般和自己的猎狗抢兔子。情况变得越来越糟，猎人不得已引诱了一条野狗，问他到底野狗比猎狗强在那里。野狗说："猎狗吃的是骨头，吐出来的是肉啊！"接着又道，"也不是所有的野狗都顿顿有肉吃，大部分最后骨头都没的舔！不然也不至于被你诱惑。"

于是猎人进行了改革，使得每条猎狗除基本骨外，可获得其所猎兔肉总量的 $n\%$，而且随着服务时间加长、贡献变大，该比例还可递增，并有权分享猎人总兔肉的 $m\%$。就这样，猎狗们与猎人一起努力，将野狗们逼得叫苦连天，纷纷强烈要求重归猎狗队伍。

案例思考：阅读以上故事，分组讨论，结合本章所学内容，能获得什么启示？

第三章 饭店集团与饭店企业文化

【学习目标】
1. 掌握饭店集团、饭店企业文化的含义
2. 明确饭店集团和饭店品牌的区别
3. 熟悉世界知名饭店集团及其下属酒店品牌
4. 熟悉饭店企业文化的构成,了解如何建设饭店企业文化

【主要内容】
1. 饭店集团
饭店集团的含义及特点;饭店集团的优势;饭店集团的经营模式
2. 世界著名饭店集团简介
3. 饭店企业文化
饭店企业文化的内涵与特征;饭店企业文化的作用;饭店企业文化的建设

【导入案例】
　　2012年年初,万达酒店及度假村管理集团正式成立。虽然成立时间很短,但是这个集酒店、经营和销售功能为一体的综合集团正在飞速发展。据万达酒店及度假村管理有限公司副总裁包铂介绍,2008年至今,万达委托国际酒店管理集团管理着32家万达酒店。2013年将开业17家酒店,其中有10家是自主管理。2014年将开业20多家酒店,2015年将开业30多家酒店。到2015年年底,万达投资的酒店数量将达到102家,万达酒店及度假村管理有限公司也将因此成为全球最大的五星级酒店投资及管理公司。

　　在包铂提到的万达酒店及度假村的版图布局上,很多新兴商务及旅游或省会城市已经包含其中,例如武汉、太原、泉州、宁德、漳州、丹东、宜兴、抚顺,还有一些许多外国人从未听说过、甚至中国人也觉得陌生的三四线城市。对于酒店投资的地点,包铂告诉记者,主要会从该地的人口、GDP、消费能力等入手来评价该地是否值得投资。在选择委托管理的酒店管理集团方面,则会主要考察该管理集团的营运、收入、服务、硬件标准,其次是看品牌,越大的品牌其系统就越强。

　　万达根据市场进行细分,确定了三个品牌:五星级酒店品牌——万达嘉华,超五星级酒店品牌——万达文华,顶级奢华酒店品牌——万达瑞华。在此后,万达瑞华酒店还将重点布局北京、上海、武汉等中心城市。

　　从一线城市到二线城市再到三四线城市,如此深入地扩张,将会遇到哪些挑战?包铂告诉记者,最大的挑战就是要保持国际化,但是首先要学会本土化。一定要看好这个市场需要什么,还要教育这个市场,带入国际化的元素,从而让本地客人享受国际化,将所提供的服务和中国客人的需求实现更好的结合。

除了投资经营商务型酒店，包铂透露，万达也计划投资度假村的项目，比如未来计划在长白山再开 5 家不同档次的酒店，以满足不同客人的需求。

资料来源：职业餐饮网，2013 年 3 月 21 日

第一节　饭店集团

一、饭店集团的含义及特点

饭店集团（Hotel Group）是一种特殊的职业集团，它是在饭店业高度发展的基础上形成的一种以母公司为主体，通过资本关系和经营协作关系等方式，由众多饭店共同组成的经济联合体。其特殊性表现在：饭店集团是以饭店企业为核心，以经营饭店产品为主要业务，通过产权交易、资产融合、管理模式输出、管理人员派遣和市场网络等制度性制约而进行管理。饭店集团与非饭店企业进一步联接，就会形成复合的企业集团。

饭店集团最常见的表现方式是连锁饭店（Hotel Chain）或联号饭店。它是指在本国国内或国外直接或间接地控制两个以上的饭店，以统一的店名和店标，使用统一的经营管理规范和服务质量标准，联合经营形成的经济联合体。例如，饭店集团在联号饭店内的建筑风格、室内陈设、客房布置以及主要服务项目都基本相同。

饭店集团的特点至少包括三个方面：（1）从数量规模上看，饭店集团至少拥有两家及以上的成员饭店，这也是饭店集团区别于单体饭店最重要、最明显的特征；（2）从经营风格上看，饭店集团下属的成员饭店需使用统一的名称、标志和实行统一的经营管理规范，这是饭店集团连锁化经营的重要标志，有助于饭店集团形成扩张品牌；（3）从经营范围上看，饭店集团以经营饭店资产为主要内容，同时也可以进行多元化经营，涉足与饭店业相关或者不相关的其他行业，这也是饭店集团品牌延伸策略的重要现实基础。

二、饭店集团的优势

（一）品牌优势

经过几十年的经营和积淀，进行集团化经营的国际饭店集团公司都拥有一个或多个国际知名度高、市场占有率高的品牌，这是饭店连锁化运作的一个非常关键的因素。饭店品牌不仅包含了饭店产品的档次、水平和质量等使用价值，而且包含了饭店对顾客的精神感召及顾客对品牌的忠实度、信赖度。出租品牌是成本最低、手段最隐蔽、作用和影响最久远的经营战略，因此，许多国际饭店集团十分注重培育品牌、经营品牌以及在发展中整合品牌。近几年，还出现了品牌多样化、系列化的发展趋势。巴斯公司在收购兼并假日饭店集团后，将假日作为一个中档饭店的品牌保留下来，还保留了假日饭店原先的皇冠作为高档饭店的品牌，又收购了洲际饭店集团的洲际品牌作为豪华饭店的品牌。万豪饭店集团则拥有 18 个饭店品牌，形成了从豪华到中档各具特色的品牌系列。品牌的高知名度及良好的声誉和形象是饭店集团化经营的最大优势之一。

（二）管理和技术上的优势

饭店集团公司拥有较为先进、完善的经营管理模式，因而能为所属饭店制定统一的经营管理方法和程序，为饭店的建筑设计、内部装饰和硬件设施规定严格的标准，为服务和管理制定统一的操作规程。这些标准和规范被编写成经营手册分发给所属饭店，以使各企业的经营管理达到所要求的水平。同时，根据经营管理环境的变化，确保饭店集团经营管理的先进性。饭店集团公司总部定期派遣巡视人员到所属饭店去指导和检查，对饭店经营中的问题、不合格的服务提出建议和指导。

饭店集团有能力向所属饭店提供各种技术上的服务和帮助，这些服务和帮助通常是根据所属饭店的需要提供的。例如，集团化经营能为所属饭店提供采购服务，而这种大批量购买能够获得较大价格折扣，使饭店经营成本降低。饭店集团化经营也为生产和技术的专业化及部门化提供了条件，例如在食品生产加工、设备维修改造、棉织品洗涤等方面都可以进行集中管理，以达到降低饭店经营成本的目的。

（三）营销优势

单一饭店通常缺乏足够的资产进行广告宣传，尤其是国际性广告，而饭店集团则可以集合各饭店的资金进行世界范围的大规模广告宣传，并且有能力每年派代表到世界各地参加旅游交易会、展览会，并与旅游经营商直接交易，推销各种所属饭店的产品。这种联合广告使集团中每一饭店的知名度都大大提高。

饭店集团都在国际互联网上设有网站和进行网上预定的界面，有较为先进的终端预定系统，配备高效率的电脑中心和自动订房电话，为集团成员饭店处理客房预订业务，并在各饭店间互荐客源。饭店集团在各地区的销售办公室和销售队伍，不仅为饭店及时提供市场信息，并且还在各大市场为饭店招徕团队和会议业务，有利于饭店开发国际市场。

（四）人力资源开发优势

饭店管理集团往往以自身的品牌、文化及声望，在世界范围内通过市场网罗饭店职业经理人才；同时，在培训使用过程中，对其不断灌输自身的企业文化、经营理念、管理模式，使他们尽快融入本集团之中，形成一支推进集团化发展的职业经理队伍，并以此为骨干力量，组成管理团队进入集团直接管理饭店。

近年来，国际性饭店管理集团在人力资源开发上采用本土化的方针策略，在所属饭店的所在地区，承诺优厚的待遇以及提供培训和事业发展新机会，来吸引本土的优秀职业人才，并启用本土的优秀人才任职于重要的管理岗位。

饭店集团还为所属饭店员工进行培训，较大的饭店集团拥有自己的培训机构和培训系统。例如，希尔顿集团在美国休斯顿大学设立自己的饭店管理学院，集团内部还设有培训部门，负责拟定培训计划，并聘请饭店经营管理专家对所属饭店在职员工进行培训，同时也接受所属饭店的派遣员工到集团的总部饭店或培训基地学习。

（五）财务优势

一般来说，独立的饭店不容易得到金融机构的信任，在筹措资金时有可能遇到困难，加入饭店集团则可使金融机构对其经营成功的信任度增加，从而愿意提供贷款，因为饭店集团以其庞大的规模、雄厚的资本和可靠的信誉提高了所属饭店的可信度。饭店集团还能为所属饭店提供金融机构的信息，并帮助其推荐贷款机构。同时，在集团内部可以及时调控各饭店的资金余缺，对新饭店和经济困难的饭店给予重点扶持。此外，饭店集团根据当地的法规和制度在长期的经营过程中建立了一套完整的财务会计制度，集团下属各饭店原则上要按照该制度建立本饭店的财务会计制度，以保证财务成果的实现。

三、饭店集团的经营模式

世界各地饭店集团化经营的形成以及属性是多种多样的，归纳起来，通常有以下几类：

（一）拥有模式（Possession Pattern）

拥有模式是指饭店集团同时拥有和经营数家饭店，各饭店所有权都属于同一个饭店集团、同属于一个企业法人。这种结构有利于节省费用，如注册费用和经营中的人工费用，因为同一集团中的饭店可以合用一部分采购员、财会人员、维修人员等。这一形式的缺点是风险较大，若一家饭店经营失败而资产不足以偿清债务，则集团中其他饭店的资产就得不到保护，有可能被用来偿付债务。其次，由于数家饭店属于同一家公司，在计算所得税时需将所有饭店的利润加在一起计算，若按递进法计算的话，往往税额较高。

（二）租赁形式（Rental Basis）

租赁形式是饭店集团采取在本国或他国租赁饭店进行管理的方法，使集团规模不断扩大，被租赁饭店的所有权不属于饭店集团，但由于饭店集团对其拥有经营权，因而该饭店便成为饭店集团中的一员。也有些饭店业主不经营自己拥有的饭店，而是租让给饭店集团经营，这样可避免经营风险，又可以收取租金。上述两种情况中，饭店的所有权和经营权分开，饭店的业主和经营者分别属于两个独立的企业法人，租赁经营的具体形式通常有以下两种：

第一，直接租赁。直接租赁是由承租公司使用饭店的建筑物、土地、设备等，并负责经营管理，每月定期缴纳定额租金。一家饭店要经营成功需要一段较长的时间，因而租赁合同要规定租赁的年限，保护经营公司，免于经营成功之际业主将财产收回。

第二，盈利分享租赁。在饭店行业中，有许多公司使用分享经营成果的租赁方法，业主企业用收入或利润分成计算租金。以这种形式计算租金，有以下计算方法：按营业收入的一定比例计算租金；按经营利润的一定比例计算租金；按营业收入和经营利润混合百分比计算租金。一般来说，业主不愿承担经营风险，较喜欢根据营业总收入中一定的百分比来计算租金。为了降低风险，协商租金时业主公司往往要求加上最低租金限额的保障条款。

（三）管理合同形式（Contract Management）

有些公司建造或者购买了饭店，但缺乏管理经验或者不打算自己经营，于是就聘用饭店集团或管理公司签订管理合同。管理合同形式与租赁形式有相同之处，例如，饭店的所有权和经营权分开，收取管理费和收取租金方式相似。但这两种形式的性质不同。在租赁形式中，承租的经营公司完全独立于业主企业，饭店员工属于经营公司，必须对员工负责；经营公司必须承担经营饭店的风险，如果经营亏损，则亏损由经营公司承担。在管理合同关系中，管理公司是饭店业主的代理人，业主应该对员工负责，管理公司是代表业主公司管理企业和员工。

管理合同形式是一种以较少的投资扩展饭店集团规模的方法，可使饭店集团不直接投资建造饭店或购买股份就能在各地发展饭店网点。

我国在发展饭店业的过程中，聘用国外饭店集团管理饭店，起到很大的积极作用。第一，促进和推动整个饭店行业管理水平的提高。现代化大饭店的兴起在我国为时不长，聘用国外饭店集团，将科学先进的管理技术、方法和经验引入了中国。第二，有利于开发国际市场。国外饭店集团如假日、香格里拉等在国际市场上占据着很大的市场，它们在推销、预定和广告宣传方面具有丰富经验。第三，增加外来竞争压力。国外饭店集团进入中国饭店行业，在将先进科学的管理经验和方法介绍进来的同时，对我国内资和自营饭店是种挑战，形成外来竞争压力。这种压力对于改善我国饭店的管理、提高服务质量起到了积极的作用。

（四）特许经营形式（Franchising）

特许经营形式是指饭店集团向其他饭店出售、转让特许经营权。授让的饭店必须有较强的实力和良好的知名度、美誉度，才有可能向其他饭店出售特许经营权。受让饭店可以使用饭店集团或公司的名称、标志、经营程序、操作规程、服务标准，并加入该集团预定系统、市场营销系统，成为该饭店集团的一员。饭店集团有责任在受让饭店建设前的选址、设计、可行性研究、资金筹措以及开业后的经营管理中给予技术上的指导和监督。受让饭店则有责任达到饭店集团的经营标准，受让饭店需向饭店集团交纳特许经营权转让费及使用费。

第二节　世界著名饭店集团简介

一、洲际饭店集团（InterContinental Hotels Group Plc.）

洲际饭店集团成立于 1946 年，是目前全球最大及网络分布最广的专业饭店管理集团，在全球 100 多个国家和地区经营和特许经营超过 4400 家饭店，超过 656000 间客房，为全球拥有客房最多的饭店集团。洲际饭店集团的经营目标是让 InterContinental 这一品牌成为消费者和饭店所有者心中的首选。

图 3-1　洲际饭店集团 Logo

目前，洲际饭店集团旗下拥有 7 个饭店品牌，分别是洲际饭店及度假村（InterContinental Hotels & Resorts）、皇冠假日饭店及度假村（Crowne Plaza Hotels & Resorts）、假日饭店及度假村（Holiday Inn Hotels & Resorts）、快捷假日饭店（Holiday Inn Express）、Staybridge Suites 饭店、Candlewood Suites 饭店以及 Hotel Indigo 品牌饭店。其中既有高端豪华饭店品牌，也有中端舒适饭店，更不乏专为延长住宿饭店市场而创立的特色饭店，而 Indigo 则是洲际新近推出的精品饭店品牌。

目前，洲际饭店集团在亚太地区拥有 290 家饭店，并有 223 家在建设中。在积极扩张中国市场的过程中，洲际集团已经开始由一线城市向二三线城市进发。现在，洲际饭店集团在中国的大城市采用公关活动、积极营销等方式巩固已有市场，如举办 2011 洲际饭店集团北京区饭店慈善高尔夫锦标赛等活动；在中小城市则采取抢占市场的扩张战略，如目前计划在澳门路氹金光大道建设最大的假日饭店、在 2015 年前在广东省再开 5 家饭店等。

二、温德姆饭店集团（Wyndham Hotel Group）

温德姆饭店集团前身是美国胜腾集团，其总部在美国新泽西。2006 年 8 月 3 日，胜腾集团收购了豪华五星级饭店品牌温德姆，从此更名温德姆饭店集团。

目前温德姆饭店集团旗下共拥有 10 个饭店品牌，分别是速 8（Super 8 Motels）、戴斯（Days Inn）、华美达（Ramada）、Baymont Inn & Suites、Travelodge、豪生（Howard Johnson）、Knights

Inn、Wingate Inn、Amerihost Inn 以及 Wyndham Hotels & Resorts。在全球 66 个国家经营着约 7000 家酒店，共拥有 588500 间客房，曾一度是世界最大的酒店集团。

图 3-2　温德姆饭店集团 Logo

温德姆旗下 10 个品牌风格迥异，各具特色，如：速 8 是全球最大的连锁汽车旅馆，Wingate Inn 是适合 35 岁至 49 岁男性商业旅行者的中高档商务饭店，Travelodge 和 Knights Inn 是迎合美国市场对家庭式住宿需求发展起来的中低档经济型饭店等。在中国市场，速 8 连锁饭店是拥有加盟饭店数量最多的品牌，目前在中国已拥有超过 170 家加盟饭店，其原因主要是速 8 饭店作为经济型饭店的代表，具有低投入、高回报、周期短等突出的特点，从而成就了速 8 饭店惊人的扩张速度。从 2004 年速 8 品牌进入中国起，就以"干净、友好"的形象和对服务细节的关注得到消费者的认可。

豪生国际饭店是温德姆酒店集团旗下 10 个饭店品牌中的顶级品牌。豪生国际饭店于 1925 年在美国缅因州成立，到现在已有 80 多年的历史。1992 年，豪生国际饭店发展成为专业经营三星级至五星级中、高档饭店的全美最佳品牌集团。1993 年，豪生国际饭店开始走向国际市场。截至 1999 年，豪生国际饭店在全球 34 个国家拥有 650 多家饭店，仅在 1998 年就创下了新增 75 家饭店的记录。

三、万豪（马里奥特）国际集团（Marriott International）

万豪国际集团的发展起源于 1927 年，由 J. 威拉德·马里奥特和爱丽丝·S. 马里奥特夫妇在美国华盛顿创办的沙土汽水店，起名为"热卖店"，以后很快发展成为服务迅速、周到、价格公平、产品质量持之以恒的知名连锁餐厅。今天万豪国际集团已拥有 2600 家饭店，遍布美国及 63 个国家和地区。首家万豪饭店于 1957 年在美国华盛顿市开业，在公司

图 3-3　万豪国际集团 Logo

的核心经营思想指导下，加之以早期成功经营的经验为基础，万豪饭店很快得以迅速成长，并取得了长足的发展。新加盟的饭店从一开始就能以其设施豪华而闻名，并以其稳定的产品质量和出色的服务在饭店业享有盛誉。到 1981 年，万豪饭店的数量已超过 100 家，并拥有 4 万多间高标准的客房，创下了当年高达 20 亿美元的年销售额。80 年代，万豪根据市场的发展和特定需求，精心设计并创立了万怡（Courtyard）饭店。1983 年，第一家万怡饭店在美国正式开业。由于万怡饭店是广泛听取商务客人的意见、经过精心设计而推出的中等价位客房，同时保持高水准服务的饭店，因此一问世即获成功。很快，便成为同业中的佼佼者。1984 年，以公司创办者的名字命名的 J.W. 万豪（J.W. Marriott）饭店在美国华盛顿市开业。J.W. 万豪饭店品牌是在万豪饭店标准的基础上升级后的超豪华饭店品牌，向客人提供更为华贵舒适的设施和极富特色的高水准服务。

此后，在 1987 年万豪公司收购了旅居连锁饭店（Residence Inn），其特点是：饭店房间全部为套房设施，主要为长住客人提供方便实用的套房及相应服务。同年，万豪又推出了经济型的 Fairfield Inn 和万豪套房饭店（Marriott Suites）两个新品牌饭店。至 1989 年末，万豪

已发展到拥有539家饭店和134000间客房的大型饭店集团。万豪国际集团在持续快速发展中，又于 1995 年收购了全球首屈一指的顶级豪华连锁饭店公司——丽兹·卡尔顿饭店（Ritz-Carlton）。这一举措使万豪成为首家拥有各类不同档次优质品牌的饭店集团。此后又在1997 年，相继完成了对万丽连锁饭店公司（Renaissance）及其下属的新世界连锁饭店（New World），以及华美达国际连锁饭店（Ramada International）的收购。此举使万豪国际集团在全球的饭店数量实现了大幅增长，特别在亚太地区，一跃成为规模领先的饭店集团。

万豪国际集团旗下共拥有 18 个饭店品牌，分别是万豪饭店及度假村（Marriott Hotels & Resorts）、J. W. 万豪饭店及度假村（J.W. Marriott Hotels & Resorts）、万丽饭店及度假村（Renaissance Hotels）、EDITION 饭店（EDITION Hotels）、Autograph Collection、万怡饭店（Courtyard by Marriott）、AC Hotels by Marriott、万豪行政公寓（Marriott Executive Apartments）、Fairfield Inn & Suites by Marriott、Residence Inn by Marriott、Marriott Conference Centers、TownePlace Suites by Marriott、SpringHill Suites by Marriott、ExecuStay、Marriott Vacation Club International、丽兹·卡尔顿饭店（The Ritz-Carlton Hotel Company, L.L.C.）、The Ritz-Carlton Destination Club、Grand Residences by Marriott。

四、雅高国际饭店集团（Accor）

法国雅高国际饭店集团成立于 1967 年，是全球规模最大的饭店及观光事业集团，在全世界范围内超过90 个国家拥有 4200 多家饭店、约 50 万间客房和超过145000 名员工。雅高国际集团在全球范围内主要从事两项业务，即饭店业务和企业服务。

图 3-4　雅高国际饭店集团 Logo

法国雅高国际饭店集团旗下主要有 16 个饭店品牌，分别是索菲特饭店（Sofitel）、铂尔曼饭店（Pullman）、美憬阁饭店（MGallery）、Grand Mercure、美居饭店（Mercure）、诺富特（Novotel）、Suite Novotel、Adagio、宜必思（Ibis）、All Seasons、Etap Hotel/Formule 1、Hotel F1、Motel 6、Studio 6、Thalassa sea & spa 和 Lenotre。在这些品牌中，既有豪华型的索菲特饭店，又有经济型的宜必思、Etap Hotel，还有 Thalassa sea & spa 这样的海洋会馆。

雅高在亚洲地区主要推广的品牌为索菲特、诺富特、美居、宜必思以及 Formule 1。雅高集团是最早进入中国饭店市场的国际饭店管理公司之一，在 1988 年第一家诺富特饭店便在中国开业了。目前雅高集团在中国拥有 128 家饭店，雅高集团在中国市场已拥有较多数量的饭店，现在也像其他饭店集团一样将目光集中在了二三线城市的广大市场，如鞍山、临沂等。

五、希尔顿集团（Hilton Group Plc.）

英国希尔顿集团旗下希尔顿国际饭店集团（Hilton International）和希尔顿饭店集团公司（Hilton Hotels Corporation）。作为希尔顿集团公司旗下的分支，希尔顿国际饭店集团拥有除美国外全球范围内"希尔顿"商标的使用权，美国境内的希尔顿饭店则由希尔顿饭店集团公司（Hilton Hotels Corporation）拥有并管理。作为国际消费者心目中第一位的饭店品牌，希尔顿集团在全球范围内的 78 个国家共拥有 540 多所饭店的度假村，并提供超过 189000 个房间。

希尔顿集团旗下共拥有 12 个饭店品牌，分别是希尔顿饭店（Hilton Hotels）、港丽饭店

（Conrad Hotels）、斯堪迪克（Scandic）、双树（Double Tree by Hilton）、大使套房饭店（Embassy Suites Hotels）、家木套房饭店（Homewood Suites by Hilton）、哈里逊会议中心（Harrison Conference Center）、希尔顿花园饭店（Hilton Garden Inn）、汉普顿旅馆（Hampton Inns & Suites）、希尔顿度假俱乐部（Hilton Grand Vacations Club）、Home2 Suites by Hilton 以及华尔道夫（Waldorf Astoria Hotels & Resorts）等品牌。

图 3-5 希尔顿集团 Logo

希尔顿集团 1988 首次进入中国市场，在上海开设了第一家希尔顿饭店，现今在中国市场已经发展了 20 余年。至今，希尔顿集团已在中国拥有 23 家饭店，分别坐落于北京、上海、西安、重庆等大中城市，品牌分别有港丽、希尔顿花园以及斯堪迪克等。位于西安的万达希尔顿饭店刚刚开业，希尔顿集团也在昆明地区与当地饭店寻求合作。这也意味着希尔顿集团在中国扩张的步伐在进一步加快，战略区域也从沿海地区向内陆地区转移。此外，位于美国旧金山的希尔顿饭店宣布推出"全球希尔顿欢迎计划"，针对华人旅客提供特殊的服务，显示了其将品牌推广至全球市场的决心。值得一提的是，皮蛋也出现在了希尔顿饭店的早餐桌上，充分表明了希尔顿饭店对于华人游客的重视程度。

六、精选国际饭店管理公司（Choice Hotels International）

精选国际饭店管理公司成立于 1939 年，总部位于美国马里兰州，是世界排名第二的饭店特许经营公司，目前在全世界 36 个国家拥有超过 6000 家饭店，提供 49 万间客房。精选国际饭店公司是一个主要依靠品牌经营战略成长起来的饭店集团，在短时间内依靠品牌特许经营、多产品品牌组合、品牌营销等品牌经营策略实现了其在全球范围内市场规模的迅速扩大。

图 3-6 精选国际饭店管理公司 Logo

精选国际饭店管理公司旗下的饭店品牌主要有 Clarion Hotels、Econo Lodge、舒适客栈（Comfort Inn）、Sleep Inn、Rodeway Inn、品质客栈（Quality Inns，Hotel & Suites）、MainStay Suites、Suburban 和 Cambria Suites。其中品质客栈、舒适客栈以及 Clarion Hotels 大多为三星级饭店，Econo Lodge 大多为二星级经济型饭店，而 MainStay Suites 则是专门为长久入住者开发的品牌，多种产品也满足了各种社会阶层人士的需求。

目前，精选国际饭店集团没有中文官方网站，其英文网站上显示现在在中国共有 3 家饭店，分别位于北京和锦州。在亚洲地区除了中国以外，精选国际饭店集团的业务还集中于印度、新加坡和日本等地。

七、美国最佳西方国际集团（Best Western International）

美国最佳西方国际集团成立于 1946 年，在全世界近 100 个国家拥有 4200 多家成员饭店，总客房数超过 30 万间，是全球单一品牌下最大的饭店连锁集团，在美国、加拿大及欧洲具有广泛影响。尤其是在法国、意大利和德国，已经成为当地规模最大的饭店集团，每天有超过 25 万人入

图 3-7 美国最佳西方国际集团 Logo

住最佳西方旗下饭店。

与其他排名前十的国际饭店管理集团不同，最佳西方饭店集团是唯一只拥有成员而不拥有特许经营者的饭店集团。2002 年，最佳西方开始开拓中国市场，目前在大中华区已有 23 家加盟最佳西方国际集团的饭店，分别分布在北京、上海、西安、深圳、港澳等地（其中有 7 家饭店在建设中）。虽然最佳西方国际集团在进入中国市场方面显得稍晚，但目前已将饭店扩展至黄山、合肥等内地城市，说明其进军中国的脚步也正在加速中。

八、喜达屋集团（Starwood Hotels）

喜达屋饭店及度假村国际集团原名为喜达屋住宿设施投资公司/喜达屋膳宿公司（Starwood Loding Trust/Starwood Loding Corp.），在 1998 年和 1999 年分别并购了威斯汀饭店度假村集团（Westin Hotels & Resorts Worldwide Inc.）和它的几个分公司、维斯塔纳（Vistana）股份有限公司，这使得喜达屋集团在行业内处于领先地位。目前，

图 3-8　喜达屋集团 Logo

喜达屋集团在全球范围内拥有 1027 家饭店和 23 个度假村，提供近 302000 间客房，旗下饭店遍布世界各地。

喜达屋集团旗下的饭店品牌以高档豪华著称，主要包括：瑞吉饭店（St. Regis）、福朋饭店（Four Points）、威斯汀饭店（Westin）、至尊精选饭店（The Luxury Collection）、W 饭店（W）、喜来登饭店（Sheraton）、艾美饭店（Le Meridien）、雅乐轩饭店（Aloft）和 Element（SM）饭店。其中瑞吉饭店、艾美饭店属于高端的奢侈性消费饭店，而福朋饭店和威斯汀饭店则更倾向于为游客和商务人士提供住所。

目前，喜达屋集团在中国拥有 155 家饭店及度假村，发展速度十分迅速，而喜来登饭店作为喜达屋旗下最大的品牌，更是进入中国市场的第一家国际饭店品牌，并成为中国中高档饭店市场上拥有最多数量的饭店。喜达屋集团的管理层表示，在未来 3 年内计划再在中国开设 90 多家新饭店，并表示中国已经成为继美国之后喜达屋集团的第二大市场。

九、卡尔森国际饭店集团（Carlson Hotels）

卡尔森国际饭店集团成立于 1938 年，是美国最大的私营公司之一。卡尔森集团在全球超过 77 个国家和地区拥有 1068 家饭店，并计划在 2015 年将全球拥有的饭店数量增加至 1500 家，实现近 50%的增长。卡尔森国际集团拥有 5 个主要饭店品牌，分别是丽晶（Regent）、丽笙（Radisson）、丽亭（Park Plaza）、丽怡（Country

图 3-9　卡尔森国际饭店集团 Logo

Inns & Suites By Carlson）和丽柏（Park Inn by Radisson）。其中丽晶（Regent）是卡尔森国际饭店公司的顶级品牌，丽笙是集团旗下的五星级饭店品牌（2010 年丽晶被台湾本土饭店品牌丽华所收购，故现在卡尔森集团旗下的饭店品牌为 4 个）。

目前，卡尔森国际饭店集团在中国拥有 13 家饭店，分别分布在上海、北京、成都等地。

十、凯悦饭店集团（Hyatt Corporation）

美国凯悦饭店集团是世界知名的饭店管理集团，其首间饭店于 1957 年开业，在随后的发展过程中不断引入其他品牌，成为了现在位列世界前十的饭店管理集团。如今，凯悦饭店集团在全球 44 个国家拥有 456 间品牌产业，其中包括饭店、度假村、住宅和度假型产业等。

图 3-10 凯悦饭店集团 Logo

目前凯悦饭店集团共拥有君悦饭店（Grand Hyatt）、凯悦饭店（Hyatt Regency Hotels）、柏悦饭店（Park Hyatts）、凯悦度假村（Hyatt Hotels & Resorts）、凯悦假日俱乐部（Hyatt Vacation Club）以及新推出的 Andaz、Hyatt Place 和 Hyatt Summerfield Suites 等 8 个品牌。其中凯悦饭店是典型的商务饭店，而君悦饭店和柏悦饭店则侧重于精品和豪华的服务，凯悦度假村则有着令人心旷神怡的风景，适合度假旅游的客人。

凯悦饭店集团在中国目前拥有 20 家饭店，除了上海、香港、北京等大城市分布较为集中以外，其他饭店都比较均匀地分布在广州、杭州、青岛等沿海城市和济南、贵阳等内陆城市。目前，凯悦旗下饭店在中国的知名度较高，不过这也没能延缓凯悦集团开拓中国市场的步伐。目前凯悦集团计划在已经拥有 4 家饭店的上海地区再建设一家度假村饭店，并且君悦饭店也将在合肥与华润置地合作继续开拓内陆市场，建立合肥第一家君悦饭店。在对顾客的服务方面，凯悦饭店集团也相当重视区域化的特点，于 2011 年 4 月份在大中华地区推出的本地特色早餐服务，也充分体现了凯悦饭店集团对大中华市场的重视程度。

十一、香格里拉饭店集团（SHANGRI-LA Hotels & Resorts）

总部设在香港的香格里拉饭店集团是亚洲最大的豪华饭店集团，且被视为世界最佳饭店管理公司之一。香格里拉饭店集团是香格里拉亚洲有限公司的品牌，该公司在香港股票市场上市。起源于马来西亚的郭氏集团是由郭鹤年先生创建的一家大型综合企业集团，拥有香格里拉亚洲有限公司的大部分股权。郭氏集团的经营涉及多个领域并延及亚洲许多国家。除饭店外，集团还经营商贸、地产、饮料、物流、报业及种植业。

图 3-11 香格里拉饭店集团 Logo

香格里拉饭店集团卓越服务的传统始自 1971 年开业的新加坡香格里拉大饭店。优美的花园景致，舒适典雅的客房，加上亚洲人的殷勤好客之道，为饭店业的卓越服务树立了新的标准。集团目前拥有四个品牌：

香格里拉饭店：在亚洲、中东、北美和欧洲各大城市的黄金地段均开设有香格里拉五星级豪华饭店。

香格里拉度假饭店：在世界上最具特色的旅游胜地，香格里拉度假饭店为游客及其家人营造轻松而充实的假期体验。

盛贸饭店：盛贸饭店完美融合了亚洲待客之道中的体贴、朴素、热情和真诚，营造出充满激情又不失专业水准的入住环境，专为迎合宾客工作、休息或娱乐的需要而精心设计的。

嘉里大饭店：嘉里大饭店是汇聚精彩和活力的地方，以其独特的风格以及殷勤周到的关怀为所有宾客带来独一无二的入住体验。

近年来，香格里拉饭店集团扩展迅速，在全球已有 77 家饭店，主要分布在中国大陆、印度、马来西亚、蒙古共和国、菲律宾、卡塔尔、斯里兰卡、土耳其和英国。目前，香格里拉的在华扩张计划中除了一二线城市，还增加了中国三线城市和部分此前未进入的省会城市。截至 2013 年 1 月，香格里拉在华已开业饭店达到 38 家，其中内地有 35 家，香港有 3 家。作为较早进入内地的饭店管理集团，香格里拉从 1984 年在杭州开设第一家香格里拉饭店开始，就实行带资管理，也是当时唯一采用此方式的国际饭店管理集团。所到之处，香格里拉都成为当地标志性饭店，成功地打造了香格里拉品牌。

十二、凯宾斯基饭店集团（Kempinski Hotels & Rosorts）

凯宾斯基饭店是世界上最古老的豪华饭店，最初于 1897 年创建于德国，现旗下饭店遍布欧洲、中东、非洲、南美和亚洲，在北京、柏林、布达佩斯、伊斯坦布尔、德累斯顿和圣莫里茨等地拥有 45 家以上的私人饭店和特色饭店。凯宾斯基集团始建于德国，已有 100 多年的历史，是传统的欧式风格饭店的典型代表。

图 3-12　凯宾斯基饭店集团 Logo

凯宾斯基集团饭店大多坐落于风景优美、令人向住的城市，如柏林、汉堡、慕尼黑、日内瓦、布拉格、旧金山、孟买、雅加达、东京等。

凯宾斯基集团的首家豪华大饭店创立于 1897 年的柏林，当时成立的是一家饭店股份公司，后来以"凯宾斯基"为名，并在世界范围内赢得了良好的声誉。1953 年，柏林的 M. 凯宾斯基有限责任公司取得了该饭店股份公司 100%的股权。

目前凯宾斯基集团在全球管理着 61 家国际标准五星级饭店，自身拥有 30 多家豪华饭店，在全球管理超过 40 家豪华饭店和度假村。凯宾斯基饭店管理集团在北京、成都、沈阳和大连管理 4 家饭店，并且近年来持续扩张。

十三、四季饭店集团（Four Seasons Hotels & Resorts）

四季饭店是一家世界性的豪华连锁饭店集团。在世界各地管理饭店及度假区。四季饭店被 Travel and Leisure 杂志及 Zagat 指南评为世界最佳饭店集团之一，并获得 AAA5 颗钻石的评级。四季饭店集团总部设于加拿大多伦多，1960 年由 Isadore Sharp 创办，首间饭店设于多伦多市 Jarvis 街。微软主席比尔·盖茨和沙特王子都是四季饭店的大股东。

图 3-13　四季饭店集团 Logo

四季饭店亦设有住宅计划 Residence Club，让客户购买旗下度假屋分时使用权。四季饭店旗下度假屋售价甚为高昂。

四季饭店在全球范围内经营着约 70 家饭店和度假村——其所有权归属不同的所有者。自四季饭店集团于 1978 年正式成立以来，董事会主席兼执行长伊萨多尔·夏普（Isadore Sharp）一直负责饭店的经营。

伊萨多尔·夏普是著名四季超豪华连锁饭店的创始人、董事长和首席执行长官。夏普先生于 1931 年 10 月 8 日在多伦多出生。当他还是孩子的时候，就开始在父亲的建筑工地上帮助父亲。他于 1952 年毕业于 Ryerson 理工学院，并获得建筑学专业方面的学位，毕业后开始加入了他父亲的建筑行业，做一些设计和建筑的工作。到 1955 年，他以充满创新的思维开始构筑起与众不同的理念：不是在通往一个城市的破旧边沿地区，而是在它的中间建造一个给人以美学享受和提供个性化服务的汽车旅馆。通过向家庭和朋友集资，耗资总共 150 万美元。拥有 125 间客房、每间售价 15 美元一晚的四季汽车旅馆于 1961 年诞生了。仅一年后，夏普先生便在多伦多开了第一家 Inn on the Park 旅馆。在接下去的 10 年中，他把分店开到了英国的伦敦，也是伦敦第一家豪华旅馆（Inn on the Park），现在改名为四季。除此之外还有以色列 Netanya 的四季饭店（现在由 Dan 饭店连锁管理）。在 1972 年，他帮助创建了有 1600 个房间的多伦多四季喜来登会议饭店。他决定在世界范围内创建自己的品牌和连锁，于是逐渐把精力集中在中等规模、品质优的超豪华旅馆和度假村上。

第三节 饭店企业文化

【案例 1】

丽兹·卡尔顿的"黄金标准"和员工满意度

丽兹·卡尔顿的管理理念在它的"黄金标准"所表述的公司核心价值中得到了充分体现。丽兹·卡尔顿的员工们在任何时候都随身携带"黄金标准"信条卡，丽兹·卡尔顿要求每一名新员工都能自觉奉行公司的标准，这些标准包括"信条"、"服务三步骤"、"座右铭"、"二十个基本点"以及"员工承诺"。全部内容反复强调的宗旨是，永远把注重每个客人的个性化需求放在第一位，为每一位客人提供真正热情体贴的服务。所有员工每日都要时时提醒自己，他们是"为绅士和淑女服务的绅士与淑女"，并且他们必须积极热诚地为客人服务，预见客人的需要。丽兹·卡尔顿在世界各地的每日训言都是一成不变的："超越客人的期望，是公司最重要的使命。"

员工满意度是"黄金标准"中的闪光点。"为绅士和淑女服务的绅士与淑女"——这句话可以看作员工满意度和顾客满意度的结合。丽兹·卡尔顿视拥有并保持出色的员工群体为公司的首要任务，公司培训员工的方法是以此为基础的。在饭店业多年保持远远高出同业平均值 66% 的员工保持率，使丽兹·卡尔顿节约了成本，提高了利润。这一培训方法被世界各地的众多公司——从《财富》全球 500 强公司到成功的家族企业，作为经典模式进行引用和效仿。

一、饭店企业文化的内涵与特征

20 世纪 80 年代初，美国哈佛大学教育研究院的教授泰伦斯·迪尔和科莱斯国际咨询公司顾问艾伦·肯尼迪在长期的企业管理研究中积累了丰富的资料。他们在 6 个月的时间里，集中对 80 家企业进行了详尽的调查，写成了《企业文化——企业生存的习俗和礼仪》一书。该书在 1981 年 7 月出版，后被评为 20 世纪 80 年代最有影响的 10 本管理学专著之一，成为论述企业文化的经典之作。它用丰富的例证指出：杰出而成功的企业都具备强有力的企业文化，即为全体员工共同遵守，但往往是自然约定俗成的而非书面的行为规范，并有各种各样用来宣传、强化这些价值观念的仪式和习俗。正是企业文化——这一非技术、非经济的因素，导致了企业决策的产生、企业中的人事任免，甚至员工们的行为举止、衣着爱好、生活习惯。在两个其他条件都相差无几的企业中，其企业文化的强弱对企业发展所产生的影响就完全不同。随着企业文化理念的推广，饭店行业也逐步开始了企业文化的建设。

（一）饭店企业文化的内涵

饭店企业文化（Hotel Enterprise Culture）是发生在饭店中的文化，是指一个饭店在自己的历史发展中，在长期的生产、建设、经营、管理实践中逐步培养形成的、占主导地位的，并为全体员工所认同和恪守的共同的价值观（Values）、信念（Beliefs）和假设（Assumptions）。它包含四个层次的内容：

1. 物质层文化

物质层文化（Physical Culture）是产品和各种物质设施等构成的器物文化，是一种以物质形态加以表现的表层文化。包括饭店设施设备、饭店装饰、环境气氛的营造、饭店内部报刊、给客人发放的纪念品、各部门员工工装、饭店品牌 Logo、饭店店歌、饭店口号等。

2. 行为层文化

行为层文化（Behavioral Culture）是指员工在生产经营及学习娱乐活动中产生的活动文化，指饭店在经营管理、教育宣传、人际关系活动、文娱体育活动中产生的文化现象。包括饭店企业行为的规范、饭店人际关系的规范和公共关系的规范。饭店企业行为是指饭店与饭店之间、饭店与顾客之间、饭店与政府之间、饭店与社会之间的行为，包括饭店员工培训、年会、外出集体活动、体育比赛、人才交流、企业联谊等。

3. 制度层文化

制度层文化（Systematic Culture）主要包括饭店领导体制、饭店组织机构和饭店管理制度三个方面。饭店制度文化是饭店为实现自身目标对员工的行为给与一定限制的文化，它具有共性和强有力的行为规范要求，规范着饭店的每一个人。饭店的人事制度、财会制度、决策制度、岗位规范、工作流程等都是饭店制度文化的内容。

4. 核心层的精神文化

精神文化（Spiritual Culture）是指饭店经营管理过程中，受一定的社会文化背景、意识形态影响而长期形成的一种精神成果和文化观念。包括饭店企业精神、饭店管理哲学、饭店企业道德、饭店价值观念、饭店服务理念、价值观等内容。

在实践中，可从以下方面来理解饭店企业文化：

（1）饭店企业文化是在工作团体中逐步形成的规范。

（2）饭店企业文化是指导饭店制定员工和顾客政策的宗旨。

（3）饭店企业文化是饭店内通过设施、设备、布局所传达的感觉或气氛，以及饭店成员与顾客或其他外界成员交往的方式。

（4）饭店企业文化就是传统氛围构成的饭店文化，它意味着饭店的价值观，诸如进取、守信、灵活——这些价值观构成饭店员工活力、意见和行为的规范。饭店管理人员身体力行，把这些规范灌输给员工并代代相传。

（5）饭店企业文化就是在一个饭店中形成的某种文化观念和历史传统，共同的价值准则、道德规范和生活信息，将各种内部力量统一于共同的指导思想和管理哲学之下，汇聚到一个共同的方向。

（6）饭店企业文化是经济意义和文化意义的混合，即在饭店界形成的价值观念、行为准则在人群中和社会上发生了文化的影响。它不是指知识修养，而是指人们对知识的态度；不是利润，而是对利润的心理；不是人际关系，而是人际关系所体现的处世为人的哲学。饭店企业文化渗透在饭店的一切活动之中。

（7）饭店企业文化是指饭店组织的基本信息、基本价值观和对饭店内外环境的基本看法，是由饭店的全体员工共同遵守和信仰的行为规范、价值体系，是指导人们从事工作的哲学观念。

（8）饭店企业文化是在一定的社会历史条件下，饭店生产经营和管理活动中所创造的具有该企业特色的精神财富和物质形态。它包括文化观念、价值观念、企业精神、道德规范、行为准则、历史传统、企业制度、文化环境、饭店产品等。其中价值观是饭店企业文化的核心。

（二）饭店企业文化的特征

优秀的饭店企业文化应具有以下特征：

1. 独特性

饭店企业文化具有鲜明的个性和特色，具有相对独立性，每个饭店都有其独特的文化淀积，这是由该饭店的生产经营管理特色、传统、目标、员工素质以及内外环境不同所决定的。

2. 继承性

饭店在一定的时空条件下产生、生存和发展，饭店企业文化是历史的产物。饭店企业文化的继承性体现在三个方面：一是继承优秀的民族文化精华，二是继承饭店的文化传统，三是继承外来的饭店企业文化实践和研究成果。

3. 相融性

饭店企业文化的相融性体现在它与饭店环境的协调性和适应性方面。饭店企业文化反映了时代精神，它必然要与饭店的经济环境、政治环境、文化环境以及社区环境相融合。

4. 人本性

饭店企业文化是一种以人为本的文化，最本质的内容就是强调人的理想、道德、价值观、行为规范在饭店管理中的核心作用，强调在饭店管理中要理解人，尊重人，关心人。注重员工的全面发展，用愿景鼓舞人，用精神凝聚人，用机制激励人，用环境培育人。

5. 整体性

饭店企业文化是一个有机的统一整体，人的发展和饭店的发展密不可分，引导饭店员工把个人奋斗目标融于饭店整体目标之中，追求饭店的整体优势和整体意志的实现。

6. 创新性

创新既是时代的呼唤，又是饭店企业文化自身的内在要求。优秀的饭店企业文化往往在继承中创新，随着饭店环境和国内外市场的变化而改革发展，引导大家追求卓越，追求成效，追求创新。

【案例2】

知名饭店的企业文化

希尔顿：顾客是企业的生命，为了保持顾客高水平的满意度，我们不断地听取评估顾客意见，在我们所在的各个国家实行公平的制度来处理顾客投诉并尊重消费者权利。

Our customers are our business. In order to maintain high levels of satisfaction we are constantly assessing the views of our customers. We operate a fair system for handling complaints and respect the rights of the consumer in the countries in which we operate.

马里奥特：马里奥特酒店优质服务的声誉来自马里奥特创立并长期秉承的传统，酒店简单的服务目标是"食物好，服务好，价格合理"。

Marriott's reputation for superior customer service rises out of a long tradition that started with J. Willard Marriott's simple goal for hot shoppes to provide "Good food and good service at a fair price."

不遗余力地为顾客着想。

Do whatever it takes to take care of the customer.

对顾客无微不至的关心。

Pay extraordinary attention to detail.

以硬件环境为荣。

Take pride in their physical surroundings.

胜腾：胜腾客户方针，我们酒店的效益来自我们客人的满意体系，这也是作为一个旅馆行业中最大的、最重要的体系。先进的数据、资料将会衡量出产品和服务的质量。同时也直接关系到客人对酒店的满意程度和是否会再次光临。

Cendant guest tracking our hotels benefits from our guest satisfaction tracking system, the largest such system in the lodging industry. This advanced database will measure and track key product and service attributes directly related to guest satisfaction and guest retention at your hotel.

香格里拉：我们要把赢得客人忠实感作为事业发展的主要驱动力，体现在：

——始终如一地为客人提供优质服务。

——在每一次同客人接触时，令客人喜出望外。

——行政管理人员与客人保持直接接触。

We will make customer loyalty a key driver of our business through

- consistency in delivery of service.

- delighting our customers in every customer contact.

- executives having a customer contact role.

我们的使命宣言：为客人提供物有所值的特色服务和创新产品，令客人喜出望外。

Our mission: Delighting customers by providing quality and value through distinctive service and innovative products.

二、饭店企业文化的作用

（一）导向功能（Orientation Function）

所谓导向功能就是通过饭店企业文化对饭店的领导者和员工起引导作用。饭店企业文化的导向功能主要体现在以下两个方面。

1. 管理哲学和价值观念的指导

管理哲学决定了饭店管理的思维方式和处理问题的法则，这些方式和法则指导管理者进行正确的决策，指导员工采用科学的方法从事生产活动。饭店共同的价值观念规定了饭店的价值取向，使员工对事物的评判形成共识，有着共同的价值目标，饭店的管理者和员工按他们所认定的价值目标去进行统一的行动。美国学者托马斯·彼得斯和小罗伯特·沃特曼在《追求卓越》一书中指出："我们研究的所有优秀公司都很清楚它们的主张是什么，并认真建立和形成了公司统一的价值准则。事实上，一个公司缺乏明确的价值准则或价值观念不正确，我们则怀疑它是否有可能获得经营上的成功。"

2. 饭店目标的指引

饭店目标代表着饭店发展的方向，没有正确的目标就等于迷失了方向。完美的饭店企业文化会从实际出发，以科学的态度去制定饭店的发展目标，这种目标一定具有可行性和科学性。饭店员工就在这一目标的指导下从事生产活动。

（二）约束功能（Constraint Function）

饭店企业文化的约束功能主要是通过完善管理制度和道德规范来实现。

1. 有效规章制度的约束

饭店制度是企业文化的重要内容之一。饭店制度是饭店内部的法规，饭店的员工包括管理者都必须遵守和执行，从而形成约束力。

2. 道德规范的约束

道德规范是从伦理关系的角度来约束饭店管理者和员工的行为。如果人们违背了道德规范的要求，就会受到舆论的谴责，心理上会感到内疚。

（三）凝聚功能（Aggregation Function）

饭店企业文化以人为本，尊重人的感情，从而在饭店中营造了一种团结友爱、相互信任的和睦气氛，强化了团体意识，使饭店员工之间形成强大的凝聚力和向心力。共同的价值观念形成了共同的目标和理想，员工把饭店看成一个命运共同体，把本职工作看成实现共同目标的重要组成部分，整个饭店步调一致，形成统一的整体。

（四）激励功能（Inspiration Function）

共同的价值观念使饭店每名员工都感到自己存在和行为的价值，自我价值的实现是对人最高精神需求的一种满足，这种满足必将形成强大的激励。在以人为本的饭店企业文化氛围中，上下级之间、员工与员工之间互相关心，互相支持。特别是通过管理者对员工的关心，员工会感到受人尊重，自然会振奋精神，努力工作。另外，饭店企业精神和企业形象对饭店员工有着极大的鼓舞作用，特别是饭店企业文化建设取得成功并在社会上产生影响时，饭店员工会产生强烈的荣誉感和自豪感，他们会加倍努力，用自己的实际行动去维护饭店的荣誉和形象。

（五）调适功能（Adjustment Function）

调适就是调整和适应。饭店各部门之间、员工之间，由于各种原因，难免会产生一些矛盾，解决这些矛盾需要其各自进行自我调节。饭店与周边环境、与顾客、与社会、与竞争对手之间都会存在不协调、不适应之处，这也需要进行调整和适应。饭店的企业哲学和道德规范使管理者和普通员工能科学地处理这些矛盾，自觉地约束自己。完美的饭店形象就是进行这些调节的结果。调适功能实际也是饭店能动作用的一种表现。

（六）辐射功能（Radiation Function）

饭店企业文化关系到饭店的公众形象和品牌美誉度等。饭店企业文化不仅在饭店内部发挥作用，对饭店员工产生影响，它也能通过传播媒体、公共关系活动等各种渠道对社会产生影响，向社会辐射。饭店企业文化的传播对树立饭店在公众中的形象有很大帮助，优秀的饭店企业文化对社会文化的发展有很大的影响。

三、饭店企业文化的建设

（一）建设步骤

1. 饭店内部组建企业文化建设办公室等相关部门，由专人负责（最好是饭店总经理），并与专业咨询机构合作组建企业文化执行小组。

2. 调查分析饭店现状、行业态势、竞争状况、饭店最终目标等，得出饭店存在的必要性、企业的发展要求等。

3. 科学性、艺术性地归纳、总结饭店远景、饭店使命、饭店精神、饭店理念、饭店战略、饭店口号等。

4. 依据已提炼出的理念和饭店实际需求，设计饭店管理制度及行为规范，包括员工手册、岗位规范、服务流程、危机处理规范等。

5. 进行企业形象系统规划，一般要请专业设计机构进行，以确保设计符合艺术性、国际化、高识别性等行业要求。

饭店在完成以上部分的设计规划后，应该首先应用企业视觉形象系统，通过视觉形象系统的实施，可以使企业形象在极短的时间内发生巨大的变化，在社会中、行业中、该饭店员工心理上产生很大反响，员工对新的形象、新的理念、新的战略目标产生兴趣和自豪感，此时贯彻饭店精神、理念、规章制度就会事半功倍。辅之以长期的培训、文化活动，表彰与奖励优秀员工等，使饭店的风气、环境气氛焕然一新，员工个人目标必然会与饭店战略目标走向一致，饭店企业文化也逐步走向强势文化。但同时要求饭店要有一支勇于变革的领导团队，能够不断创新企业文化（即企业文化的再定位），塑造尊重人才的高素质职业经理人，为人才创造良好的工作环境，使饭店企业文化在饭店战略执行、核心竞争力营造中始终发挥积极的作用。

（二）建设方法

为使饭店企业文化深入人心，可采用如下方法建设饭店企业文化：

1. 晨会、夕会、总结会

晨会、夕会指各部门在每天的上班前和下班前用若干时间宣讲饭店的价值观念。总结会是月度、季度、年度部门和全饭店的例会，这些会议应该固定下来，成为饭店的一项日常制度及饭店企业文化的一部分。

2. 思想小结

思想小结指定期让员工按照企业文化的内容对照自己的行为，作出自我总结与评判，判断自身是否达到了企业要求，需要如何改进。

3. 张贴宣传企业文化的标语

把饭店企业文化的核心观念做成标识牌或标语条幅，悬挂或张贴于饭店办公区域的显要位置。

4. 树先进典型

给员工树立一种形象化的行为标准和观念标志，通过树典型可使员工形象具体地明白"何为工作积极"、"何为工作主动"、"何为敬业精神"、"何为成本观念"、"何为效率高"，从而提升员工的行为。

5. 网站建设

利用互联网，建设饭店网站，进行企业文化宣传。

6. 内部培训

在员工培训课程中设置企业文化相关课程。

7. 外出参观学习

选择企业文化建设较好的企业进行参观学习，让员工认识到良好的企业文化在饭店经营管理当中的重要性，使员工切身体会到企业文化对饭店造成的积极影响。

8. 饭店创业、发展史陈列室

陈列一切与饭店创业、发展相关的物品。

9. 文体活动

通过歌舞比赛、体育比赛、年会、晚会等活动形式，把饭店企业文化的价值观贯穿其中，增强员工凝聚力。

10. 开展互评活动

互评活动是员工对照企业文化要求当众评价同事工作状态，也当众评价自己做得如何，并由同事评价自己做得如何。通过互评活动，消除分歧，改正缺点，发扬优点，明辨是非，以达到工作状态的优化。

11. 领导人的榜样作用

在企业文化形成的过程当中，领导人的榜样作用有很大的影响。

12. 创办饭店报刊

饭店报刊是饭店企业文化建设的重要形式之一，也是企业文化的重要载体。饭店报刊更是向饭店内部及外部所有与饭店相关的公众和顾客宣传饭店的窗口。

（三）建设过程

从企业文化建设的宏观角度来分析，大致可以分为以下四个相互影响与提升的螺旋阶段。

1. 不自觉（无意识）的文化创造

饭店在创立和发展过程中逐渐形成一套行之有效、组织内部广泛认可的组织运营理念或者思想。这一阶段的基本特点就是具有鲜活的个性特征，是零散的而非系统的，在组织内部可能是"未经正式发布的或声明的规则"。在这一过程中，饭店关注的是发展进程中那些难忘的、重大的事件或者案例背后所体现出的文化气质或者精神价值。这些事件或者案例往往是在组织面临着巨大的利益冲突和矛盾的情境下发生的，这种冲突和矛盾下的饭店选择正是饭店价值观的具体体现。

2. 自觉的文化提炼与总结

饭店经过一段时间的发展，在取得一定的市场进步或者成功时，就需要及时总结和提炼成功的核心要素。这些成功要素是饭店在一定时期内取得成功的工具和方法，具有可参考或者复制的一般性意义。更加重要的是，饭店往往在取得成功的同时吸引了更大范围、更多数量的成员加盟。各种管理理念与工作方法交汇冲突，饭店如果缺乏共同的价值共识，往往会发生内部离散效应。对饭店而言这一阶段最重要的就是自觉地进行一次文化的梳理与总结，通过集体的系统思考进行价值观的发掘与讨论，并在共同的使命和愿景的引领下确定共同的价值共识。

3. 文化落地执行与冲突管理

日益庞大的组织规模和多元化的员工结构，为文化的传播和价值理念的共享提出了新的挑战。前期总结和提炼的价值理念体系如何得到更大范围内组织成员的认同，就成了这一阶段最为重要的事情。文化落地与传播的手段和工具不计其数，从实践来看，饭店在文化落地阶段应该遵循"从易到难、由内而外、循序渐进"的原则开展文化落地建设。

（1）文化传播平台和渠道的建设。饭店首先要建设一个打通内外、联系上下的传播平台。所谓打通内外就是要发挥好文化对内凝聚人心、对外传播形象的作用，既要在内部传播，更要重视对外的展示。所谓联系上下就是要建立一套管理者与员工能够平等互动的文化沟通管道。

（2）价值观的识别与管理。饭店在确立自我的价值体系之后，要树立有效的识别和管理饭店的价值观。最重要的就是做好人才输入时的价值观甄选、组织内部日常的价值观检测以及员工的价值观培养与矫正等三项工作。首先，价值观测评是一个对人才进行有效甄选的工具和方法，保证进入的员工在价值观和理念方面与饭店具有较强的一致性或较高的匹配度；其次，岗位素质模型也是落实文化理念与价值规范的良好载体。

4. 文化的再造与重塑

企业文化建设对饭店而言是一个没有终极答案的建设过程，关乎饭店生存与发展的核心命题；对饭店的领导者而言是一个需要不断思考、不断总结、不断否定与肯定的过程，任何一个阶段性的总结和提炼并不代表着饭店的管理者们掌握了全部真相或绝对真理。因此，一个健康的组织一定是有一个"活的"文化体系与之相伴相生。这个"活的"文化体系并不具备自动进化的智能，需要饭店持续不断地进行系统思考，并根据组织内外的环境与组织发展的需要进行企业文化的更新、进化甚至是再造。至于企业文化更新的频率，要有一个合适的时间。企业文化建设进程是饭店主动进行的一次从实践到理论，进而理论指导实践的过程，只有牢牢把握企业价值观这个核心，饭店企业文化的建设才不会出现大的偏差或者失误。

【思考题】

1. 世界知名的饭店集团有哪些？这些饭店集团旗下有哪些著名饭店品牌？

2. 饭店集团有哪些经营模式？

3. 什么是饭店企业文化？它包括哪些层次？

4. 实地考察饭店，分小组讨论该饭店企业文化的表现，并制作 PPT 展示。

【案例分析题】

一、喜来登的"十诫"和理念

喜来登的创建人是欧内斯特·亨德森（1887–1967），亨德森的"十诫"是：

1. 不要滥用权势与要求特殊待遇，对此不加抵制就是放纵。

2. 不要收取那些有求于你的人的礼物。

3. 一切装点喜来登饭店的事要听玛丽·肯尼迪的。玛丽·肯尼迪是从8名装潢大师中经过一次装潢比赛竞选脱颖而出的。此后她一直被喜来登旅馆公司聘为饭店客房、餐厅与大堂装潢的总主持人。

4. 不能反悔已经确定了的客房预定。

5. 在没有让下属完全弄清确切目的之前不得向下属下达命令。

6. 经营小旅店的长处，也许是管理大饭店的忌讳。

7. 为做成交易，不得榨尽对方"最后一滴血"。

8. 放凉了的菜不得上桌。

9. 决策要靠事实、计算与知识。

10. 对下属的差错，不要急于指责。

在喜来登公司的实际经营中，亨德森先生有一些理念也是可取的：

1. 强调职责和勤奋。

2. 强调客人监督以及对饭店服务质量的评定。

3. 饭店的一切服务和食品要"物有所值"。

4. 以浮动价格调节客源市场。

5. 以竞争来推动企业的向前发展。

6. 强调目标管理。

二、半岛酒店一以贯之的风格

香港上海大酒店有限公司下属机构半岛集团，在香港、马尼拉、曼谷、北京、纽约、比华利山以及芝加哥管理着8家豪华饭店，拥有3000多间客房，并以其在每个大都市只建立1家顶级豪华饭店的理念而闻名于世，被国际饭店业尊称为"五星半岛"。

半岛酒店形成了一以贯之的风格。

三、香格里拉独特的亚洲式殷勤好客之道

努力为客人提供独具特色的亚洲式殷勤好客服务乃是香格里拉有别于其他酒店业同行的关键，同时也是香格里拉赢得世界级酒店集团荣誉的基础。

"自豪而不骄矜"极其重要，香格里拉希望员工能够由衷地为饭店所获得的成就而自豪，但在对待客人时仍表现出谦恭的品质。总之，真正的成功是不需要大肆宣扬的。

在力求每时每刻令客人喜出望外的过程中，始终希望能够超越客人的期望，始终如一地为客人提供物有所值的优质产品与服务。这也正是香格里拉要寻求那些勇于创新、追求成就、引领潮流的专业人士的原因。

案例思考：阅读以上材料，分析上述饭店的核心价值观是什么？思考饭店企业文化对饭店管理的重要性表现在什么地方？

第四章 计划与组织管理

【学习目标】

1. 了解饭店计划管理的概念和饭店计划的类型、特点
2. 熟悉编制饭店计划，掌握执行饭店计划的方法
3. 了解饭店组织管理的内容及意义，以及组织机构的设置
4. 熟悉如何建立科学的饭店组织管理制度

【主要内容】

1. 饭店计划管理的概念与意义

饭店计划管理的概念；饭店计划的类型和特点；饭店计划管理的意义

2. 饭店计划的编制与执行

影响饭店计划编制的因素；饭店主要计划指标；饭店计划的实施

3. 饭店组织管理的内容

组织设计的程序；饭店组织的职能部门化；工作设计；编制定员；劳动组织形式

4. 饭店组织机构设置与制度建设

饭店组织机构设置依据；饭店组织的结构类型；饭店组织管理制度；饭店非正式组织的管理

【导入案例】

某饭店是一家三星级的中型饭店。饭店拥有320间客房、700个餐位（包括16个餐饮包厢），饭店其他的设施都符合星级要求。饭店原来的组织结构是：总经理、副总经理，以及销售、前厅、房务、餐饮、娱乐、商品、人力资源、财务、工程、安全、采购、办公室11部1室。设立11位部门经理和副经理，部门经理下设主管，主管下设领班。这样就形成了饭店的金字塔形的组织结构。这种组织结构在运转了两年后，明显感到管理人员层次是金字塔形的，公文履行环节太多，好像影响了饭店的效率。为此，饭店决策层在有充分准备的情况下，逐步对组织结构进行了改革。饭店先是合并了一些部门，把销售部和前厅部合为一个部，把采购部合并到财务部，把商品部合并到客房部，这样就减少了3个部。接着就是压缩管理层和管理人员，饭店统一取消了总监一级，取消了各部门副经理，在有必要的部门设置经理助理。除了几个部门必须设主管的，其他部门一律取消主管。这样饭店的结构由金字塔形变成了扁平组织。组织结构的改变不但使饭店的效率大大提高，员工的责任感和岗位目标也大大加强了，从而给饭店带来了良好的效益。

古代孙武曾说："用兵之道，以计为首。"其实，无论是单位还是个人，无论办什么事情，事先都应有打算和安排。有了计划，工作就有了明确的目标和具体的步骤，就可以协调大家

的行动，增强工作的主动性，减少盲目性，使工作有条不紊地进行。同时，计划本身又是对工作进度和质量的考核标准，对大家有较强的约束和督促作用。所以计划对工作既有指导作用，又有推动作用，作好工作计划，是建立正常的工作秩序、提高工作效率的重要手段。

第一节 饭店计划管理的概念与意义

一、饭店计划管理（Hotel Plan Management）的概念

工作计划就是对即将开展的工作的设想和安排，如提出任务、指标及其完成时间和步骤方法等。而饭店计划是指饭店立足现实、面对未来，通过对饭店经营管理活动的运筹计议、决策规划所形成的全面安排饭店管理和经营业务活动的文件。

饭店计划管理是饭店根据外部环境和内部条件，用科学的方法确定饭店的经营管理目标，通过对饭店计划的编制、执行和控制，指导饭店的业务活动，保证饭店取得双重经济效益的管理活动的总称。饭店计划管理具有双重含义：一是指对饭店计划编制本身的管理；二是指实施计划，用计划指导管理饭店。

二、饭店计划的类型和特点

饭店计划的种类很多，用途各异。为了便于管理并能使计划真正发挥作用，可根据不同的要求和特点制订不同类型的饭店计划。

（一）饭店的长期计划（Long-term Plan）和短期计划（Short-term Plan）

按照计划期的长短，饭店计划可分为长期计划和短期计划。长期计划又称作战略计划（Strategic Plan），它是饭店在较长时间内有关发展方向、规模、设备、人员、经济、技术等方面建设发展的长远纲领计划。短期计划一般指的是年度计划，它是饭店在全年度各时期内以经营为中心设定的目标和任务的总和。

饭店长期计划是饭店计划的基础，短期计划是长期计划的实现形式。从企业的日常经营管理活动来看，短期计划是饭店最重要的计划。许多管理学家把长期计划称作战略计划，因为它是战略性的、总体性的、全面的；把短期计划称作战术计划，因为它是战术性的、具体性的、局部的。

（二）饭店的总体计划（Aggregate Plan）和部门计划（Department Plan）

按计划的范围来分，饭店计划也可分为饭店总体计划和部门计划。总体计划主要是围绕着整体饭店或饭店的几个重要部门而展开的，包括饭店总体目标、策略和执行方案等。部门计划是指饭店各个部门制订的计划，包括部门要实现的目标及各种策略等。部门计划与饭店总体计划是相互联系的，部门计划的目标是以饭店总体计划为依据而设定的，并有助于饭店总体目标的实现。

饭店总体计划是粗略的计划，为各部门的计划提供一个基本的构架，它能否完成要依靠饭店各部门的计划。因此，部门计划的完成结果将直接影响饭店总体计划的完成。

饭店的长期计划对整个饭店有指导意义，有广泛而深远的影响，关系到企业的存亡及盈利与否。饭店的高层管理人员应对长期计划予以充分重视，采取认真负责的态度，花大量的

时间和精力，进行"战略上的部署"，制订出切实可行的长期计划。由于所涉及的外部环境，包括社会潮流、政策法规、经济发展形势、国际关系和客源需求数量与特点等是很难预测的，因此这类战略性计划具有不确定性，需要不断调整。具体可采用滚动式计划的制定方式，在每一次重新制订时要根据最新情况对原计划进行适当调整。

饭店的中层管理人员应在长期计划的范围内，以上层管理者提供的饭店总目标和政策为指导，制订出本部门行之有效的业务行动计划——短期计划，使短期计划和长期计划保持一致，一般需要花费其50%的时间。中层的计划主要与内部事务相关，因而计划的不确定性就大大减少了。

低层管理者即主管可能要花费相当于10%的时间去作计划。他们的计划期更短，内容更为专门化和具体化。这一层的计划往往是在客源或任务既定情况下的作业计划，这包括员工工作时间安排、员工分工及工作要求等。低层管理者至少要制订为期一周的计划。不同管理层的计划类型及特点如表4-1所示。

表4-1   不同管理层的计划类型及特点

管理者	花费时间	计划类型	不确定性	计划期
上层	75%	战略性：饭店发展的全面的、长期的目标、政策	具有很大的不确定性	1～5 年滚动计划
中层	50%	战术性：部门业务的行动计划	有一定的不确定性	1 个月至 3 年滚动计划
低层	10%	作业性：每周、每天的作业安排	不确定性最少	低于 3 个月的滚动计划

除此以外，饭店计划还可以根据完成目标的单一性与否，把计划分成为综合性计划和接待业务计划等多种形式。

三、饭店计划管理的意义

（一）计划管理决定了饭店的组织结构

企业的一切工作都围绕着预定的目标进行，任何员工的工作都是为了实现饭店的这些目标。如果没有计划管理，即使每名员工都努力、勤奋地工作，也可能无法完成饭店的目标。

（二）计划管理减少了无效劳动

计划管理的作用除了预订目标之外，还在于统一安排企业各项工作以减少重复。如果没有计划管理，职工的努力反而会造成磨擦，因为在没有计划管理的情况下，部门之间不免互相干扰，互相侵犯职权。

（三）计划管理适应了环境变化

饭店计划必须适应环境，由于环境在不断地变化，饭店应针对这些变化作出相应的计划管理，同时预测将来可能发生的情况。例如，第二次世界大战以后，不少城市的小型饭店门庭冷落、生意清淡，因为它们没有预见到战后旅行的主要交通工具已由汽车代替了火车。结果可想而知，它们被汽车饭店击败。成功的企业往往在适应环境变化方面走在其竞争对手的前面。而只有计划管理才能使饭店具有这种适应环境变化所需的灵活性。

当然，计划管理的主要困难是预测未来。有些饭店根据预测制订了计划，但预测的情况却没有如期发生或者预测的目标市场未能形成。例如，曾经有一家饭店，由于预测前景乐观，便增建了一座巨型仓库，结果却因为生意不景气，并不需要使用这个仓库，而维持这个仓库的开支却给这家饭店造成了很大的经济压力。

（四）饭店计划管理增强了管理弹性

饭店通常制订一些特殊计划以应付意外事件，即万一发生某事应该采取的应急措施。饭店的火警撤离计划就是这类计划的一个极好实例。饭店应该事先计划好火警撤离程序并据此对职工进行训练，而不能等火灾发生时才考虑如何撤离疏散。

（五）饭店计划管理加强了控制

根据传统管理理论，控制职能的任务之一是将实际业绩与预订标准进行对照。而计划管理过程包括确定各类企业标准。没有这些标准，经营者无以衡量经营效果，很难确定工作情况的好与坏。所以，计划管理又为控制提供了依据。

由于饭店不同部门的工作人员往往只看到本部门利益，因此必须要依靠全面的计划管理才能使他们看到饭店的全貌。许多饭店的另一个问题是协调人力和物力。计划管理还能起到平衡作用，使设备和人力得到更充分、更有效的利用。

（六）计划管理能增强领导的指挥能力

倘若一位管理者必须不断地应付那些没有预见到的问题，那他毫无疑问会处于不利地位，而结果则会造成管理混乱、自己的威信降低。如果早有计划，遇到问题就能胸有成竹，始终能控制局面，这无疑有助于领导者提高威信。

第二节　饭店计划的编制（Formation）与执行（Execution）

计划管理对于饭店管理有着举足轻重的作用，也是对饭店长期和日常工作的指导方针。然而，饭店计划易受多个因素的影响，它不是也不能是固定不变的，随着外界因素的变化，饭店计划应随之作相应的改变，才能适应市场要求。

一、影响饭店计划编制的因素

计划不能建立在主观意愿的基础上，只有建立在科学的基础上，才能成为客观现实的计划。编制计划首先要有依据，要充分考虑影响计划编制的因素。

（一）市场状况

饭店既然是为了满足宾客需要而存在的，那么饭店在制订计划前，有必要对市场有一个全面、深入的了解。要了解市场，就要进行市场调查，主要调查内容有：环境调查、饭店状况调查、客源状况调查、客源渠道调查等。这些调查既要有明确的结论，也要有相关的统计数据。

（二）经济合同签订情况

饭店对外的经济合同是饭店制订计划的又一依据。饭店对外的经济合同是饭店和有关单位签订的具有法律效力的契约。饭店的经济合同使得饭店同与之发生业务经济关系的单位必须遵守合同中的条款。

（三）饭店综合接待能力

主要指饭店各部门能够接待宾客、容纳市场、获取效益的能力的总和。从对综合接待能力的组成分析看，各部门的接待能力都会因时而异。饭店要按各个部门的实际情况核定各部门的计划接待能力，以此作为编制饭店计划的依据。

（四）管理水平和技术水平

饭店的管理水平和技术水平是实现饭店计划的基本保证，在制订饭店计划时必须考虑这一因素。管理水平主要指管理机构的完善程度、管理制度的健全程度、管理体制的运行情况、管理人员的素质、管理人员的协作程度、管理人员的积极性和创造性等。技术水平是指饭店各岗位人员的操作技术、制作技术、服务技术等。饭店对管理水平和技术水平要作全面细致的分析和评价，并将它们和国内先进水平及本地区饭店的一般水平进行比较。通过以上工作，确定管理水平和技术水平对计划的作用程度。

二、饭店主要计划指标

饭店实行计划管理首先要有计划，饭店计划的框架是计划指标。计划指标、指标说明以及完成指标的途径构成了饭店计划的主要内容。

计划指标是反映饭店在一定时期内经营管理所要达到的目标和水平的各种数值。它包括指标名称、指标数值、指标计量单位、指标时间和空间界限五部分。饭店计划中的每一个指标仅反映了饭店某一方面的目标和情况，而要综合反映饭店经营管理的情况，则需要借助一系列相互联系、相互制约、相互补充的计划指标体系来表示。

当然，饭店计划中的计划指标不可能也没有必要包括饭店经营管理的所有内容。但必须包括切实关系到饭店管理全局的主要计划指标。根据我国饭店管理的实际需要，共有 12 个反映饭店计划的主要指标。

（一）客房或床位数（The Number of Rooms or Beds）

客房或床位数是表示饭店接待能力的最基本的指标，是其他各项指标的基础。客房或床位数指标对饭店来说往往只取其中一项，或客房数，或床位数，这要根据不同饭店的销售方式而定。同时，饭店还根据客房的不同等级，分别核定不同等级的客房或床位数。

（二）接待人数（The Number of Customers）

饭店经营的直接成果是饭店的接待人数。

接待人数可以通过两个指标来反映：一个是住宿人数，又称到店数，它实际上是一定时期内到饭店住宿的人数，即通常所说的人次数，一位客人不管在饭店连续住宿几天，都只算一个人次数；另一个是人天数，也称人过夜数，一个客人在饭店住宿一天称一个人天数，饭店要考核的是人天总数。

（三）客房或床位出租率（Rooms or Beds Occupancy Rate）

客房或床位出租率是已出租的客房间数或床位数与饭店可以提供出租的房间或床位总数的百分比。

客房或床位出租率是表示饭店接待能力和利用状况的基本指标。它反映了饭店客源市场的充足程度、经营管理成功的程度。客房收入约占饭店营业收入的 50%～60%，因此，客房出租率是一个非常重要的数据，是饭店经营管理中所追求的主要经济指标。一般而言，合理的客房出租率要控制在 70%～85%之间。

（四）客房双开率（Double Rooms Open Rate）

客房双开率又称双倍客房出租率，是一个标准间两位客人租用，即双开房间的数量占已出租房间数的百分比。

另外一种表示方式是以每一房间为单位，单位双开率表示每一间已租用的房间所住的客人数。客房双开率的计算，主要适用于那些将一个标准间划出两种价格的饭店，即一个单人标准间住两位客人，其房价要比单人住的房价增加 1/3。

扩大客房双开率是饭店增加营业收入的重要手段，这可以使每个标准间比原来多收入 1/3。而对客人来讲，一个标准间住两位客人，每位客人又可节省 1/3 的房租费。所以国内外许多饭店都十分注重客房双开率的经济作用。

（五）盈亏百分线（Profit and Loss Percentage Line）

在饭店经营管理中，饭店盈亏百分线（也称为收支平衡点）是以客房出租率达到一定指数来显示的。一般来讲，客房出租率达到 52%，饭店的收支刚好平衡，即饭店所获得的盈利刚好能抵消固定成本费用和其他有关费用。在此盈亏百分线上，饭店既不产生盈利也没有发生亏损。客房出租率一旦高于 52%，饭店就开始盈利；反之，饭店就开始出现亏损。饭店盈亏百分线是饭店经营管理中的一个很重要的显示指数。我国旅游涉外饭店的盈亏百分线为 42%～45%。

（六）平均客房价格（Average Room Price）

平均客房价格是饭店每天出租客房的实际收入和当天已出租的客房数量的比例。它是仅次于客房出租率的另外一个重要指标。

平均房间价格受房间等级和客房出租率的影响。所以，既制定合理的客房价格，又保持较高的客房出租率，对饭店管理有重要的影响，它可以保证饭店获得较为理想的盈利水平。

（七）饭店营业收入（Hotel Operating Revenue）

营业收入是以货币表示的饭店在营业中提供的服务和商品交换价值的总和。饭店营业收入是反映一定时期内饭店经营效果的最基本的价值指标。因此，作为饭店的经营管理者，最主要的任务和职责是确定饭店的营业收入指标。这一指标要求用两方面的测算来确定：一是以报告年的指标为基础，计划年增长若干百分点的办法测定；二是由饭店各种营业收入汇合而成，即先测算出各部门各种营业收入，再把这些营业收入汇总，测定饭店营业总收入。

（八）饭店营业成本和费用（Hotel Operating Costs and Expenses）

饭店的成本和费用是饭店在经营管理过程中各种支出和耗费的总和。在实际工作中，成本和费用常常互相混用。在实际核算上，饭店的成本和费用是分开计算的。饭店在营业收入确定的前提下，必须确定营业成本和费用指标。它可以从两个方面测定：一是以报告年度的营业成本率和费用率为基础，根据计划年度的相关因素测算出计划年度的营业成本和费用；二是先测算出各部门的营业成本和费用，把各部门的成本和费用汇总后形成饭店总的营业成本和费用。

（九）利润和税金（Profit and Taxes）

利润是考核饭店经营活动质量的一个综合性指标，它较集中地反映了饭店的经济效益。税金是饭店劳动者创造的提供给社会支配的那部分劳动的价值。税金表现了饭店对国家贡献的大小和所承担的社会经济责任。

饭店核定利润指标（Approved Profit Targets），主要是核定各经营部门的部门利润指标。各部门经营利润的汇总形成饭店利润指标。在核定各部门利润指标时，还要核定各部门的毛利率、毛利额、利润率、利润额。企业利润的大小一方面反映了市场销售情况，另一方面反映了成本与费用的控制情况。

饭店核定税金指标（Approved Taxes Targets），要根据国家规定饭店应交的税种税率，根据饭店其他与税金有关的各项经济指标进行测算。只有在核定税金指标以后，才能确定饭店的利润和税后利润指标。

（十）职工人数（The Number of Staff and Workers）、工资总额（Gross Payroll）和劳动生产率（Labor Productivity）

饭店职工人数指标是计划年度饭店应支付工资的人员总数，它包括固定工、合同工、临时工、计划外用工等。职工人数的多少对饭店的服务质量、劳动效率和经济效益均有重要影响。

工资总额是饭店在一定时期内以货币形式支付给全体职工的劳动报酬总额，它包括计时工资、计件工资、基本工资、职务工资、奖金、津贴和加班工资等。工资总额反映了饭店各部门劳动消耗的水平。

饭店的劳动生产率是指全员劳动生产率，它主要反映饭店的劳动效率状况。

（十一）设备完好率（Equipment Availability）

设备完好率是指报告期饭店完好的设备之和除以报告期饭店拥有的全部设备之和。饭店提供给客人使用的设备应力争达到100%的完好率。

（十二）宾客满意率和投诉率（Guests Satisfaction Rate and Complaints Rate）

宾客满意率是被调查的宾客中满意的人数与被调查的总人数之间的比率。宾客投诉率是投诉客人之和与饭店实际住宿宾客人数之和的比率。

三、饭店计划的实施

再好的计划，没有良好的执行也只能是空中楼阁。计划能否落实到实处，是计划有效性的最重要的体现。

（一）计划的执行

计划的作用在于指导饭店经营业务活动，编制计划的目的是为了实施计划。因此，饭店要认真抓好计划执行工作。

1. 建立强有力的业务指挥系统

饭店以总经理为首的业务行政指挥系统是执行计划的根本保证。这一指挥系统有一整套机构、制度和方法，各层次都有明确的职责分工，都有一定的业务范围和权责关系。从总经理开始，按组织系统层层布置下达计划，各层负责人按照本身的职责和业务范围具体领导执行计划，按计划要求执行管理职能，开展业务活动。

2. 建立和健全经济责任制

执行计划要与经济责任制相结合，根据经济责任制的内容，将计划落实到各部门、班组和个人。计划在执行过程中发生偏差，也能准确地追究原因。每个部门和个人在执行经济责任制的同时也就执行了计划。

3. 建立和健全检查制度

检查是执行计划的重要一环。检查就是按时间的顺序和进程，对计划的执行情况、计划指标的完成情况进行分析、比较、评价，保证计划的执行。计划检查通常采用的形式有：店务会议的检查、经常性检查和突击性检查。

另外，执行计划和月考核要结合起来。由于管理人员要执行管理职能，因此饭店要检查每个月的业务状况、财务成果、制度执行情况，而月考核也是检查计划执行情况的一种形式。

（二）计划的控制

计划控制是在计划检查的基础上，发现计划的实际执行结果和计划本身有差异，分析其原因并采取相应的措施，进而保证计划顺利完成的饭店管理过程。计划控制主要有以下几项工作：

1. 明确标准

在一定的期限内必须有明确的指标标准。饭店各部门、各岗位都要有相应的数量或质量标准。

2. 反馈、分析偏差

反馈和分析偏差是分级、分层次进行的。根据计划检查的结果，及时和计划标准相比较，以发现偏差。在对偏差进行分析时，对那些在允许范围内的偏差只分析原因，不作纠正或采取措施。偏差值超过允许范围有两种情形：一种是正值偏差，则要分析原因是偶然的还是必然的。如果是偶然的，则对计划影响不大；如果是必然的则要经过详细的分析，考虑对计划作必要的修正。另一种是负偏差，所谓负偏差是指实际指标低于计划指标。对负偏差的分析与对正偏差的分析相同。但如果负偏差产生的原因是必然的，还须考虑管理的其他方面，例如决策是否有失误、对计划的执行是否得力、是否有人为的影响因素等。

3. 计划调整

计划调整是一个十分严肃的决策。计划调整的内容是多方面的，或调整计划指标，或调整投入等。不管哪一种调整都需经过店务会议的充分讨论和论证，由总经理作出最后的决策。

饭店计划控制主要由总经理或部门经理配合实施，并且需要与管理的控制职能结合起来。为此，各级管理人员一方面对计划指标和计划进度要十分明了；另一方面，各级管理人员应该经常深入到第一线去，及时掌握业务进行的情况，掌握经济和财务运行情况，把计划控制在正常的轨道上。

第三节　饭店组织管理

【案例1】

蓝天饭店过去是一家市政府下属的高级招待所，经过更新改造以后，升为四星级饭店，但饭店的组织机构基本上沿袭了招待所的模式。为了加强销售工作，饭店增设了公关销售部。但是由于过去销售工作由客房、餐厅和各业务部门分别去做，所以这一格局并未打破。这样便出现了饭店所有部门都有销售指标，各个部门一同出去跑销售的局面。有时为了争取同一个客户，各部门轮番争抢，出现内部竞争。这种状况弄得有些客户莫名其妙，他们认为如此混乱的管理不可能造就良好的服务，因此打消了与蓝天饭店合作的念头。在销售部，每个人的工作都由销售额目标决定，只要能完成定额无论拉什么客户都行。结果造成这位销售人员前两天刚来，另一位销售人员又登门推销，而且每个销售人员报的价格并不完全相同，使得客户不知所措。另外，由于经常出现内部竞争，致使销售部与其他部门之间、销售部内部员工之间经常因为争客户而发生矛盾，影响了饭店内部的协调和合作。

组织管理是饭店管理的最有力的支撑。大部分饭店管理不善的起因通常是因为组织管理工作没有做到实处。从某种意义上讲，组织管理是管理成功的基石。

一、组织设计（Organizational Design）的程序

按照"市场（Market）—战略（Strategy）—结构（Structure）"的原则，可以按下列步骤进行饭店组织设计。

（一）设计业务总体流程

围绕饭店的战略目标（Strategy Target）、市场定位（Market Positioning）和产品定位（Product Positioning）进行业务流程的总体设计，并使整个流程达到最优化，这是饭店组织设计的出发点与归宿点，也是检验饭店组织设计成功与否的根本标准。

（二）设计服务岗位

按照优化后的业务流程来设计服务岗位，根据服务岗位数量和专业化分工原则来确定管理岗位和部门机构。它们是组织结构的基本单位。现代饭店一般选择以层次管理为基础的业务区域制、直线职能制作为主要的组织结构，部门和管理岗位是为饭店的经营管理目标服务的。它们不是永恒不变的，如果经营管理目标发生变化，部门和管理岗位也应作出相应的变化。这就是通常所说的"因事设岗"。

（三）对各岗位定责、定员、定编

在对每个岗位进行工作目标与工作任务分析的基础上，规定每个岗位的工作标准、职责、内容和作业程序。并用"技术标准说明书"、"岗位说明书"、"项目检验表"等形式把这些内容固定下来。然后按照岗位工作的需要进行相应的人员编制，尤其要确定岗位所需要人员的素质要求，因为它直接影响着工作效率与事业发展。这就是"因岗设人"。一旦某一岗位上工作人员的素质和能力不再适应岗位的要求，就应该让有更高素质和能力的人来接替其职责。在现实中，它要求工作人员要做到"能上能下"。

（四）制定相应的管理制度

管理制度是对管理工作中的基本事项、要素关系、运作规程及其相应的联系方式进行的原则性规定。它是整个组织运作的整体目标导向，并从根本上把饭店作为一个整体性的企业加以塑造。如果说前面三个步骤已制造了组织结构中单独的"标准件"的话，那么，各项管理制度则是作为一个整体的饭店所不可缺少的"连接件"。

（五）规定各种岗位人员的职务工资和奖励级差

总的原则是要根据各岗位在业务流程中的重要程度、对人员的素质与能力要求、任务量轻重、劳动强度大小、技术繁简程度、工作难易程度、环境条件差异、管理水平高低、风险程度大小等指标，来设定各岗位人员的报酬差别。报酬不是固定不变的，工作岗位、企业经济效益变了，各岗位的报酬也要随之作相应的调整。这就是日常所说的"酬金能高能低"。

需要指出的是，由于基层员工和各级管理人员所承担的工作风险程度不同，其报酬设计原则也不一样。一般来说，在企业的契约各方中，基层员工承担的风险较小，劳动努力程度和任务量容易量化，所以应倾向于无风险的"固定工资"模式或风险较小的"固定工资+少量的效益工资"的报酬方案。而管理人员一方面是风险的承担者，另一方面其工作成果与自身努力程度之间的关系不易量化考察，所以报酬方案应倾向于有一定风险的"少量基本工资+效益工资"的模式。

二、饭店组织的职能部门化（Functional Departmentalization）

作为企业，生产、营销、财务被认为是企业的基本职能。缺少了任何一项，饭店在市场经济条件下都无法生存。除了这些非常重要的基本职能外，饭店还需要一些保证经营管理能顺利进行的派生性职能，如人事、公共关系、法律事务等。

饭店职能部门化是指根据饭店业务活动的相似性来设立管理部门。在设立部门之前，要判断某些活动是否具有相似性的标准，这些活动的业务性质是否相近，从事活动所需的业务技能是否相同，这些活动的进行对同一目标（分目标）的实现是否具有密切的相关作用。

按职能划分的优点就在于它遵循分工和专业化的原则，因而有利于发挥专业职能，使主管人员的注意力可以集中在组织的基本任务上，有利于目标的实现，同时它也能简化培训工作，为上层主管部门提供严格控制的手段。但这种划分也容易使各部门的专业人员除了自身领域以外，对其他领域视而不见，从而给各部门之间的横向协调与沟通带来一定的困难。

职能部门化是现在为大多数单体饭店所采用的组织结构，在现实中体现为"业务区域制"。按照这一制度，饭店每个业务部门就是一个业务区域，每个业务部门下面再根据业务活动分为若干个次级的业务区域。如餐饮部是一个业务区域，其下面又可以再分为楼面、厨房、采购、保管等业务区域，而楼面业务区域还可以进一步细化为中餐、西餐、快餐等再次一级的业务区域。

三、工作设计（Work Design）

工作设计是组织结构设计的延续。饭店组织结构确定之后，就按具体情况划分各个部门。在每个部门内还应包括各个工作岗位及具体的工作内容。饭店组织管理的内容还应包括制定一套关于每个工作岗位的任务、性质、条件和要求的标准，以此标准来衡量员工的工作表现。具体地讲，有两项非常繁重、复杂却又非常重要的内容——工作岗位设计和职务说明书的制定。岗位设计不仅仅指管理层的职位，还应包括操作层的每一个工作岗位。

（一）工作岗位设计

在组织结构形式确定后，必须要在与饭店决策、饭店的组织管理协调一致的前提下，设计好每个具体的工作岗位。设计工作岗位必须是切合实际的。原则是"人有其位"，切不可"因人设位"。在设计工作岗位时要注意以下几个问题：

1. 分工是工作岗位设计的基础工作。分工就是将需要完成的工作分解成不同的操作工序。经过分工以后，培训和管理都比较容易奏效，并且能提高工作效率。但是，在分工时必须注意到，分工过细会使工作变得重复而机械，使得员工工作兴趣低落，从而影响到员工的工作情绪。

2. 设计工作岗位时要了解目前饭店员工的素质，以及社会环境中人力供应的情况，如果仅仅从理想化的角度来设计工作岗位，而无人能够胜任，则对饭店没有任何好处。

3. 设计工作岗位时必须考虑到员工的工作满足感。如果工作内容没有意义，且单一重复和机械化，都将影响员工的工作积极性。近年来，许多管理学家都在不断地强调工作内容的丰富化和扩大化。这是因为很多研究表明，工作内容的扩大化和丰富化能够激励员工的工作热情，从而提高工作积极性。

4. 科学技术的发展可以创造新的工作岗位或改变工作岗位的内容，也可能会淘汰一些工作岗位。例如，饭店使用计算机，创造了维护计算机硬件和软件运转的工作岗位。由于计算机的使用，总服务台订房员的工作内容也发生了很大变化，使用计算机终端成为其主要工作内容。同时，计算机的使用提高了工作效率，减少了人力需求的数量。因此，设计工作岗位时必须注意到科学技术的发展对人力需求在数量上和技术上的影响，对一些可设可不设的岗位就要坚决不设，对一些可合并的岗位要合并，同时考虑到各岗位间要互相衔接，工作上要互相呼应。

因此，这项工作必须由专业技术部门和人事部门共同完成。在有条件的情况下，最好能聘请一些专家协同设计。

（二）职务说明书

在完成工作岗位设计后，还必须对饭店的每个工作岗位（或称职务）进行工作分析（或称职务分析）。即对每个岗位的工作内容、职责等进行全面的分析、描述和记录。通过职务分析可以明确每个工作职务在饭店中所处的层次，以及该职务与其他职务之间的关系，使得每位任职者权责明确。

通过职务分析，把每个职务的性质、任务、责任、权力、工作内容等书面记录下来，即成为职务说明书。制定职务说明书是防止饭店内各工作岗位之间互相推诿的有效方法，同时，有利于改进工作方法，并作为招聘、培训、任用、提升、调动、考评等人力资源管理各种功能的依据。职务说明书的内容包括职称、部门、等级、主管、任务、职责、工作关系、培训和任职资格要求等，如表 4-2 所示。

表 4-2   职务说明书

职称	酒吧管理员	部门	餐饮	直接主管	餐饮部经理
主要任务	负责制订酒吧经营计划，协调采购原料，控制酒吧服务质量、营业额、利润等				
职责内容	（1）根据饭店预测和餐饮部计划制订酒吧经营计划				
	（2）维持良好的产销关系，与采购、零点供应部门联系				
	（3）制定酒吧工作规程、质量标准等				
	（4）了解每天营业状况，并处理异常情况				
	（5）培训酒吧服务员，分配酒吧服务员的工作				
	（6）出席餐饮部会议				
	（7）完成餐饮部经理指派的工作				
	……				
工作关系	（1）向上关系：隶属餐饮部，向餐饮部经理负责				
	（2）平行关系：与负责宴会、零点、客房等工作的管理员密切联系				
	（3）向下关系：视工作情况，可设领班或协管人员职务				
任用资格	酒吧管理员由餐饮部经理提请总经理批准、任命。其必须在餐饮部门工作×年				

四、编制定员（The Preparation of Personnel）

组织是由人相互作用组成的社会协作系统。而组织管理要使系统有效协作就要确定社会协作系统中的人数和岗位，就要着手进行编制定员。

编制定员是指核定并配备各岗位、各班组、各部门及全饭店的管理人员和服务员的数量。

管理人员配备的步骤是：根据组织图确定各管理岗位，然后分析各管理岗位的工作量、组织宽度、岗位排班，再测算出各管理岗位所需要的人数。

服务员的编制定员略为复杂。首先要以岗位和班组为基础进行，根据组织图确定各服务作业岗位，按各岗位的工作范围核定该岗位的工作量。如客房服务岗位是按楼层为工作范围确定工作量，餐饮服务岗位是以餐厅为工作范围确定工作量。其次是核定各岗位员工的日工作量。最后再分析排班、轮休等多种因素，测算出各岗位服务员的定员数。因饭店的工种较多，各工种岗位的编制定员方法是不完全一样的。如厨师的编制定员，其中炉台厨师是根据餐位及炉台数、菜肴菜系来配备，切配厨师则是根据炉台数按比例配备；工程部机房人员则是按国家的有关规定和机器的看管台数进行定员。总之，饭店的编制定员是按各种不同情况以统一的组织原则来进行的。这里必须注意的是：一是不能按人员跟客房数的简单比例来核定；二是在饭店劳动力费用支出逐步增高的情况下应尽量做到满负荷作业，但是不能影响到服务质量。

第四节　饭店组织机构设置与制度建设

组织机构是饭店运转的有效框架。组织机构设置是否合理，不仅仅决定了饭店运转的合理性，也决定了饭店运转的有效性。设置合理的饭店组织机构是饭店经营能否成功的前提条件。

一、饭店组织机构设置依据

饭店组织机构设置依据主要有以下几个方面：

（一）投资结构（Investment Structure）

投资结构是饭店经济性质和产权关系的本质体现，它常常决定饭店组织管理模式和组织机构的形式。特别是由于投资结构不同，反映投资主体意识和要求的饭店高层管理的人员结构也必然不同，他们的决定必然会影响组织机构设置及其管理工作。所以，投资结构是饭店管理组织机构设置的主要依据之一。

（二）饭店规模（Hotel Scale）

饭店规模是由客房数量、餐厅类型和座位多少、商场分割面积和经营种类、健身娱乐服务项目的多少和同一时段的接待能力等多种因素决定的。饭店规模直接决定饭店组织管理的层次多少、管理幅度、机构大小、部门设置和用人多少等各个方面，是饭店组织机构设置的又一重要依据。

（三）星级高低（Star Level）

饭店星级越高，设备越豪华，经营管理和服务质量的要求越高、越细致，用人也相对越多，必然扩大饭店组织机构规模。所以，规模相同的饭店，星级高低、豪华程度不同，其组织机构的形式、岗位设置和组织管理都有较大区别。

（四）服务项目（Service Projects）的多少

饭店服务项目的多少直接影响其综合性程度的高低。两家建筑面积相同的饭店，服务项目越多的其综合性越强，其所设置的领班和主管人员必然增加，从而扩大组织规模，增加员工数量和经营管理的难度。

二、饭店组织的结构类型

现代饭店组织的结构类型，按照饭店的经营特点及组织设计原则划分，主要有直线制组织结构、直线职能制组织结构、事业部制组织结构和矩阵式组织结构四种基本形式。

（一）直线制组织结构

直线制组织结构（Line System）是最早、最简单的一种组织结构形式。其特点是饭店内各种组织机构和部门按照纵向直线排列，形成自上而下的指挥系统，每个下属只接受一个上级的直接领导。这种形式一般适用于产品单一、生产技术简单、客源范围小、不需要按职能实行专业化管理的小型饭店企业。如图4-1所示。

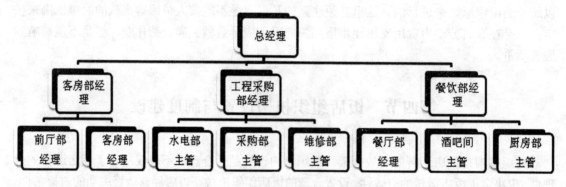

图 4-1　直线制组织结构示意图

直线制组织结构形式的优点：第一，机构简单，决策迅速；第二，职责清楚，权限明确，责任心强；第三，权力集中，上下联系简捷，有利于统一指挥，提高组织效率。

直线制组织结构形式的缺点：一是要求饭店经营管理人员具有全面的经营管理知识和业务能力，并具有较强的综合协调能力和指挥能力；二是由于集权过多，缺乏横向的协调和配合，一旦饭店经营规模扩大或产生复杂问题，就会出现不适应状况。因此，这种形式一般只适用于规模较小、员工人数不多的小型饭店。

（二）直线职能制组织结构

直线职能制（Line-functional System），也称为直线参谋制组织结构。它是在直线制和职能制的组织结构基础上发展而来的，以纵向统一指挥为主，职能参谋为辅。其主要特点是既保持了纵向系统的统一指挥优点，又充分发挥职能参谋部门的作用。从而提高了现代饭店的经营管理效率和水平。如今，我国大多数饭店企业采取这种组织结构形式，如图4-2所示。

直线职能制组织结构的优点：第一，既有利于整个饭店的统一指挥，又能充分发挥职能部门的专业化管理的作用，从而提高经营管理水平；第二，有利于加强直线行政领导的权威，提高饭店经营活动的有效性和高效性；第三，有利于突出饭店经营管理的主次，发挥专业管理人员的作用，提高饭店专业管理水平；第四，有利于培养较强行政指挥能力的综合管理人员，特别是饭店总经理、部门经理层的管理人员。

直线职能制组织结构的缺点：一是行政领导容易包揽一切事务，而职能管理部门的作用发挥不够，各职能部门之间横向沟通和协调性差；二是在业务指导上直线领导与职能部门会出现一定的矛盾冲突，特别是当饭店经营规模进一步扩大、市场竞争激烈、经营情况复杂时，直线职能制组织结构也明显地不适应饭店经营发展的需要。

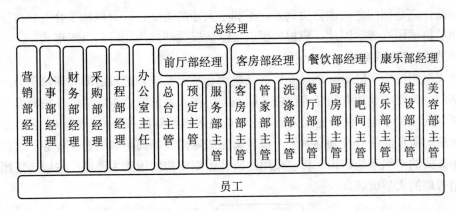

图 4-2　直线职能制组织结构示意图

（三）事业部制组织结构

事业部制组织结构（Federal System），又称为部门化组织形式，其特点是在饭店总经理统一领导下，把饭店各经营部门划分成若干相对独立的经营单位，授予相应的权力，独立从事经营活动，是一种实行集中决策、分散经营的分权组织机构，如图 4-3 所示。目前，国外的大型企业普遍采用这种组织结构形式，我国的一些饭店或饭店集团也有的采取这种组织结构形式。

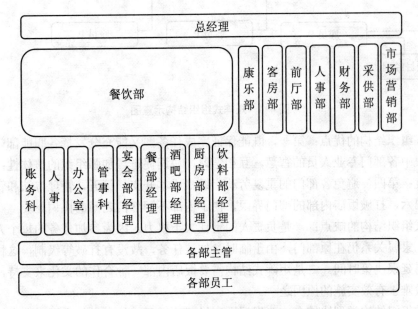

图 4-3　事业部制组织结构示意图

事业部制组织结构的优点：第一，有利于饭店高层管理人员摆脱日常行政事务，集中精力作好饭店的经营发展战略和重大经营决策；第二，有利于面向市场，分散经营，提高饭店经营管理效率，增强饭店的应变能力，提高服务质量和水平；第三，有利于考核各事业部的经营业绩，促进各事业部之间进行比较和竞争，调动各方面的积极性和主动性；第四，有利于培养独立的、全面的主持饭店经营管理工作的高级经营管理人才。

事业部制组织结构的缺点：一是表现在各事业部之间容易形成部门狭隘观念，而忽略饭店整体利益；二是部门之间横向协调差，不利于人才的流动；三是机构重叠而导致管理费用增加、利益协调困难等。因此，应根据饭店实际情况灵活采用相应的组织形式。

（四）矩阵式组织结构

矩阵式组织结构（Matrix System）有纵横两套管理系统，把饭店的管理部门分为：传统的职能部门；为完成某项专门任务而由各职能部门派人参加联合组成的，并指派专人作为组长负责领导的专门小组，任务完成之后，小组成员各自回到原来单位。如图4-4所示。这样，若干职能部门所形成的垂直领导系统，以及为完成专门任务而形成的若干任务小组，就组成了一个矩阵式的组织系统结构。目前采用矩阵式组织结构的饭店主要是一些饭店集团公司或一些输出管理的大型饭店。

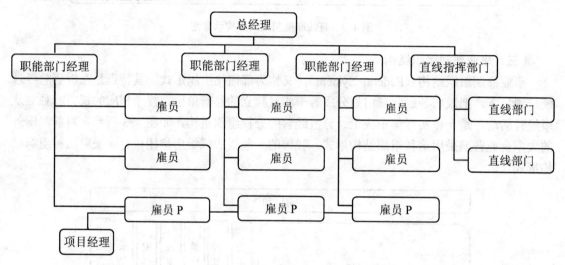

图 4-4　矩阵式组织结构示意图

矩阵式组织结构的优点：第一，既能保证完成任务，又能充分发挥各职能部门的作用；第二，能集中各部门专业人员的智慧，互相学习，协调促进，加强组织的整体性；第三，加快工作进度；第四，避免各部门的重复劳动，缩减成本开支；第五，管理方法和管理技术更专业化；第六，打破饭店内部的部门界限，便于内部不同部门之间的协调。

矩阵式组织结构的缺点：一是负责人的责任大于权力。因为参加任务的每个人都来自不同的部门，隶属关系仍在原部门，由于临时参加该任务，故没有打破等级制，这种双重领导的状况容易延误决策时间。二是矩阵式结构需要饭店内部一种合作的文化来支持，这是矩阵式结构比较难于有效实施的原因之一。

饭店的组织结构类型比较多，要根据饭店经营的需要，从自身的实际出发来选择采取何种组织结构。

三、饭店组织管理制度

（一）饭店组织管理的要求

1. 产权清晰，组织管理系统化

所谓"产权清晰"，就是组织机构的最高层由投资主体、投资人代表组成，主要起对重大问题的决策领导和经济监督作用。他们不宜直接从事具体的饭店接待服务和经营管理工作，这些具体的经营管理工作要聘请以总经理为首的职业经理来承担。这样，产权人只维护产权利益，不参与具体经营管理；经营者只需关心经营好坏，不拥有企业财产所有权，并根据他们的能力和经营绩效来获得必要报酬。产权关系十分清晰。

所谓"组织管理系统化"，就是从系统观念出发，从整体利益出发，作好饭店组织机构的设计、人员安排、职权分配，制定饭店管理制度、议事规则、各岗人员的职责范围等，使整个饭店的各项管理和服务工作成为一个系统，从而产生系统效应，获得优良效益。

2. 职权分离，职责规范制度化

现代企业管理的科学性和先进性的突出表现之一就是破除了传统的以"人治"为主的企业管理的随意性。因此，饭店宾馆要运用组织机构，做好组织管理工作，必须坚持做到职权分离，职责规范制度化。具体包括以下几个方面：

（1）职责规范的制定制度化。即从上到下，每一个岗位都要制定职责规范，以此来规范从总经理、副总经理到各部门经理、各岗位员工的行为，并由此形成制度。

（2）职责规范的内容标准化。即每个岗位职责规范的内容都应包括四个方面：一是职位描述——用表格简单介绍职务要求；二是职责规范——明确规定每个岗位的职责、权限和工作规范；三是任职条件——简单列出一个岗位需要的能力和条件；四是考核标准——简单列出岗位职责的考核内容，尽可能量化，由此形成标准化管理。

（3）职责规范的贯彻实施制度化。即各级各岗位的职责规范一经制定，必须长期贯彻实施。从总经理到各级各岗的人员都可以换，但岗位职责的内容不能随意改变，以此来保证饭店管理及其领导工作的连续性和稳定性。

3. 等级清楚，管理幅度合理化

饭店要运用组织手段做好管理工作需要注意四个问题：一是饭店组织机构的等级多少要根据企业规模来确定；二是不同等级和同一等级的各岗管理人员的职权划分要清楚明确，不能出现权力不清、职权交叉、互相冲突的情况；三是一个下级只能有一个上级领导，不能出现多头领导、下级无所适从现象；四是管理幅度要根据实际需要确定。

4. 机构精简，管理工作效率化

精简和效率是现代企业组织管理的基本要求。饭店宾馆运用组织机构做好管理工作时，一要坚持因事设立机构和人员，保证各岗人员工作量饱满，防止人浮于事影响工作效率；二要建立健全组织管理的信息系统，保证信息畅通，防止中间梗阻，影响领导决策的制定和贯彻落实，造成工作损失；三是对重要工作和信息传递要规定明确的完成时限，各级管理人员只有树立强烈的时间观念，才能提高管理工作效率。

（二）饭店组织管理制度

【案例2】

美国的丽兹·卡尔顿酒店公司，是美国唯一一家获得国家质量奖的酒店企业。其旗下有一家酒店，在经营方面和对客服务方面都做得非常好，但是常有客人投诉，说送餐服务的菜肴质量还不错，就是速度太慢，要等40分钟或者更长的时间。总经理接到投诉后就把送餐部经理叫过来，命令他把送餐速度提上去。送餐部经理回去后，此种情况有所好转，但是不到两个月，又开始出现同样内容的客户投诉。于是总经理就解雇了这位送餐部经理，然后命令新上任的送餐部经理着力解决这个问题。

　　新上任的送餐部经理的工作起初很有成效，但两个月后送餐的速度又慢了下来，于是总经理又再一次解雇了送餐部经理，重新招聘了第三位送餐经理。但这一位经理与前两位经理的情况如出一辙。总经理问这位送餐部经理："送餐速度为什么上不去？"送餐部经理回答说："因为电梯太慢了。"总经理认为这样的理由不能成立，于是决定亲自解决这个问题。

　　他先研究了送餐工作的流程，发现从接单到备餐、送餐，以及整个过程中的时间安排等都没有问题。可既然都没有问题，为什么送餐速度上不去？他带着疑问陪着一位送餐员，从接到订单开始，然后在厨房中备好餐，推着餐车上楼了。客人住在第二十八层，而他们的餐车在一楼上了电梯，到了二楼停了下来，一位客房服务员抱着一包布草进来了。接着，电梯又在四楼停下了，这位客房服务员下去了，另外一位客房服务员抱着一沓毛巾进来了。到了六楼，这位客房服务员下去了，另外一位客房服务员又抱着一沓床单上来了。到了八楼，这位客房服务员下去，另外一位客房服务员抱着布草上来了……这样的情况一直持续到二十八楼。送餐完毕，下来的过程也和上去时一样，中途不断地走走停停。

　　电梯太慢的原因找到了，原来是由于酒店的布草供应不足，导致了客房服务员要不停地调配布草，因而需要不停地乘坐电梯上下楼，结果导致送餐过程被延长。而布草供应不足的问题为什么长期没有得到解决呢？原因就在于每个人只看到自己职责以内的事情，看不到自己职责以外的情况，大家都按照各自的程序走。服务员没有将布草供应不足的情况告诉他们的主管或者行政管家，行政管家也没有要求采购部去给服务员配备足够的布草。于是，布草供应不足的情况就导致了送餐的速度慢，影响了别的部门。

　　1. 总经理负责制（General Manager Responsibility System）

　　总经理负责制是饭店组织管理中实行的领导制度，是饭店内部实行的最高管理组织形式。

　　总经理负责制是指总经理作为饭店的法人代表并处于饭店中心地位，饭店建立以总经理为首的经营管理系统，根据董事会或投资者的决策，负责饭店的经营和业务，并对饭店的发展负有全面责任的一种管理制度。

　　总经理负责制是适应饭店现代化管理、适应饭店市场经营、按饭店规律管理饭店和依法治店的一种管理制度。总经理负责制是饭店管理体制的最基本制度。

　　2. 饭店经济责任制（Hotel Economic Responsibility System）

　　饭店经济责任制是饭店组织管理中的又一项重要的基本制度，是饭店各部门以饭店经济效益为目标，对自身的经营业务活动负责，实行责、权、利相结合，把饭店的经济责任以合同的形式固定下来的一种经营管理制度。饭店经济责任制是社会化大生产和社会主义客观经济规律的体现，是调动饭店、部门、员工积极性，实现饭店自我激励的重要手段。

　　饭店的经济责任制包括饭店对国家（主要表现为饭店对上级主管部门）的经济责任制和饭店内部的经济责任制两个方面。

　　3. 饭店岗位责任制（Hotel Post Responsibility System）

　　饭店岗位责任制是以岗位为单元，具体规定了每个岗位及该岗位人员的职责、工作内容、工作范围、工作标准、工作权限、工作量等责任制度。岗位责任制使得每个员工都明白自己所在的岗位要完成哪些工作。

　　饭店岗位责任制是一个完整的体系，它包括饭店领导人的责任制——总经理责任制，各部门主管和技术人员的岗位责任制，各生产、服务人员的岗位责任制。饭店服务人员的岗位责任制是饭店其他责任制的基础，也是岗位责任制的主要形式。

饭店岗位责任制的表现形式是"岗位责任说明书"或"职务说明书"。岗位责任制的内容主要有：明确岗位及其名称、该岗位的直接上级（即对谁负责）和直接下级（即领导谁）、岗位的职责和工作内容、工作量、工作质量标准、岗位权限等。对有些岗位还要确定人员上岗的标准。

4. 员工手册（Employee Handbook）

员工手册是饭店的又一个基本管理制度，是规定全饭店员工共同拥有的权利、义务以及共同遵守的行为规范的条文文件。员工手册对每个饭店来说都是必备文件，每位员工人手一册，是饭店发放面最广的文件。员工手册与每个员工都休戚相关，因而它是饭店带有普遍意义、运用最广泛的制度条文。

一般来说，员工手册的制定有三方面的依据：第一是依据我国政府有关的人事劳动法规；第二是依据饭店工作的特点；第三是依据国际饭店业的惯例。员工手册的内容非常丰富，但条文规定应简单明确，便于操作。

5. 饭店作业规程（Hotel Operating Procedures）

作业程序是指每做一项工作所要遵循的标准化工作步骤、要求和所要达到的质量目标，即具体的服务程序和质量标准。这些标准与饭店的星级档次必须相适应，只能提高而不能降低。制定这些标准必须详细而具体，即这些标准必须是可以操作的而不是抽象的。制定服务规程都是针对某一特定的服务对象和过程，但是制定服务规程时，又必须考虑服务过程的系统化。

四、饭店非正式组织的管理（Hotel Informal Organization Management）

【案例3】

如家是中国饭店业近几年来出现的一个经济型品牌，发展速度非常快，它从创办到现在只有四五年的时间，但整个集团已发展到上百家酒店。2005年，如家在美国纳斯达克上市，筹集了大量资金，发展更是如虎添翼了。通过考察它在北京、上海和广州的4家店，入住率几乎都接近100%。如家成功的一个最大原因是，它能满足和超过宾客的期望，所以它们的大部分客户都是回头客。

上海如家集团的模式是：一家酒店配备1位总经理，也叫店长，下设4位值班经理，值班经理直接领导员工。这是非常简单的三级制度管理模式。任何一家酒店的店长，如果业绩好还可以分管另外一家店或两家店，甚至更多。

点评：如家分权式的组织结构模式中，权力和决策权下放到基层的经理甚至是一线的员工，部门经理就可以看到自己管理权限以外的东西，能够从总体上来看待企业的运转，从而协调跨领域或者跨部门之外的事情，这样的管理模式就给酒店的成功打下了良好基础。

（一）饭店非正式组织的定义和特点

饭店不但有正式组织，而且也有非正式组织。正式组织是指饭店所有者和管理者为实现饭店目标而建立起来的组织。正式组织机构严密，管理层次分明，上下形成直线式的责任制，每个人都有具体的工作，有明确的任务和目标。饭店非正式组织是指为满足员工的需要而不是为了满足饭店的需要而产生的团体。非正式组织的形成，或由于人们一起工作而相互联系多，或由于从事同一种工作负有同样的职责而关系较为亲密，或由于拥有共同的兴趣爱好，或由于有着共同的家庭背景，或来自同一地区等。加入非正式组织的员工对饭店、管理者和工作的态度容易产生相互影响。

饭店非正式组织具有如下特点：

1. 具有共同的背景、兴趣、爱好或者观点、看法相似。

2. 成员之间有地位的差别，非正式组织的领导人虽然不具备正式组织领导人那样明显的头衔和权力，但由于工龄较长或具有某些特长等原因，使其在非正式组织内地位较高。

3. 具有信息传播渠道，即我们常说的"小道消息"，个别成员通过非正式渠道获得信息，并在成员之间议论和传播。

4. 反对变化和革新。因为非正式组织需要稳定的环境才能生存，一旦环境发生变化，会影响到非正式组织内的人员关系。原来的非正式组织难以适应新的变化，有可能会解散；而新的非正式组织也可能由此而产生。

（二）正确对待非正式组织

在饭店里，非正式组织的存在是不可避免的，也是饭店中不可缺少的组成部分。当这些非正式组织活动的目的和特点与正式组织相一致时，管理者便能有效地发挥其管理作用；如果发生冲突，管理者便很难发挥作用。因此，饭店管理者应注意到非正式组织可能起到的建设性或破坏性作用，要了解它们，尽量利用非正式组织为实现饭店的目标而工作，因势利导，变消极因素为积极因素。

1. 利用非正式组织的正面效应

由于人都有强烈的社会归属需要和其他需要，这其中很多不可能被正式组织充分满足。非正式组织恰好能弥补这一缺陷，满足正式组织所不能满足的需要，从而使正式组织更稳定、更团结，这是非正式组织的一个重要的积极效应。另外，非正式组织有信息传播的渠道，饭店管理可以利用这一渠道作为正式组织沟通的补充工具。

在正式组织中，领导的权威来自上级授予的职位。而非正式组织会产生它们的自然领导人，其权威源自个人魅力，而不是职位。非正式组织往往通过这些自然领导人来减少内部的分歧及保持凝聚力，同时与正式组织保持联系。因此，在正式组织难以领导的活动中或组织缺乏有力领导的情况下，可以通过对非正式组织自然领导人的确认使其发挥有效作用，自觉为企业目标开展工作。如饭店管理人员将饭店改革的方案、内容事先通知非正式组织的领导人，把针对非正式组织领导人的工作纳入工作计划之内，则工作效果会更好。如果某些非正式组织的领导人确有才干，可以任命为正式组织中相应工作的领导人，以便发挥其长处。

2. 消除非正式组织的负面效应

如果对非正式组织引导不当，也容易产生消极作用。例如，非正式组织内的某些活动会降低工作效率，甚至会导致拉帮结派，抗拒主管和领班的指令，阻挠工作的正常进行。但非正式组织是可以控制的，管理者可以通过改变非正式组织的环境来排除障碍。如饭店管理者可以通过调离岗位、更换班次等方法削弱发挥消极作用的非正式组织；在员工个人之间鼓励竞争，奖励员工个人成就，也可削弱发挥消极作用的非正式组织团体成员间的关系。

【复习思考题】

1. 什么是饭店组织管理？

2. 饭店采用的组织结构有哪几种类型？
3. 如何进行饭店组织设计？
4. 简述饭店组织制度的作用。
5. 如何对待饭店中的非正式组织？

第五章　饭店人力资源管理

【学习目标】

1. 掌握饭店人力资源管理的概念、目标和内容
2. 熟悉饭店员工的招聘途径和培训方法
3. 熟悉饭店员工激励的含义及激励的方式
4. 掌握饭店员工绩效考评的内容、方法，了解薪酬制度、奖励设计、福利设计

【主要内容】

1. 饭店人力资源管理概述

饭店人力资源管理的概念；饭店人力资源的特点；饭店人力资源管理的目标；饭店人力资源管理的内容

2. 饭店员工的招聘与培训

饭店员工的招聘；饭店员工培训

3. 饭店员工的激励

饭店员工激励的含义；饭店员工激励的作用；饭店员工激励的原则；饭店员工激励的方式；激励时应注意的问题

4. 饭店员工的绩效考评与薪酬管理

饭店员工绩效考评；饭店员工薪酬管理

5. 饭店员工关系的管理

员工关系管理内涵；员工关系管理的内容；饭店员工关系管理

【导入案例】

员工为什么流失

某饭店近段时间员工流失率大大提高，员工士气低沉，顾客投诉增加，总经理要求办公室主任着手调查原因。办公室主任通过征询员工意见和多方摸底，得到调查结果：89%的员工觉得在饭店无前途可言；75%的员工反映饭店缺乏业余文化氛围；65%的员工感觉得不到重视；而在工资福利调查中却只有12%的员工觉得不满意。

针对这些问题，总经理连夜召开部门经理会议商讨对策，最后决定采取一系列措施：（1）成立员工艺术团组织，以丰富员工业余文化生活；（2）成立员工之家，为员工设立免费歌舞厅、放映室、书吧、乒乓球室，使员工下班有去处；（3）设立总经理意见箱，由总经理亲自处理意见箱里的内容，鼓励员工多提合理化建议和意见，一经采纳给予奖励；（4）每月进行两次员工比赛活动，以提高员工士气。一个月后，该店员工流失率逐渐回落，员工士气明显

提升，顾客投诉率大大减少。三个月后，办公室主任再次对全体员工进行了一次意见征询，奇迹发生了：95%的员工觉得受到了重视；86%的员工反映业余生活丰富，并提出了更多的意见和建议；97%的员工表示愿意留在饭店工作。

第一节　饭店人力资源管理的概述

饭店是劳动密集型行业，饭店之间的竞争实际上是人才的竞争。饭店人力资源管理工作的好坏是饭店能否正常运转，能否保证高质量服务，能否获得良好经济效益的关键。所以，饭店人力资源管理工作是饭店经营管理工作的重要内容。

美国假日饭店集团创始人凯蒙斯·威尔逊（Kemmons Wilson）先生有过这样一句名言："没有满意的员工，就没有满意的顾客；没有令员工满意的工作环境，就没有令顾客满意的享受环境。"一个饭店无论其组织如何完善，设备如何先进，若饭店的员工没有或不能发挥其工作积极性，就永远也不可能成为第一流的好饭店。现代饭店经营管理中极为重要的一项任务就是做好饭店的人力资源管理。

一、饭店人力资管理的概念

人力资源是一个饭店的第一要素。这种资源的限定性决定了在整体开发过程中首先要对人力资源进行优化配置，人尽其才，各得其所，从而实现员工个体、群体效益最大化。

资源泛指社会财富的源泉，是指能给人们带来新的使用价值和价值的客观存在物，包括人力资源、自然资源、资本资源、信息资源等。

人力资源（Human Resource，简称 HR），又称劳动力资源，劳动资源、人力资本。是指一定时期内组织中的人所拥有的能够被企业所用，且对价值创造起贡献作用的教育、能力、技能、经验、体力等的总称。人力资源包括人的体质、智力、特殊才干、人的意识观念和职业道德标准几个方面的内容。其中既有先天继承的成分，也有通过后天的培养逐渐追加的成分。

饭店人力资源是指一切能为饭店创造财富，提供服务与管理的人及其具有的能力。

饭店人力资源管理（Human Resource Management，简称 HRM）是恰当地运用现代管理学中的计划、组织、指挥、协调、控制等科学管理方法，根据饭店的特殊需要，对饭店的人力资源进行有效的开发、利用和激励，使其组合最优化，积极性也得到最大限度发挥的全面管理活动的总称。

二、饭店人力资源管理特点

（一）饭店人力资源管理是对人的管理

饭店是一个劳动密集型的产业，饭店人力资源管理所直接面对的是个性、习惯、爱好、兴趣等方面各不相同的员工，而员工所直接面对的又是形形色色的具有不同个性的客人。只有当员工能够为客人提供使其满意的服务时，饭店才能够赢得并留住客人。而只有满意的员工才能自觉地为客人提供优质的服务。因此，进行人力资源管理首先必须树立以人为本的意识，正确认识员工。员工首先是自然人，有自然人的基本要求；员工也是社会人，需要得到尊重和自豪感等，同时其生活成长的环境、所受的教育都对其价值取向有着根深蒂固的影响；最后，员工还是职业人，作为饭店的员工就要适应饭店的要求，具有饭店人的职业习惯和特点等。

管理者应客观地分析、正确地认识饭店中的员工，树立"宾客至上，员工第一"（Guests Foremost, Staff First）的观念，针对人的特点，对员工进行培训和教育，使他们认识到饭店服务是对人的服务，进而在工作中用善意来理解客人，用诚意来感动客人，用细致周到、彬彬有礼的服务来赢得客人。

饭店人力资源管理感情色彩较重，人本化的管理强调：对待员工不能仅仅运用各种规章制度、劳动纪律等进行管理，更需要进行感情投入，尊重、关心和爱护员工，坚持以人为本；注重思想工作和人本化管理，重视员工广泛的心理和社会需求，了解员工的思想感情；在保证饭店产品和服务标准化及优质的前提下，更加科学、人性化地安排各种劳动与服务等。

（二）饭店人力资源管理是科学化的管理

现代饭店人力资源管理是一项复杂的综合性系统工程，所以，饭店人力资源管理必须建立起一整套标准化、程序化、制度化和定量化的管理系统作为保证，进行科学化的管理。

标准化（Standardized）是指对饭店所有工作制定有关数量、质量、时间、态度等的详细、具体、统一的要求。如录取员工的素质条件标准、岗位培训的合格标准、服务工作的质量标准、各部门的定员标准等。程序化是对管理或工作的过程进行科学的分段，并规定各阶段的先后顺序、每个阶段的工作内容、要达到的标准、责任者及完成时间。标准化管理可使工作井然有序，各环节协调配合、紧密衔接，并保证饭店正常运转和饭店目标的实现。制度化是指人力资源管理工作要有严密的规章制度做保障，使录用、招聘、考核、选拔等工作顺利进行。"没有规矩，不成方圆"，饭店的规矩就是规章制度。科学的规章制度可以使饭店员工做到统一行动，保证饭店的经营管理活动顺利进行。饭店规模越大，设备设施越先进，功能越齐全，分工协作关系越复杂，规章制度就越重要。定量化是指管理者要经常进行测试和统计，进行定量分析，以制定或修订定额，进行合理定员。同时，饭店的考核系统也应有科学的数量依据等。

（三）饭店人力资源管理是全员性管理（Total Employee Involvement Management）

饭店人力资源管理是全员性管理，不仅包括饭店人力资源部或人事部对全体员工的培训与考核，而且饭店全体管理人员对下属都有督导与管理的责任。也就是说，饭店人力资源管理是饭店全体管理人员的职责之一。因此，饭店的每位管理人员都应该了解和掌握人力资源管理的理论、方法以及人力资源管理的职能，合理用人，慧眼识才，给员工创造展示才能的机会和条件，调动员工工作的积极性。

（四）饭店人力资源管理是动态管理（Dynamic Management）

饭店人力资源管理的动态管理是指管理者不仅要根据饭店的整体目标选拔合适人才，对饭店员工的录用、培训、奖惩、晋升、退职等全过程进行管理，更要注重在员工工作的动态过程中的管理。特别是对于人员流动性比较强的饭店和发展变化快的行业来说，要重视员工的心理需求，了解员工的情绪变动和思想动态，并采取相应措施调动员工工作积极性，使全体员工发挥最大的效能。

（五）饭店人力资源管理是综合性管理

饭店人力资源涉及招聘、人员配置、人事安排与晋升、考核、劳动报酬、福利、劳动保护、培训与学习、员工关系等方方面面。

（六）饭店人力资源管理是政策性管理

虽然现代饭店拥有相当大的人事劳动管理自主权，但是饭店必须遵守人事劳动管理的相关法律、法规、政策，例如劳动休假制度、工资制度、劳动保护制度、福利制度、合同制度等。

三、饭店人力资源管理的内容

（一）制订饭店的人力资源计划

根据饭店的经营管理目标和组织结构，对各项工作性质、岗位职责及素质要求进行分析，确定饭店员工的需求量和需求标准，作好饭店人力资源数量和质量的预测。

（二）招聘录用员工

根据饭店人力资源计划招聘所需员工，招聘、录用员工应按照科学标准，以达到人与岗位的最佳组合。

（三）教育与培训员工

为了使员工能胜任工作，快速适应工作环境的变化，必须对员工进行经常性的培训。由于员工所担任的工作层次不同，所采取的培训方式和内容也不一。对在操作层工作的一般服务员应进行职业培训，即注重工作技能方面的培训。对担任管理工作的员工应进行发展培训，即注重分析问题和解决问题等管理能力方面的培养。培训方式有店内培训、外出进修和考察等。

（四）建立完整的考核体系和奖惩制度

考核奖惩是对员工成绩、贡献进行评估的方法，又是饭店人力资源开发管理效能的反馈。定期对员工的工作作出正确的考核和评估，是员工提升、调职、培训和奖励的依据，做到奖勤罚懒，鞭策鼓励。

（五）建立良好的薪酬福利制度

薪酬福利等对员工基本生活需要的满足至关重要，饭店可根据自身的情况选用适当的工资形式，实行合理的薪酬福利制度，劳动保险和福利待遇对员工工作积极性的发挥具有重要的激励作用。

（六）培养高素质的管理人才，对员工进行有效激励

饭店管理人员素质和工作能力的高低，对员工工作积极性的调动及饭店经营活动的正常运转具有重要影响。饭店管理人员必须掌握有效的领导方式和激励、沟通技巧，培养企业文化，增强饭店凝聚力，调动员工工作积极性，以提高企业的经济效益。

（七）处理劳动关系

饭店劳动关系主要指饭店所有者、经营者、普通员工及其工会组织之间在饭店经营活动中形成的各种权、责、利关系。它所涉及的内容包括劳动者与饭店在劳动用工、工作时间、休息休假、劳动报酬、劳保福利、劳动培训以及裁员下岗等方面所形成的劳动关系；也涉及代表单个劳动者利益的工会与饭店在就业、报酬、奖金、考评、社会保险、裁员等方面的决策所形成的劳动关系。

（八）员工人事档案管理

建立员工人事档案、进行人事档案管理是饭店人力资源管理部门的工作职责之一。主要包括员工入店时的简历以及入店后的工作成绩、工作表现、工作报酬、职务升降、奖惩情况、

接受培训和教育等方面的书面记录材料。

第二节　饭店员工的招聘（Recruitment）与培训（Training）

　　饭店的经营管理活动能否正常运营，能否为宾客提供高质量的服务，取决于饭店员工的素质，而员工素质的高低又与员工的招聘、培训等工作的开展密切相关。

　　饭店员工的招聘过程实际上也是塑造企业形象的过程，必须坚持"公开招收，双向选择，全面考核，择优录取"的总体原则，准确把握饭店人力资源的供求状况，并注意科学选择招聘的时机、途径和程序。

一、饭店员工的招聘

　　新饭店开业或老饭店员工流动时都会产生人员的空缺，都需要通过招聘的方法来填补。招聘工作的最终目的是将合适的员工放在适当的工作岗位上。招聘员工要通过德、智、体全面考核，择优录取，为饭店补充新鲜血液，从而不断提高饭店员工素质和饭店服务质量。员工招聘是指根据饭店的经营目标、人员编制计划和饭店业务需要，由人力资源部门主持进行的招聘、考核、挑选合格员工的管理过程。

（一）员工招聘计划

　　员工招聘计划是由饭店的人力资源部门负责制订的，在制订员工招聘计划时，应考虑以下几方面的问题。

　　1. 招聘对象和数量

　　饭店人事部根据各部门提出的要求，审核确认该部门员工缺额人数和所需配备员工的工作层次。需要招聘员工的具体工种必须明确，如餐厅部经理 3 名，酒吧服务员 3 名。

　　2. 招聘途径

　　一般有饭店内部招聘和外部招聘两种途径。饭店内部招聘是通过对在饭店工作了一段时期的员工进行考察，采用调职和提升的方式，将已具备了一定技术技能和管理技能的较为优秀的员工安排在合适的职位上，以达到人尽其才的目的。饭店外部招聘是经过对饭店人事资料中心的资料检索，查明和确认在职员工确实无法胜任和填补职位空缺时，饭店进行的对外招聘、选择员工的过程。

　　3. 招聘时间

　　饭店内部招聘的时间可由各个饭店根据情况灵活掌握，而饭店外部招聘选择适当的时间就很重要。我国各旅游院校、旅游职业培训学校每年 7 月份都有一批学生毕业，在此期间进行招聘，比较容易招聘到素质较高、训练有素的人才。

　　4. 制定选择的标准

　　制定选择的标准直接关系到录用的员工的素质。标准太高，可能会使招聘计划无法完成；标准太低，则招聘来的员工素质得不到保证。制定标准时又必须考虑社会环境因素，如当地的人才供求状况，相关院校所能提供的毕业生数量和层次等。

（二）饭店员工招聘程序

　　饭店员工招聘程序就是确定招聘的先后次序，分外部招聘程序和内部招聘程序两种。

1. 外部招聘程序（External Recruitment Program）

饭店外部招聘工作通常分为准备策划、宣传报名、全面考核、择优录取、录用五个阶段。

（1）准备筹划阶段。

包括确定招聘对象和数量，制定招聘的标准，确定招聘途径和选择招聘时机。主要工作是收集信息，通过各种人才交流市场，了解劳动力实际状况，掌握供求信息，以便制订招聘计划，公布招聘计划。

（2）宣传报名阶段。

这一阶段是准备策划阶段的延续，又是考核录用的基础，主要有两项工作：其一是发布招聘信息，使求职者获得饭店招聘的信息，并起到一定的宣传作用。因此饭店应选择有利于树立饭店良好形象、影响力大且费用合理的宣传媒体。其二是受理报名，通过求职者填写有关求职登记表，了解其基本情况，确定其是否符合本饭店的应聘资格，为全面考核奠定基础。

报名方式分为两种：通过邮寄个人资料的方式报名，或者在约定的时间和地点进行现场报名。报名后参加初次面试，经过筛选后入围者参加后续的笔试或操作技术考核。

（3）全面考核阶段。

这一步是招聘工作的关键。全面考核就是根据饭店招聘条件，对求职者进行现实表现的考核和职业适应性的考查。现实表现的考核就是对应聘重要岗位的求职者进行外调，了解其过去的工作表现等情况。

全面考核一般包括以下几个方面：

①报名时的初试。即通过简单问话、目测、验证和填表，测量、考核求职者的身体素质、文化程度、工作经历及其他基本情况，挑选出基本符合饭店要求的人员。

②笔试。主要测试求职者的文化水平、外语水平、思维能力、文字表达能力等。这一种考核也可以用学校的成绩登记表、毕业统考和劳动部门的招工会考成绩作为依据。

③面试。即通过与求职者面对面的交谈，观察求职者的面部表情、动作姿态、谈话态度、思维广度、回答速度以及个性需求、动机等心理素质和其他各种能力。这对评价应聘者是否适宜该职位，是否具有培养潜力有着重要作用。

④复查与体检。复查是对已列入录用名单的应聘者在正式录用以前，对其提供的有关材料进行核实和了解，以保证其真实性和可靠性。此外，还应要求应聘者进行体格检查。通过体格检查不仅可以了解应聘者是否具有胜任工作的健康体质，还可防止身患疾病者进入饭店工作。饭店是服务性行业，对职工的健康标准有严格的要求。

（4）择优录取阶段。

择优录取，就是综合评定各种考核和测验的结果，严格挑选出符合饭店岗位要求的人员名单，并与入选者商议确定工资待遇，公布正式录用名单。

（5）使用阶段。

经过严格的考核、体检合格者，与饭店人力资源部签订劳动合同书，员工劳动合同书具有法律效力。

2. 内部招收程序

饭店内部招聘主要包括饭店内部员工的提升和内部员工的调动两种方式。

（1）饭店内部员工的提升。

提升是填补饭店内部空缺职位的最好办法，一方面由于提升的员工对饭店的内部情况已有相当的了解，所以通常很快能适应工作要求；另一方面，对饭店员工的工作积极性能产生激励作用，让员工感到自己也有晋升的希望。但如果提升工作没能做好，不仅不能产生对员工的激励作用，反而会产生反作用。所以，饭店人力资源管理者应掌握好饭店员工内部提升的方法，并克服主观片面的"情感化"影响。

饭店内部提升，通常有两个步骤：

其一，确定提升的候选人。通过对应聘员工的个人品德、才能、工作表现、工作年限等方面进行考察，遵循"才职相称"的原则，确定其是否具备提升的资格，从中择优作为提升的候选人。

其二，综合测试确定提升候选人。提升候选人在个人才能、品德、工作表现以及其他方面都各有优缺点，为了避免片面化和适应各具体部门对提升人选的要求，可采取综合测评的方式对每一位提升候选人的知识结构、组织能力、工作态度、风度气质等进行综合评价，对经综合评价最符合缺员岗位要求的候选人予以提升。

（2）饭店内部员工的调动。

饭店内部员工调动职务的原因主要有以下几种：

①饭店的组织结构进行调整。由于饭店的经营环境或经营状况发生变化而对原先设置的部门进行分离或组合。如有的饭店由于饭店业务范围的扩大，将销售部从前厅部分离出来；有的饭店前厅总台原先设有接待、问询、收银三个岗位，为了精简人员，撤销了问询这个岗位。

②为了增强员工的适应能力或改变长期从事某种工作带来的枯燥感，可采取不同岗位之间交替培训的方式来发挥员工的潜力。但这种调动一般是短期的、临时性的。

③有些员工掌握的技能与其工作岗位的要求不适应，有的在原工作部门产生了较为严重的人际关系问题，对这些员工调动工作其目标是为其创造新的工作环境，以发挥其才能和工作积极性。

二、饭店员工培训

饭店员工培训，就是对员工进行有计划的教育和训练的活动。培训是人力资源开发的核心内容，这是众所周知的。新员工入职初期，其工作表现未能达到饭店要求，易造成投诉增加，对顾客服务质量出现问题，浪费增加。因此，在引进新员工、员工提升时都要进行各种各样的培训。

（一）饭店员工培训的意义

员工培训无论对饭店还是员工个人都是大有益处的。就饭店而言，员工培训可以提高员工文化、技术素质，而文化、技术素质的提高又可以降低损耗，减少事故的发生。根据美国饭店协会对纽约州饭店的统计，培训可以减少73%的浪费，特别是客房部、洗衣部和餐饮部等耗损较大的部门。一些研究表明，未受过培训的员工所造成的事故数量是受过培训员工的3倍。另外，培训员工还可以减少旷工和迟到现象，降低员工的流失率，提高员工工作效率。

对员工自身而言，培训可以使员工掌握最优工作方法和技能，可以增强员工的就业能力；同时有利于员工的提拔和晋升，可以为员工提供发展的机会。

（二）饭店员工培训的类型

1. 员工培训的类型可分为职业培训和发展培训

（1）职业培训（Vocational Training），主要是针对操作人员，培训的重点应是培养和开发操作人员的技术能力，使他们熟练掌握从事本职工作的知识、方法，了解工作进行的步骤和过程。分为岗前、岗位、持续培训三种类型。

①岗前培训（Pre-job Training）。

岗前培训是在新职工走上服务岗位以前的培训。岗前精心的培训和正确的引导将为员工以后良好的表现打下基础。岗前培训的内容应包括对饭店历史和概况的介绍、对饭店经营宗旨和经营方针政策的介绍，以及对饭店组织结构的介绍，其目的是使新员工尽快熟悉工作环境。此外，岗前培训还包括职业道德教育、服务精神教育、礼貌礼仪教育，以及有关饭店规章制度、组织纪律、安全知识等方面的教育。在岗前基本培训后，将新员工分配到各岗位，由他们的上级对其进行基本业务和技术培训。

②岗位培训（On-the-job Training）。

岗位培训是员工不脱离工作岗位所接受的训练，这是员工培训最重要的形式。这种培训方法需要的经费很少，因为在培训过程中，受训人也在履行自己的工作职责。岗位培训一般由各级管理人员和经验丰富、技术熟练的老员工来担任培训者。目前在岗的饭店员工也可由当地的旅游培训中心培训。岗位培训要根据岗位工作要求逐步进行培训，培训的内容和时间视工作的性质、复杂程度及受训人的接受能力而定。饭店中有些工作的培训较简单，只需要很短的时间，如清扫客房、搬运行李等。而办公室的职员、出纳、前台接待以及销售、公关等工作在岗位培训前应先接受一些专业知识培训。

③持续培训（Continuous Training）。

新员工经过岗前培训和岗位培训以后，已正式投入服务工作。在新员工上岗以后，还要不断地进行持续培训。持续培训包括再培训、交替培训和更换培训。

再培训又称重复培训，目的是使上岗后的员工复习已经遗忘或不太熟悉的业务，并通过再学习，把已掌握的技能与技巧再提高一步。如果饭店的服务规格、操作方法等有了新的改变，也需要对员工进行再培训。

交替培训的目的是防止职工因故不在工作岗位时而引起的工作混乱。交替培训可以使职工成为多面手，掌握两种以上工作岗位的技能。这无论是对员工本人还是对饭店部门间人力的调配都大有益处，尤其对于中小型饭店来说更为重要。

更换培训是指将已经上岗但不能称职的员工及时换下来，对他们重新进行其他工种的培训。

职业培训的对象都是在操作层工作的员工，培训时需要分工种进行工作技能、技巧的培训，不需要分层次。

（2）发展培训（Development Training），主要是针对高级和一般管理人员。管理工作具有不同管理层次，不同层次的工作侧重点不一样，培训的内容也各不相同。发展培训主要分为基层管理的培训和中高层管理的培训。

基层管理的培训主要是针对领班、管理员、主管等，他们的工作重点主要是在第一线从事具体的管理工作，执行中高层管理人员的指示和决策。因此，对他们进行培训应着重于提高他们管理工作的技能、技巧，如培训他们思考问题的思想方法，培训他们掌握组织员工工作的技巧，培训他们为员工创造良好工作环境的能力，使每个员工都能心情舒畅地工作。

中高层管理的培训主要是针对饭店的中高层管理人员。该培训应注重培养他们发现问题、分析问题和解决问题的能力，用人能力，控制和协调能力，经营决策能力，以及组织设计能力。饭店中层管理人员，如各部门经理，对其所在部门的经营管理具有决策的权力，因此必须精通对于本部门的经营管理，熟悉本部门工作的每个环节和具体的工作安排。除此以外，还须了解与本部门业务有关的其他部门的工作情况。饭店高层管理者的工作重点在于决策，他们所要掌握的知识更趋向于观念技能，如经营预测、经营决策、市场营销和公共关系等知识。

2. 按培训对象的层次划分

（1）高级人员培训（Senior Staff Training）。

参加人员：饭店的正副总经理（Manager/Deputy Manager）、驻店经理（Resident Manager）、各部总监（Department Directors）、部门正副经理（Department Managers/Deputy Managers）。

培训内容：①如何树立宏观经济观念、市场与竞争观念；②销售因素分析与营销策略的制定；③组织行为学；④如何进行预算管理、成本控制、经营决策。

（2）中层干部培训（Middle-level Cadres Training）。

参加人员：部门经理以下各级管理员，如督导员（Captains）、领班（Head Waiters/Waitresses）或班组长（Team heads）。

培训内容：①管理概念与能力的训练；②饭店专业知识的深化；③处理人际关系、宾客关系的技巧。

（3）服务员及操作人员岗位培训（Waiter/Waitress and Operation Staff Training）。

参加人员：饭店服务员、各技术工种操作员及后台勤杂人员。

培训内容：①提高素质水准；②培训专业知识；③提高业务技能与工作态度。

3. 按照实施培训的不同阶段划分

（1）职前培训（Pre-service Training），是指即将开业的饭店的经营者、总经理、部门经理和有前途的雇员等在就任新岗位前的培训。

（2）在职培训（In-service Training）。

（3）职外或脱产培训（Off-the-job Training）。

4. 按培训的地点划分

（1）店内专门培训（Inside Specialized Training），是指在饭店人力资源部或部门统一安排下，利用饭店专设的培训室或餐厅、食堂等饭店内部场所，在非营业时间进行的培训活动。

（2）在岗培训（On-the-job Training），是指受训员工不离开工作岗位，或以现担任的工作为载体接受培训。

（3）店外培训（Outside Training），是指在自办的饭店大学、培训中心和著名高校的相关院系等地进行的培训。培训的地点不在饭店内，通常是由饭店的上级主管公司或行业协会、学会等部门与机构组织的培训。

（三）饭店员工培训的基本步骤

1. 发现培训需求（Training Needs）

发现培训需求既是饭店培训工作的开始，又是衡量前期培训工作效果的主要依据，考察前期培训是否满足需求。培训需求的产生主要来自以下几个方面：

（1）将目前员工的工作状况与所应达到的工作标准相对照，如发现存在差距，就需要进行培训。如新员工上岗前的培训、工作岗位变动后的培训、工作标准变化后的培训和新设备使用前的培训以及外语培训等。

（2）从客人投诉、员工抱怨和日常检查结果中发现问题，并据此对员工进行培训。

（3）饭店员工流动率过高而产生培训的需要。

2. 制定培训计划

要想获得良好的培训效果，就必须进行周密的计划。培训计划的制订要综合考虑员工的素质、心理状态、工作情况、服务质量等因素，选择合适的培训方式，确定培训项目以及培训效果的考核标准。

3. 准备培训材料、场地

针对不同的培训任务和对象准备好不同的培训材料、场地和设备。培训材料应准备完全，印刷要求整齐、清晰。应充分利用现代化的培训工具，采用视听材料，以增加感性认识。在进行服务操作技能培训时，须备有操作工具。除本饭店固定的培训教室、场所外，还可组织受训者到一些服务质量好的饭店去实地考察、学习。

4. 具体实施培训

对于以操作层员工为主体的职业培训，国际旅游业中常用的方法可以简单概括为四句话：第一句话是告诉你如何去做；第二句话是做给你看，就是示范一遍；第三句话是学我做一下；第四句话是检查纠正你。

对于以管理人员为主的发展培训，则可以采取讲授、讨论、案例分析研讨、经营管理"游戏"以及选送有培训前途的受训者到饭店管理专科学校或大学短期进修等方式，以提高其管理水平。

5. 评估培训效果

评估是针对培训的最终结果进行的。只有受训者经过培训后的工作行为才能正确反映培训的效果。培训评估一般包括三个步骤：监督指导，分析和修正评价标准，评价培训效果。

饭店培训通常表现为"补缺"，"补缺"的必要性在于，它可以解决一些难以避免的问题。但培训仅仅"补缺"当然不够，还要进行开发性培训，这样才能使员工充分发挥潜能，增强员工的成就感，调动员工的积极性、主动性、创造性，并有效防止员工在工作中出现不适应。

第三节　饭店员工的激励

饭店的目标是通过饭店全体员工的努力工作来实现的，因此饭店员工的精神状态如何，工作态度是否积极，对饭店目标能否实现具有决定作用。因此，调动员工的积极性，激发员工的工作热情，也是饭店人力资源管理的重要内容。

一、饭店员工激励的含义

激励（Motivation）是指激发人的动机，使人产生内在的动力，并朝着一定的目标行动的心理活动过程，也就是调动人的积极性的过程。在人力资源管理中，激励的实际效果与三个要素紧密相联：其一是激励时机，即在什么时间给激励对象以激励；其二是激励频率，即一定时间内对激励对象激励的次数；其三是激励程度，即激励作用力的大小。在饭店管理者进行激励的过程中，各个要素通过相互作用、相互制约，达到管理者所期望的最终的激励效果。

二、饭店员工激励的作用

（一）激励可以调动员工积极性

一个人在通过充分激励后所发挥的作用相当于激励前的 3～4 倍，也就是说员工只有在激励的作用下，才能更好地发挥其主观能动性和创造性，并创造出高质量、高效率的工作成绩。激励对饭店员工来说是非常重要的，它最为重要的一个作用就是最大程度地调动员工的工作积极性。饭店管理者应在了解员工心理需求，如自我实现、归属、被尊重和被关注等的基础上，通过具体分析，有针对性地设置目标，把饭店的目标和员工的需求有机地结合起来，从而更好地发挥员工内在潜力，并使用合理的手段转化员工的行为，释放出每一位员工的潜力，使之有最佳的表现。

（二）激励可以形成团队精神

饭店是一个整体，饭店管理的成功需要饭店全体员工的共同努力。管理者可以通过对员工进行有效沟通和激励，使员工树立全局的观念，进而形成整个饭店的团队精神。一旦团队经过努力实现其目标，员工彼此合作的经历又会变成令人欣慰的美好回忆，它将使员工拥有强烈的归属感、自豪感和成就感，使饭店员工之间更具凝聚力。

（三）激励可以提高服务质量

饭店服务最大的特点就是难以衡量，饭店服务是具有个性的饭店员工提供的劳动，所面对的是以主观感受评价其所接受的服务的客人，服务要求和评价标准同样具有不确定性。对服务质量控制得最有效的人是员工自身，而只有非常满意的员工才会自觉自愿地为客人着想，通过第一时间的观察及时提供客人所需要的服务。而使员工满意的最有效的方法就是管理者对员工的激励，激励可使之保持工作的积极性、主动性和创造性，并在规范服务的基础上愿意竭尽所能地为客人提供符合其需求的额外的服务，最终达到提高服务质量、为饭店赢得忠诚客人的目的。

（四）激励可以提高管理水平

饭店员工最清楚饭店运转中存在的问题，管理者应鼓励员工提出合理化建议、建设性意见和措施，让员工参与管理，激励员工以主人翁的姿态去工作，积极地发现问题、解决问题，使饭店经营管理水平和服务质量得到不断提高。在人力资源管理中，让员工参与管理现已成为一种非常有效的激励手段。

三、饭店员工激励的原则

（一）整体需求原则（The Overall Demand Principle）

对饭店内不同工种、不同层次、不同职位、不同年龄结构的员工的各种需求是否给予激励，选择何种激励方式，需根据饭店的实际情况，从饭店经营管理的整体需要出发，尽可能地满足员工的要求，使他们发挥应有的潜力，提高工作效率。

（二）目标一致原则（The Goals Consistent Principle）

在激励员工时，要树立明确的目标，使员工个人、班组、部门、群体与饭店有关各方的需求统一起来，这样才能使员工激励取得良好的效果。

（三）积极引导原则（The Active Guidance Principle）

在激励员工的过程中，必须向积极的方向加以引导。任何一种行为在运作过程中都有可能发生偏差，及时对这种偏差加以指导纠正就显得十分重要。

（四）自我激励原则（The Self Motivation Principle）

自我激励首先是帮助员工认识自我，使员工能够充分认识到自己潜在的能力。其次，饭店各部门各级主管都应该教育员工，使他们认识到，必须通过自己的不懈努力、勤奋工作才能使个人要求得到满足。

四、饭店员工激励的方法

（一）目标激励（Target Motivation）

即通过确立工作目标来激励员工。没有目标就没有管理，管理就是朝着目标步步逼近的过程。在目标激励的过程中，要引导员工个人目标与饭店目标同向，使员工的个人切身利益与饭店的集体利益一致。我们知道目标的激励作用=目标价值×期望概率，但不是随便一个目标都可以。目标的设定不能求高、求大，要让员工觉得通过一定努力就可以实现，否则就只是一句空话了，还可能起消极作用，使员工丧失信心。同时这个目标还应该是多层次、多方面的。如果只有总目标会使人觉得遥不可及，多层次的目标会使员工感到切实可行，并将该目标转化为工作动力。

（二）角色激励（Role Motivation）

又称责任激励，是让员工认识并担负起应负的责任，激发其为扮演的角色献身的精神，满足其成就感。

在马斯洛（A.H.Maslow）的人类行为动机理论基础上进行的心理调查表明，不论是在哪一类组织中，追求成就、自我实现是多数人的愿望。美国的行为科学家梅约对美国一家公司的职工进行调查，结果如表 5-1 所示。

表 5-1　梅约对某家公司职工的调查

	成就	赞赏	工作本身	公正	小组感情	责任	成长机会	工资	工作保证	自尊	地位	晋级
不满意（%）	25	6	12	21	7	6	4	5	6	2	3	2
满　意（%）	28	21	12	2	8	7	9	3	3	5	3	2

在我国大连管理培训中心，美国专家对参加培训的中国学员作过调查，结果如表 5-2 所示。

表 5-2　美国专家对中国学员的调查

	企业管理者（%）	政府官员（%）	教师及科技人员（%）
成就	81	70	66
工资、奖金	28	42	41
荣誉	15	15	18
有吸引力的工作	62	67	48
家属的前途	17	15	41
提升	11	3	9
能干的领导	13	27	20
友好的领导	19	12	20
工作环境及条件	45	45	41

　　上述两次调查都证明，多数人对成就都抱有很大的期望。这是人的一种普遍的要求，不仅仅是精英人物的特有品质。了解了这种需求，饭店管理人员就要帮助员工认识和重视自己的责任，同样也要注意赋予下属的责任应与其能力相当或稍大于其能力，这样既能使员工感到被重视又能使其体会到工作的意义。除此之外，还要给员工一定的自主权，现在很多饭店给前台接待员一定的优惠权，使其能够根据实际情况决定是否给予客人优惠，既增加了销售又激发了员工责任心，这一举措无疑是角色激励的最好引证。

（三）物质激励（Meterial Motivation）

　　马克思说过，"人们奋斗所争取的一切，都同他们的利益有关"。在一定条件下，尤其是在市场经济条件下和在物质生活并不十分充裕的时期，物质激励能起到相当大的作用，同时它也体现了上级对下属的认可和赞赏。

（四）竞争激励（Competition Motivation）

　　竞争激励实际上是荣誉激励。饭店服务人员中主要是年轻人，他们上进心强，饭店可以经常举行一些竞赛活动，不仅可以调动员工积极性，也提高了员工的素质。

（五）信息激励（Information Motivation）

　　这种激励在现今还不很盛行，但它所带来的激励作用并不亚于其他激励方式。饭店管理者可以组织员工去其他饭店参观学习，这也不失为一种好方法。

（六）奖惩激励（Reward & Punishment Motivation）

　　在管理工作中奖励是肯定，惩罚就是否定。恰如其分的惩罚不仅能消除消极因素，还能变消极为积极，两者相结合的激励方式效果更佳。但运用这一方式时要注意以下几方面：（1）及时性。对成绩及时肯定，对错误及时惩罚、批评，否则时过境迁效果会大打折扣。（2）准确性。不论是奖还是惩，都要实事求是、恰如其分、力求准确，否则只能招来反感和不良后果。（3）艺术性。奖惩激励也要因人而异，要根据不同对象的心理特点采用不同方式。有的人爱面子，口头表扬带来的作用有时比奖金还有用；对于注重物质的员工，金钱奖励就是最适合的。

（七）参与激励（Participation Motivation）

　　每一个人都希望参与管理，饭店的员工也不例外，因此饭店管理者和人力资源工作者要善于给予员工参与管理、参与决策和发表意见的机会。要善于倾听下属的心声，因为决策的最终执行者还是下属员工。现今几乎全数饭店都拥有自己的报纸，饭店办报不仅是饭店企业文化的组成部分，同时也是一种非常有效的沟通、激励和管理方式。其实还有一种方式很有效，就是 GM 接待日（总经理接待日）。它使每位员工都有机会和总经理面对面说自己的心里话，提出合理化建议。对于饭店整体人力资源开发来说，这一激励方式应得到广泛重视和应用。

（八）情感激励（Emotional Motivation）

　　即对员工在工作上严格要求，同时在生活上关心员工、尊重员工、理解员工，以情动人。尊重员工，就是尊重员工在饭店的主人翁地位；理解员工，就是理解员工的精神追求和物质追求；关心员工，就是要心系员工，尽可能解决员工的实际困难。高昂的士气必须要有必要的物质保障，要为员工创造良好的工作环境和生活条件。只有员工感受到了尊重，真正意识到自己是饭店的主人，他们才会以主人翁的精神积极工作。

（九）晋升与调职激励（Promotion & Relegation Motivation）

利用人们的上进心理，给予员工职位上的晋升，无疑是一种极为有效的方法。在饭店中及时给表现优秀且可塑的人才晋升机会会让员工充满希望，会让他感受到工作的意义。除了对工作表现好的员工予以晋升外，还可通过饭店内部调换岗位来激励员工。有时个别管理者与员工之间有了矛盾，协调无济于事时将员工调至其他岗位不失为一种好办法。通过调换岗位不仅可以充分利用人力资源，还可以激励员工，给企业带来更大收益。

（十）示范或榜样激励（Demonstration Motivation）

榜样是实在的个人或集体，用榜样教育员工显得鲜明生动，比说教式的教育更具有说服力和号召力。榜样也容易引起人们感情上的共鸣，给人以鼓舞、教育和鞭策，激起他人模仿和追赶的愿望。这种愿望就是榜样所激发出来的力量。在运用榜样激励时，要注意所树立的榜样必须有广泛的群众基础，真正来自群众。

"有什么样的管理者就有什么样的员工"，这是人们常说的一句话，可见示范作用的重要性。主动参与工作、协助员工的领导给员工带来的不只是感动，更多的是激励。如果一味指挥、挑毛病只能引起员工的反感，使员工失去工作兴趣。管理人员要以身作则，从各方面严格要求和提高自己，以自己的工作热情去影响和激励下属员工。

（十一）信任激励（Trust Motivation）

管理者充分信任员工并对员工抱有较高的期望，员工就会充满信心。员工在受到信任后，自然就会产生荣誉感，增强责任感和事业心。这样的员工愿意承担工作，更愿意承担工作责任，同时也愿意在自己工作和职责的范围内处理问题。对他们应明确责、权、利，即使各项工作的标准定得稍高一些，他们也会通过努力工作去设法达到。他们希望在完成任务时遵循规定的程序和标准，不希望管理者过多地干涉他们的工作。如果管理者紧抓权力不放，将使下级感到领导对自己不信任，从而影响其工作积极性。

五、激励时应注意的问题

激励看似容易，落实起来却有一定困难，如果方式不对、尺度不当都会带来相反的作用。在激励过程中最重要的两点是：

第一，激励只有产生于员工的内心，满足员工内部需求才有较好的效果，否则只能是"对牛弹琴"。各个员工的需求都不同，一本好书、一张音乐会票、一张球票、一次讲座、一本证书、一天假期、一次出游等，只要给对了人就能取得理想的效果。

第二，激励要以正强化为主，当然也不排除恰当的批评和处罚。在正强化的激励过程中，要公平、公正、公开，同时注意具体化，不要以"做得好，工作出色"等笼统模糊的概念奖赏，要做到奖励及时化、目标可及化。提到奖励就不能不提惩罚，慎用惩罚是至关重要的。虽说惩罚也是一种激励手段，在一定条件下能够起到一定的积极作用，但管理者必须要记住：惩罚只是一种手段而非目的，不能滥用。否则不仅起不到激励作用，反而会引起对抗情绪，不利于团队精神的形成。至于开除员工更应慎重。很多国内饭店管理者误认为外国饭店管理得好的原因就是"严"，可随便开除员工，其实并非如此。曾经被美国《饭店》杂志评为最杰出饭店经理的舒尔茨先生就坚决反对动辄炒员工鱿鱼的做法。他认为"反复培训新手是最大的浪费"，而且"老主顾不喜欢新面孔"，而这种思想正是现今国内饭店管理者应借鉴的。人才不是用来浪费而是用来保留和开发的。

　　同时，要讲究语言艺术。饭店管理者要能用简洁明确的甚至是十分动听的评语进行商讨、动员，劝导同事或员工，使他们感情上产生共鸣。如果一个管理人员只知单调重复上级指示，再加上令人厌烦的口头语，必然引起同事的反感和员工的逆反心理，甚至会把事情办糟。管理者要善于利用幽默感来激励员工，增进与员工的关系。幽默感是人际关系的润滑剂。员工希望与幽默的人一起工作，因为与这种人共事有一种如沐春风的感觉。

　　总而言之，饭店管理者应该善于利用激励这一杠杆，调动员工的工作积极性，提高服务质量和工作效率，实现饭店管理目标。

第四节　饭店员工的绩效考评与薪酬管理

一、饭店员工绩效考评（Performance Assessment）

　　员工绩效是指员工完成工作的结果。饭店员工绩效考评是按照一定的标准、采用科学的办法考核评估饭店员工在某一阶段对职务所规定的职责的履行程度，进而确定其工作成绩的一系列管理活动。员工绩效考评要从员工工作成绩的数量和质量两个方面，对员工在工作中的优缺点进行系统的描述与评价，并要进行绩效考评反馈，让员工了解自己的工作表现。

（一）饭店员工绩效考评的意义

　　1. 员工绩效考评有利于员工认清自我，从而起到有效激励员工的作用

　　绩效考评可以为员工提供反馈信息，帮助员工认识自己的优势和不足，发现自己的潜在能力并在实际工作中充分发挥这种能力，提高工作绩效，有利于员工个人的事业发展。

　　2. 员工绩效考评可以为甄别高效和低效员工提供标准，为饭店确立奖惩制度提供合理依据，从而确定奖金和晋升机会在员工个人之间的分配

　　通过客观公正、科学合理的绩效考评，不同工作岗位上的员工的工作成绩可以得到合理的比较，为薪酬设计、奖金分配、晋升、调岗和下岗等管理活动提供有力依据。

　　3. 员工绩效考评为饭店人力资源部门分析培训需求、制订培训计划提供了依据

　　由于员工绩效考评不仅可以发现员工的长处和优点，也能够指出员工的不足和缺点。所以，员工绩效考评能够帮助人力资源部门发现员工需要培训的方向，尤其是可以指出管理人员在诸如人际冲突管理、监督技能、计划和预算等方面的欠缺，为培训方案的设计和实施奠定基础。

　　4. 员工绩效考评有助于员工人事档案的建立，为饭店将来进行人事决策提供帮助

　　建立员工业绩的档案材料，可以为饭店在将来进行各种人事决策提供依据，包括提升优秀员工、开除不合格的员工、调整工资、确定培训内容、调岗、确定员工招聘中应该重点考查的知识、能力、技能和其他品质等方面。

　　5. 员工绩效考评有利于饭店提高科学管理水平

　　员工考评活动为饭店管理层与基层员工提供了一次有效的直接沟通机会。一方面，考评可以促进人力资源部门与各级主管对员工实际情况进行深入了解，有利于营造融洽的工作气氛；另一方面，考评可以检查管理人员的工作成效，可以发现管理工作中的薄弱环节，从而加强管理以达到部门的目标与要求。此外，考评可以促使管理层更妥善地安排员工的工作，

量人用才，从而改善部门的管理状况，使各项业务得以顺利开展。

（二）饭店员工绩效考评的内容

饭店员工绩效考评的对象、目的和范围复杂多样，所以考评内容也颇为复杂，但基本上可以分为德、能、勤、绩四个方面。

1. 德

德是指员工的政治思想素质、道德素质和心理素质的综合体现。德的标准不是抽象的，而是随着不同时代、不同行业、不同阶级而有所变化的。在今天的中国社会，德的一般标准是坚持党的基本路线，坚持集体主义价值观，富有使命感、责任心和进取精神，遵守职业道德，遵纪守法等。德的考评对各级管理者尤为重要。

2. 能

能是指员工从事工作的能力，包括体能、学识、职能和技能等方面。针对不同的职位和岗位，员工能的考评要求应有所不同。

3. 勤

勤是指员工勤奋敬业的精神。主要体现为员工的工作积极性、创造性、主动性、纪律性和出勤率。人事考勤工作应将日常的考勤情况与工作中的表现结合起来，重点考评员工的敬业精神。

4. 绩

绩是指员工的工作业绩，包括完成工作的数量、质量、经济效益和社会效益。对不同职位，考评的侧重点应有所不同，但效益应该处于中心地位。

在具体实施考评时，德、能、勤、绩往往被分解成若干子项目，如对组织忠诚度、知识水平、团队精神、工作结果等，从而使考评更加客观、可行。但选择哪些项目作为具体考评的内容取决于考评的目的。例如，为了奖金的合理发放，应该选择员工工作结果项目来进行评价；为了安排员工参加培训，应该选择工作知识水平等员工的个性特征作为评价内容。

（三）员工绩效考评的方法

1. 工作标准法（Working Standard Method）

工作标准法，又称劳动定额法，它是将员工的工作与饭店制定的工作标准（劳动定额）相对照，以确定员工绩效的方法。

2. 排序法（Ranking Method）

排序法是一种把限定范围内的员工按照某一标准由高到低进行排列的一种绩效考评方法。

3. 强制分布法（Forced Distribution Method）

强制分布法是将限定范围内的员工按照某一比例划分到有限数量的几种类型中的一种绩效考评方法。

4. 关键事件法（Critical Incident Method）

关键事件是指员工工作中发生的好的或者不好的行为。采用关键事件法考评时，必须对从上次考评到本次考评期间发生的每件事情都及时作好记录，包括正反两方面事迹的记录。

5. 打分检查法（Grading Method）

打分检查法是指根据员工工作检查表，由主管对员工的每项工作进行打分的绩效考评方法。

6. 目标管理法（Target Management）

目标管理法是管理者和员工共同制定考评期内要实现的工作目标，到考评期末，再由双方共同对照原定目标来测算实际绩效，找出成绩和不足，然后制定下一个考评期的绩效目标的绩效考评办法。

二、薪酬管理（Salary Administration）

薪酬泛指员工通过工作而从工作单位获得的各种财务报酬，包括薪金、福利和各种奖金。

（一）薪酬制度的目标

1. 激励员工

薪酬不仅是员工的生活保障，而且体现了员工自身价值的实现，所以，激励员工应该成为薪酬目标的重要内容。

2. 吸引人才，提高竞争优势

薪酬制度为饭店获取竞争优势提供支持，增强饭店招募影响力，吸引优秀的人才。同时，也对稳定员工队伍、减少员工流失、保证服务质量、提高效益等起到了积极有效的作用。

3. 维护企业与员工的合法权益

饭店依法制定薪酬制度，不但有利于维护员工和企业的关系，也有利于维护饭店的公众形象，避免不必要的劳动诉讼或罚款。维护员工利益的同时也维护了饭店自身的权益。

（二）薪酬制度的设计

1. 薪酬水平设计（Horizontal Design）和薪酬结构设计（Structural Design）

（1）薪金水平（Salary Level）。

薪金水平是指饭店员工的平均薪金。饭店在确定薪金水平时，往往可能有三个选择：

一是超出竞争对手的薪金水平。采取高于竞争对手薪金水平的目的是吸引和保留优秀的员工；同时希望以此为激励手段，提高员工对薪金的满意度，更好地激发员工工作的积极性，为饭店创造更多的价值。但这种选择必然带来劳动力成本支出的增加。

二是相当于竞争对手的薪金水平。

三是低于竞争对手的薪金水平。饭店采用低于竞争对手薪金水平的方式，虽然降低了劳动力成本，但同时也降低了饭店在人力资源市场上的竞争能力。

（2）薪金结构（Salary Structure）。

常见的薪金结构类型有结构式薪金、岗位等级薪金和计件式薪金等。

结构式薪金，又称结构式工资，主要由基础工资、职务工资、工龄工资、效益工资、补贴（津贴）等部分组成。其中，基础工资又称固定工资，效益工资又称浮动工资。

岗位等级薪金，又称岗位等级工资制，是按照各个不同的岗位和每一个岗位中不同等级而确定薪金标准的薪金制度。饭店确定岗位等级的指标至少包括所任岗位的规模、职责范围、工作复杂程度、人力资源市场价格等四个方面的内容。由于此种薪金制度是建立在岗位测评的基础之上，充分突出了薪金中岗位与技能这两个结构单元的特点，更有利于贯彻按劳分配的原则，调动管理者和员工学习业务知识、提高业务能力的积极性。

计件式薪金，又称计件工资，是根据员工所完成工作的数量、质量和所规定的计件单价核算，是支付劳动报酬的一种报酬形式。此种薪金形式体现了按劳分配的原则。

2. 奖励制度设计

奖励包括物质奖励和精神奖励。物质奖励需要饭店支付一定数量的货币，表现形式有奖品、奖金等。精神奖励的表现形式包括表扬、鼓励、奖状，还包括更有利的职业成长机会，如培训、晋升等。奖励的根本目的是激励员工。

饭店员工奖励的种类主要有综合奖和单项奖。

综合奖是以综合考虑多项指标为依据确定奖金等级。这种方法多是预先制定考核指标，按员工完成考核指标的得分作为记奖的基础。奖金与饭店经营效益密切相关，随着饭店经济效益的大小而上下浮动。

单项奖是以员工完成某一项主要指标的情况作为获奖条件，是对员工的劳动贡献和劳动态度方面进行专项考核、单项发奖的奖励形式。其主要特点是目标明确单一，考核项目简便易行，形式机动灵活，有利于促进某一特定工作的开展和改进饭店管理的薄弱环节。单项奖往往是一次性奖励，如节约奖、质量标兵奖、服务明星奖、技术能手奖等。

3. 福利制度设计

员工福利泛指所有间接报酬，多以实物或服务的形式支付。其内容由两个方面确定：一方面是政府通过立法，要求企业必须提供的；另一方面是企业自身在没有政府立法要求的前提下主动提供的。我国饭店的福利主要有四类：

（1）集体福利。包括员工餐厅、高级职员公寓、员工倒班宿舍、医务室、浴室、理发室、休息室、存车场、工作服、员工洗衣、阅览室、活动室、员工培训等。

（2）福利费用和补助。包括工伤抚恤金、通勤补助、员工专车、度假旅游补贴等。

（3）休假。包括婚丧假、事假、年假、产假、哺乳假等。

（4）保险。包括养老保险、失业保险、医疗保险等。

员工福利的多少，通常由员工资历和职位决定，与员工绩效关系较小。

第五节　饭店员工关系的管理

一、员工关系管理（Employee Relationship Management）内涵

员工关系（Employee Relationship）是指管理方与员工及其团体之间产生的，由双方利益引起的，表现为合作、冲突、力量和权利关系的总合，它受到一定社会中经济、技术、政策、法律制度和社会文化背景的影响。员工关系强调以员工为主体和出发点的企业内部关系，注重个体层次上的关系和交流，注重和谐与合作。

员工关系管理，主要指企业与员工之间的沟通管理，这种沟通多采用柔性的、激励的、非强制性的手段，以提高员工满意度，支持企业目标的实现。其主要职责是：协调员工与管理者、员工与员工之间的关系，引导建立积极向上的工作环境。

二、员工关系管理的内容

（一）劳动关系管理

包括员工上岗、离职面谈及手续办理，以及员工申诉、人事纠纷和意外事件的处理。

（二）员工人际关系管理

包括引导员工建立良好的工作关系，创建有利于员工建立正式人际关系的环境。

（三）沟通管理

包括保证沟通渠道的畅通，引导企业与员工之间进行及时的双向沟通，完善员工建议制度等。

（四）员工情绪管理

包括组织员工满意度调查，谣言、怠工的预防、监测及处理，解决员工关心的问题等。

（五）企业文化建设

包括积极建设有效、健康向上的企业文化，引导员工形成正确的价值观，维护企业的良好形象。

（六）服务与支持

包括为员工提供有关国家法律、企业政策、个人身心等方面的咨询服务，协助员工平衡工作与生活的关系。

（七）员工关系管理培训

包括组织员工进行人际交往、沟通技巧等方面的培训。

三、饭店员工关系管理

（一）饭店员工满意度管理

1. 饭店员工满意度（Hotel Employee Satisfaction Degree）概念

饭店员工满意度，是饭店员工对自己在饭店中所扮演的角色的感受或情感体验，是饭店员工对其工作或工作经历评估的一种态度，它与工作参与程度、组织承诺和工作动机等密切相关。

2. 饭店员工满意度调查

运用专业手法，向饭店员工收集意见，并与员工就有关观点、想法、评价等进行交流，及时了解员工工作状态和饭店管理上的成绩和不足，以改善饭店管理、提高员工满意度和工作绩效的一种活动。

3. 饭店员工满意度提升

包括公平、沟通、关爱、共享四个方面。

4. 善待新员工

包括了解新员工面临的问题，以诚挚友善的态度对新员工，详细说明有关政策等。

（二）饭店员工离职与裁员管理

1. 饭店员工的离职管理（Dimission Management）

传统型的离职管理往往偏向于简单的离职手续办理。随着企业竞争的加剧，离职管理转变为通过对离职者离职时的心态、行为等一系列活动加以研究、分析和处理，以求减少离职率的管理过程。离职员工管理不仅包括通常所说的离职手续办理、离职后的面谈、企业的人才保留机制的建立，还应包括员工离职的预防措施，比如：员工出现离职征兆时的面谈挽留、员工离职后的关系维护、将离职员工列为企业的特殊人力资源等。

2. 饭店的裁员管理（Layoff Management）

当饭店面临经济危机时，为节约成本，需要进行适当的裁员，裁员时最好能做到柔性化和人性化。

（三）饭店劳动合同管理

1. 饭店劳动合同管理概述

劳动合同是劳动者与企业确定劳动关系，明确双方权利和义务的协议。劳动关系确立的标志是劳动合同的签订。劳动者同企业签订了劳动合同，就已经确立了劳动关系，明确了双方的权利和义务。

劳动合同管理的主要内容包括劳动合同的内容、期限、订立与变更、终止和解除及违约责任等。

2. 饭店劳动合同的订立

订立劳动合同必须遵循三项原则：（1）平等自愿原则，指签订劳动合同的双方在法律地位上是平等的，并能自由表达各自在自己权益方面的主张和意愿；（2）协商一致原则，指双方就合同的所有条款进行充分协商，达成双方意见一致；（3）合法原则，指合同的内容必须遵守现行的法律、法规，不得有与之相违背的条款。

3. 饭店劳动合同的内容

包括劳动合同期限、工作内容、劳动保护和劳动条件、劳动报酬、劳动纪律、劳动合同终止的条件、违反劳动合同的责任等。

4. 饭店劳动合同的终止、解除

企业合法立即辞退员工、终止合同的情形：（1）劳动合同期满或者当事人约定的劳动合同终止条件出现；（2）经劳动合同双方当事人协商一致；（3）员工在试用期内被证明不符合录用条件；（4）员工严重违反劳动纪律或者用人单位的规章制度；（5）员工严重失职，营私舞弊，给用人单位利益造成重大损害。

提前30日书面通知后可辞退员工的情形：（1）员工患病或者非因工负伤，医疗期满后不能从事原工作也不能从事由用人单位另行安排的其他工作的；（2）员工不能胜任工作，经过培训或者调整工作岗位仍不能胜任工作的；（3）劳动合同订立时所依据的客观情况发生重大变化，致使劳动合同无法履行，经当事人协商不能就变更劳动合同达成协议的；（4）用人单位濒临破产进行法定整顿期间或者生产经营状况发生严重困难确需裁员的，但在此种情况下企业应提前30天向工会全体员工说明情况，听取其意见，并向劳动部门报告。

不得辞退员工的情形：（1）员工患职业病或因工负伤，并被确认丧失或者部分丧失劳动能力的；（2）患病或者负伤，在规定的医疗期内的；（3）女员工在孕期、产期、哺乳期内的；（4）法律、行政法规规定的其他情形。

员工自行辞职的情形：（1）合同期满或约定的合同终止条件出现；（2）经用人单位同意；（3）在试用期间；（4）用人单位以暴力威胁或者非法限制人身自由的手段强迫劳动的；（5）用人单位未按照劳动合同约定支付劳动报酬或者提供劳动条件的；（6）提前30日书面通知用人单位解除劳动合同的。

【复习题】

1. 什么是饭店人力资源？
2. 饭店人力资源管理的内容有哪些？
3. 简述饭店员工培训的意义。

4. 简述饭店员工培训的基本方法。

5. 简述饭店员工激励的方式。

【案例分析题】

小 S 如何调整职业

小 S，女，23 岁，专科。所学专业：酒店管理专业。朋友评价：性格文静，善文字不善口头表达，不善与人沟通。希望从事职业方向：能够发挥自己文字特长的工作。工作经历：某饭店业务员，两年工作经验。在两年的工作过程中发现自己并不适合做业务员，虽具备相应的学历，但不具备业务员应有的交际能力，因此两年的业绩并不理想，饭店对其工作表现不是很满意，小 S 自己也很苦恼。但该饭店环境不错，福利优厚。

案例思考：小 S 是否应该转行？还是在饭店内给自己寻找到更合适的工作？如何寻找？

【实训练习】

设计一份针对酒店具体岗位的个人求职简历。

目的：通过有针对性地设计一份求职简历，理解饭店人力资源规划中的岗位分析、招聘途径等内容。

要求：尽量针对饭店不同的岗位设计不同的个人求职简历，找出不同岗位对人才的不同要求。

第六章　饭店服务质量管理

【学习目标】

1. 理解饭店服务质量的含义、内容及其特点
2. 了解饭店服务规程的含义及制定服务规程的方法
3. 掌握饭店服务质量管理理论
4. 熟悉饭店全面质量管理的含义和内容

【主要内容】

1. 饭店服务质量概述

饭店服务质量的含义、内容及特点

2. 饭店服务质量管理理论

饭店全面质量管理理论；PDCA 工作循环；零缺陷质量管理；现场管理

3. 完善饭店服务质量的重要方法和途径

授权；建立饭店服务规程

【导入案例】

丽兹·卡尔顿饭店：闻名世界的饭店服务管理

丽兹·卡尔顿饭店管理公司是一家闻名世界的饭店管理公司，其主要业务是在全世界开发与经营豪华饭店，其总部设在美国亚特兰大。

成功亮点：

1. 在一次独立调查中，99%的顾客表示他们对在饭店的经历表示满意，80%的顾客表示非常满意。

2. 任何一个雇员都可以用最高达 2000 美元的资金来及时处理一个问题或者抱怨。

3. 工作第一年的经理和雇员可以获得 250 至 310 小时的培训。

1998 年，在麦吉尔大学（McGill University）和美国康奈尔大学（Cornell University）的饭店管理学院进行的评比中，丽兹·卡尔顿从 3528 个候选饭店中脱颖而出，被评选为"全面优质服务冠军"。截至 1999 年，丽兹·卡尔顿（Ritz-Carlton）是服务行业唯一一个两度获得波多里奇国家质量奖的公司。

与其他的国际性饭店管理公司相比，丽兹·卡尔顿饭店管理公司虽然规模不大，但是它管理的饭店却以最完美的服务、最奢华的设施、最精美的饮食与最高档的价格成为了饭店之中的精品。这一切成就无不体现出其对服务质量管理的重视。

丽兹·卡尔顿饭店的成功与其服务理念和全面质量管理系统密不可分。

丽兹·卡尔顿饭店的全面质量管理的黄金标准：

1. 信条：对丽兹·卡尔顿饭店的全体员工来说，使宾客得到真实的关怀和舒适是其最高的使命。

2. 格言："我们是为淑女和绅士提供服务的淑女和绅士"。这一座右铭表达了两种含义：一是员工与顾客是平等的，不是主人和仆人，或上帝与凡人的关系，而是主人与客人的关系。二是饭店提供的是人对人的服务，不是机器对人的服务，强调服务的个性化与人情味。

3. 丽兹·卡尔顿饭店将其服务程序概括为直观的三步曲，它们是：

（1）热情和真诚地问候宾客，如果可能的话，做到问候时尊称宾客的姓名。

（2）对客人的需求作出预期并积极满足宾客的需要。

（3）亲切地送别，热情地说再见，如果可能的话，做到向宾客道别时尊称宾客的姓名。

在每个质量改进层面，丽兹·卡尔顿都是细致入微的。质量改进和问题解决的步骤都是通过文件来记录的，数据收集和分析方法都会由专门聘请的专家来研究。所有质量改进过程都有标准。重要的改进过程会被分割开，以便详细地鉴别可能发生错误和遗漏的部分。

饭店是服务性行业，饭店产品是为客人提供的硬件设施和软件服务，在硬件设施同质化的今天，服务质量的提升更能为饭店带来新的生机。所以，饭店服务是饭店的生命线，也是饭店的中心工作和饭店生存与发展的基础，饭店管理的重要内容就是饭店服务管理。饭店管理者应该努力提高饭店的服务以增强企业的竞争力，同时把饭店服务质量管理当作管理目标运用在日常管理当中。本章通过对饭店服务质量含义内容的概述引入饭店服务质量管理理论，详细介绍饭店服务规程的含义和制定步骤，为完善和提升饭店服务质量提供方法和途径。

第一节　饭店服务质量概述

一、饭店服务质量（Hotel Service Quality）的含义

饭店服务是饭店员工以一定可见的物质资料为凭借，以一定的实际操作活动为内容，满足顾客正当消费需求而提供的相关行为，是有形的实物产品和无形的服务活动所构成的集合体。它的目的是为顾客提供某种价值或满足顾客的某种需求。

由此来看，饭店服务质量的理解通常有两种。狭义的服务质量指饭店服务的质量，它纯粹是指由服务员的服务劳动所提供的，不包括实物形态在内的使用价值。另一种是广义上的饭店服务质量，它包含组成饭店服务的三要素，即设施设备、实物产品和服务的质量，是一个完整的服务质量的概念，包括有形产品质量和无形产品质量两个方面。服务质量的整体价值根据顾客的需求来进行组合，顾客的需求程度越高，即物质和精神要求越高，服务质量就越好。本书所指的服务质量主要指广义的服务质量，即饭店以设施设备为凭借，为顾客提供满足其需要的物质产品和精神产品在使用价值上的满足程度。

根据饭店服务质量的定义，饭店所提供的服务既要能满足宾客生活的基本需要即物质上的需求，还要能满足宾客的心理需要即精神上的需求。所谓适合，是指饭店为宾客提供服务的使用价值为宾客所接受和喜爱。所谓满足，是指该种使用价值为宾客带来身心愉悦和享受，

使宾客感到自己的愿望和期盼得到了实现。饭店服务质量短期内会影响饭店的销售收入和利润率的增长，长期看来会影响饭店的生存和发展，所以饭店服务质量对饭店的生存和发展具有重要意义，是饭店的生命线。

二、饭店服务质量的内容

饭店服务产品质量是由有形的物质产品质量和无形的精神产品质量进行的有机组合。有形产品的质量也就是所谓的硬件质量，硬件质量的高低决定着饭店产品的供给能力。软件服务质量决定顾客在体验服务后的心理感受和精神享受。饭店服务质量从内容上主要包括设施设备质量、劳务质量、实物产品质量、环境氛围质量和安全卫生质量五个部分，如图6-1所示。每个部分都有其特定的标准和要求，五部分共同组成整体的饭店服务产品质量。

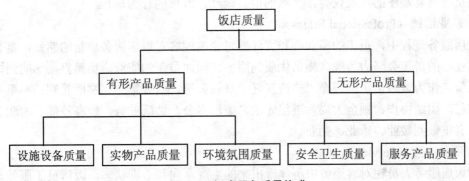

图6-1　饭店服务质量构成

（一）设施设备质量（The Quality of Facilities and Equipments）

饭店设施设备即饭店提供的服务质量的物质基础，决定饭店服务活动的开展，也是饭店星级档次的基础。饭店设施设备包括房屋建筑、所有设备及低值易耗品等，不但指前台宾客使用的设施设备，也包括后台供应使用的设施设备，还包括服务员使用的设施设备。它要求功能齐全，可靠安全，外形美观。不仅要有达到水准的使用价值，同时还要具有高雅、舒适的魅力价值，以及美感和风格特色。对设施设备的质量要求具体体现在以下几点：

1. 设施设备的总体水平应达到与星级标准相应的水准

根据国家旅游局最新修订的《旅游饭店星级的划分与评定》，饭店设施设备和物品设置应符合文件中相关的标准。按照规定，各饭店应依照不同等级对设施设备按规格配套齐全。设施设备的配套齐全程度是指能满足宾客基本需求及其他衍生需求所配备的各种功能性设备的完备程度。例如，不同种类、不同档次客房的配备；不同种类、不同风格餐厅的配备；会议室必要的设施设备的配备及符合顾客需求的配备；商场、洗衣房、健身、娱乐、休闲设施设备的配备等。要在符合星级标准规定的基础上保证设施设备的科学、合理、完善，以满足顾客的不同需求，并要求设施设备操作简单，使用方便。

2. 设施设备应完好、舒适

设施设备的舒适性是指服务过程的舒适程度，包括设施的适用、舒服、方便与环境的整洁、美观和有秩序等方面。

3. 设施设备的配备应具安全性

设施设备的安全性是指在饭店服务过程中设施设备的使用对顾客健康、精神、生命及财产安全的保障程度。饭店各种设施设备的配备不仅在其档次和功能上要符合饭店的定位，还应对设施设备建立严格的维修保养制度，保证其正常运转并充分发挥其效能。

（二）服务产品质量（The Quality of Servicing Products）

服务产品质量指饭店服务人员对客人提供服务时表现的行为方式和服务水平，它可以适应也可以超越饭店的等级规格，是饭店服务质量的本质体现。其中包括服务人员的气质、服务方式、服务技巧、服务效率、礼节仪表、语言风度、职业道德、团队精神等许多方面。

1. 礼节礼貌（Courtesy）

礼节礼貌是整个饭店服务中最重要的部分，在饭店管理中备受重视，因为它直接关系着宾客满意度，是饭店提供优质服务的基本点。在服务过程中，服务人员通过礼节礼貌向顾客传递一种信息，这种信息包含对对方的尊敬、友好、欢迎、问候等内容。在饭店服务中要求服务人员应具有端庄的仪表仪容，文雅的语言谈吐，得体的行为举止。

2. 职业道德（Professional Ethics）

饭店服务过程中，员工的事业心和责任感将影响顾客对饭店服务质量的感知，富有责任感和事业心的员工会努力为顾客提供优质的服务。因此员工的职业道德感直接影响到饭店的服务质量。作为饭店员工应遵循"热情友好、真诚公道、信誉第一、文明礼貌、不卑不亢、一视同仁，团结协作、顾全大局，遵纪守法、廉洁奉公，钻研业务、提高技能"的职业道德规范，真正做到敬业、乐业、勤业。

3. 服务态度（Service Attitude）

指饭店服务人员在对客服务中所体现出来的主观意向和心理状态。饭店员工服务态度的好坏是很多宾客关注的焦点，宾客往往不能忍受饭店服务人员恶劣的服务态度。服务态度在对客服务中可产生"吸引"和"无声驱逐"两种不同的影响。饭店员工在服务过程中如果具备良好的服务态度会让顾客有着良好的感受，顾客愿意再次光顾饭店并且能够原谅饭店服务当中出现的小缺陷，这种对顾客的吸引有助于增加饭店的经济效益。反之，如果在饭店对客服务当中顾客感受到的是冷淡和漠然，顾客就会对饭店产品全盘否定从而选择放弃对饭店产品的消费。因此，服务态度是服务质量的基础和关键所在，直接影响饭店服务质量。

4. 服务技能（Service Skills）

饭店服务技能是指饭店服务人员在不同的客观情况下为不同的客人服务时根据实际情况灵活恰当地运用操作方法和操作技能，以取得最好的服务效果。良好的服务需要服务技能做基础，只有技术娴熟的服务人员才能够充分满足顾客的需求并达到最好的服务效果。服务技能是饭店提高饭店服务质量的技术保证，要求其员工掌握丰富的专业知识，具备娴熟的操作技术，并能根据具体情况灵活运用，从而达到给客人以美感和艺术享受的服务效果。同时也只有掌握好服务技能，才能使饭店服务达到标准，保证饭店服务质量。

5. 服务效率（Service Efficiency）

指员工在其服务过程中提供服务的时限，是饭店员工素质的综合反映。服务人员要力求做到服务快而不乱，既迅速又敏捷，而且准确无误。提高效率、保证效率是饭店永远的目标。在对客服务中很多客人投诉就是由于服务人员效率的低下导致的。提高服务效率能够在客人可忍耐的时间内完成对客服务，节省了顾客的时间，也避免顾客因等待而产生焦躁情绪。

6. 服务项目（Service Items）

服务项目的设置不仅体现饭店的档次，也体现出饭店对服务产品的细分化。服务项目的多少直接影响服务质量的好坏。设置服务项目时应考虑饭店的定位，内部资源的使用和顾客需求的满足，设置时需要从多角度出发进行调研，保证设置结构的科学性和合理性。管理者对服务项目的设立应以满足客人需求和方便为宗旨，还要加强市场调查，对宾客的兴趣、爱好、消费水平、新的需求进行了解，千方百计地满足宾客的要求，这样才能在激烈的市场竞争中始终处于优势地位。

（三）实物产品质量（The Quality of Objective Products）

实物产品可直接满足宾客的物质消费需要，其质量也是饭店服务质量的重要组成部分之一。它通常包括：

1. 饮食产品质量

饮食是一种民族文化的反映，旅游者旅游的目的之一就是探求异地文化。因此，饮食文化在现代旅游中占有很重要的位置。饭店在销售饮食产品时不仅要考虑产品的口味，更应做好对饮食文化的挖掘工作，提高饮食制作水平，保证饮食的安全卫生性和饮食搭配的健康合理性。饮食质量主要有饮食质量标准、饮食特色、饮食样式等。

2. 客用品质量

客用品是饭店实物产品的一个组成部分，指饭店直接供宾客消费的各种生活用品。客用品的质量应与饭店星级相适应，避免提供劣质品；客用品数量应充裕，不仅要满足客人需求，而且供应要及时。由于饭店属于服务型企业，因此，客用品的质量对于客人感知饭店的服务起着十分重要的作用。

3. 商品质量

饭店为了满足宾客的购物需要，通常都设有商场部，其商品质量的优劣也会影响饭店服务质量和形象。饭店商品应做到花色品种齐全、商品结构适当、商品陈列美观、价格合理等，更为重要的是注重信誉，杜绝假冒伪劣商品。

4. 服务用品质量

服务用品质量是指饭店在提供服务过程中供服务人员使用的各种用品。它是提供优质服务的必要条件。服务用品质量要求品种齐全、数量充裕、性能优良、使用方便、安全卫生等。

（四）环境氛围质量（The Quality of Atmosphere）

环境氛围由饭店的建筑、装饰、陈设、设施、灯光、声音、颜色以及员工的仪容仪表等因素构成，包含自然环境和人际环境。自然环境包括饭店的内外部自然风景、绿化布局是否美丽幽雅、是否具有艺术魅力。人际环境是指饭店的服务人员、管理人员和客人三者之间的人际关系是否友好、和谐、理解、互助。自然环境的视觉和听觉印象对客人的情绪影响很大，客人往往把这种感受作为评价饭店质量优劣的依据，会影响客人是否决定再次来饭店下榻。良好的饭店人际环境会让顾客有种认同感，感觉和饭店工作人员是一个共同体，愿意和饭店员工友好相处并深入交往，从而使顾客的内心得到各种满足。因此，管理者必须十分注意环境的布局和气氛的烘托。

三、饭店服务质量的特点

（一）饭店服务质量的有形性与无形性相统一

饭店提供的产品主要是服务，服务是无形的，所以我们通常会非常注重无形产品的质量，力求让客人有一个满意的消费经历。事实上"巧妇难为无米之炊"，仅有无形的服务无法满足顾客的多种需求，有形产品也是无形服务中不可缺少的，是无形服务赖以存在的物质背景。饭店产品中的有形要素能够给客人创造一种很强的价值感，加深客人对饭店的认可。无形服务则让顾客对饭店产品的消费更加忠诚。所以在饭店进行服务质量管理时要注意饭店服务质量的无形性和有形性的统一。

（二）饭店服务质量具有整体综合性

从饭店服务质量的内容可以看出，饭店服务质量是由很多具体内容和劳务活动构成的，既包含有形的设施设备质量和实物产品质量，也包含无形的环境氛围和服务产品质量。不同的饭店产品拥有不同的性质特点，它们的产品质量共同构成了饭店服务产品质量，在管理中管理层既要重视设施设备的质量，又要重视实物产品的质量，更要重视劳务本身的质量。顾客在进行饭店服务质量衡量时考虑的不是单一部分质量而是综合产品的质量，不能将其进行拆分，所以在特点上具有综合性。

（三）饭店服务质量显现的短暂性

饭店的优质服务是由一次次的具体劳务活动完成的，每一次具体服务的显现时间都是短暂的。饭店产品生产的同时就在销售着，这一过程是个瞬间的过程，时间很短。如果要在短时间内完成良好的饭店服务必须要求服务人员具有强烈的服务意识、多方面的服务知识及应变能力，以应对不同顾客的各种需求。另外服务人员还必须十分重视每一次具体服务活动，要根据服务程序的要求并针对客人特点提供优质服务。

（四）饭店服务质量对员工素质的依赖性

饭店服务虽然是以有形的设施设备和实物产品为凭借为顾客提供的产品，但是饭店产品的生产、销售都离不开饭店服务人员。由于产品的生产和消费同时发生，很多时候产品质量是靠服务员的现场表现来决定的。例如，当一位不会讲中文的外国顾客需要点餐时，拥有较高外语水平的员工能为顾客提供服务，如果没有这样的员工则服务过程就不会很顺利。所以只有员工拥有良好的职业道德、专业知识、应变能力和技术水平，饭店的服务质量才能够呈现较高水平。

（五）饭店服务质量评价的一次性

饭店服务质量是由一次一次的内容不同的具体服务组成的，而每一次具体服务的使用价值均只有短暂的显现时间，即使用价值具有一次性。如要进行服务后调整，也只能是另一次的具体服务。因此，饭店管理者应督导员工做好每一次服务工作，争取每一次服务都能让宾客感到非常满意，从而提高饭店整体服务质量。

（六）饭店服务质量评价的主观性

饭店服务质量是由客人享受到各种服务后物质和心理上的满足程度来决定的，宾客实际得到的满意程度越高，对饭店服务质量的评价也就越高。除此之外，若客人与饭店包括服务人员的关系融洽，则宾客对服务质量的评价就相对较高，对饭店服务的不足与难处也比较容易谅解。饭店顾客在评价中的主观性和情感性直接影响评价结果，所以饭店管理人员如果想让顾客在主观性上提高满意度，必须通过各种渠道和顾客搞好关系，同时积极解决顾客在服务中遇到的问题。

第二节　饭店服务质量管理理论

一、饭店全面质量管理

（一）饭店全面质量管理的概念

20 世纪 50 年代末，美国通用电气公司的费根堡姆和质量管理专家朱兰提出了"全面质量管理"（Total Quality Management, TQM）的概念，认为"全面质量管理是为了能够在最经济的水平上，并考虑到充分满足客户要求的条件下进行生产和提供服务，把企业各部门在研制质量、维持质量和提高质量的活动中构成为一体的一种有效体系"。60 年代初，美国一些企业根据行为管理科学的理论，在企业的质量管理中开展了依靠职工"自我控制"的"无缺陷运动"（Zero Defects），日本在工业企业中开展质量管理小组（Q. C. Circle / Quality Control Circle）活动，使全面质量管理活动迅速发展起来，先在工业中运用，后推广到服务行业。

全面质量管理是在传统的质量管理基础上，随着科学技术的发展和经营管理上的需要发展起来的现代化质量管理，现已成为一门系统性很强的科学。我国饭店行业自 1978 年引进并推广了全面质量管理并将其理论思想推广到各个岗位，对服务质量和管理水平的提升起了重要的促进作用。全面质量管理运用了科学的质量管理思想，改变了传统的事后检查的方法，把质量管理的重点放在预防上。将质量管理由传统的检查服务质量的结果转变为控制服务质量问题产生的因素；通过对质量的检查和管理，找出改进服务的方法和途径，从而提高饭店质量。

饭店全面质量管理是指饭店全体员工和各个部门综合利用经营管理、技能方法和管理手段，以提高饭店服务质量为目标，建立完善的服务质量标准和体系，在全过程中控制影响服务质量的各种因素而开展的系统的质量管理活动。全面质量管理要求以宾客满意为服务质量标准，满足宾客的需求，以专业技术和各种科学的管理方法为手段，要求包含高级管理层在内的全体员工共同参加，在管理中实现饭店的综合效益并以实际效果为最终的评价点。

（二）饭店全面质量管理的内容

饭店全面质量管理即以饭店整体系统为要求，从整体上把握饭店质量管理，强调管理中的全方位、全过程、全人员、全方法和全效益。

主要包含以下内容：

1. 饭店全方位服务质量管理（Hotel All-round Service Quality Management）

饭店全方位服务质量管理是饭店内部的每个岗位和外部相关行业部门共同参与，为顾客提供全面服务的一种管理方法。饭店服务产品的构成是多样化的，范围很广，在服务产品构成中既有有形的产品也有无形的产品。也就是说，饭店进行服务质量管理时不仅包含饭店对客服务的一线业务部门的各种质量管理，也包括饭店职能部门的质量管理，同时还涉及饭店物资供应部门、各级管理部门及有相关业务联系的其他饭店。饭店全方位服务质量管理包含内容有：

（1）利用和开发饭店现有的设备，向宾客提供高质量的食、宿、行、游、购、娱以及健身、交流、会议等各方面的服务。

（2）通过对市场的调研与探索，开发既具有地方特色、本饭店特色，又符合市场需求的产品，以满足住店顾客与地方消费者的需求，扩大经济效益。

（3）通过与旅行社、导游服务公司等部门的业务联系，保证足够的客源，提高知名度和美誉度。

（4）通过业务部门与公关部门的广告、宣传等，提高员工的服务意识，以提高服务质量，提高竞争力。

（5）与有关商品部门、工艺部门协作开发旅游纪念品，扩大饭店商场的服务项目，增加效益，同时还可以对饭店的形象起到宣传作用。

（6）通过与其他部门的协作，为宾客提供更多的服务。

（7）通过专业教育和岗位培训，提高各级管理人员和服务人员的专业水平和服务水平。

（8）通过人力、物力、财力等职能管理，提高服务质量，提高工作效率。

饭店全面质量管理就是通过每个部门的共同努力来实现高的服务质量。将一线业务部门和职能部门连接起来，保证管理工作的协调一致，使饭店管理形成一个整体。

2. 饭店全过程服务质量管理（Hotel Whole Process Service Quality Management）

饭店全过程服务质量管理是指饭店每一岗位的每一项工作从开始到结束都要进行服务质量管理。饭店对顾客的服务贯穿于顾客消费的整个过程。从顾客的角度来看，是从进入饭店到离开饭店的服务过程；从饭店服务的角度来看，是从服务前的准备到服务后的检查反馈。作为服务整体，整个过程具有紧密的关联性，主要包括饭店服务的预备阶段、饭店服务的服务阶段和饭店服务后的管理阶段。

（1）饭店服务预备阶段的质量管理。

①根据顾客的需求对饭店各项资源进行整合和配置。例如将预订的房间按要求清理出来，做好餐厅酒水和菜肴原材料的采购工作，工程部将饭店各种设施设备进行检修，保证设备的正常运转。

②对在岗人员进行培训，要求各岗位员工掌握知识技能和操作方法，保证员工具有良好的礼节礼貌和职业道德。这些都为顾客前来消费做好了服务前的准备工作。

（2）饭店服务阶段的质量管理。

饭店服务阶段的质量管理主要指在直接进行宾客接待服务过程中的各项工作的质量管理，通常包括：

①控制在岗工作人员。保证工作人员的服务质量和服务态度。在这个阶段应多进行现场控制，让员工在岗位上发挥最好的工作状态。

②设备物品质量控制。在服务中不断关注设施设备的使用情况和运行情况，保证各项设施的正常运转。

③关键环节质量控制。在控制过程中注意进行重点监控，一旦发现问题及时纠正，充分利用饭店信息反馈系统，搜集服务过程中需要重点监控的关键环节质量的有关信息，找出原因并制定改善措施。

④服务方式及环境质量的控制。在服务过程中创立良好的服务环境，环境质量控制不仅指客人的消费环境质量控制，也包括员工的工作环境质量控制。饭店产品属于氛围性产品，良好的饭店气氛更能够吸引顾客前来消费。所以应该更好地控制对客服务中服务人员的服务方式和顾客消费环境。另外员工在良好的工作环境中也会身心舒畅，从而更好地工作。饭店

管理者应该为员工塑造良好的工作环境，有利于吸引更多优秀的员工。

（3）饭店服务后阶段的质量管理。

这个阶段主要是通过顾客的消费信息反馈来判断服务中的得失和顾客满意程度，并总结出整改方式。饭店利用顾客意见卡、留言簿、投诉信以及其他方式收集顾客对饭店服务的意见、建议和满意度，掌握饭店各项服务的实际效果，分析顾客产生意见的原因，找到工作中的不足之处，研究提升饭店服务质量的方法，努力在未来的服务工作中做到更好。同时要把服务过程质量控制的成功方案和有效措施纳入相应的质量程序文件和服务程序、服务流程说明书中，使其成为新的服务规范和服务标准。

3. 饭店全效益服务质量管理（Hotel Whole Benefit Service Quality Management）

饭店在服务管理中要注意经济效益、社会效益和环境效益的统一。经济效益是指通过饭店实物产品和饭店无形服务的对外交换所取得的收益和报酬。也就是说，饭店在经营中要尽量保证收入中利润的比例，饭店只有拥有更多的利润才可能更好地发展，以便为更多的顾客更好地提供服务。社会效益是指饭店为社会的就业、人均收入和人们生活水平的提高而作出的贡献。好的饭店应该承担对社会应尽的义务，如果每一家饭店都能够积极承担一定的社会责任，如保护消费者权益、合理雇用员工、为职工提供培训和深造的机会，这将会为整个社会的繁荣和发展作出积极的贡献。因此，饭店在创造经济效益的同时也要创造社会效益。好的社会效益能够为饭店带来良好的声誉，这样也能够让更多消费者对饭店充满感情，从而为获得更多经济效益打下基础。饭店的经营活动或多或少会对环境造成影响，例如经营中对能源的大量消耗、对环境的污染等。这些都是饭店在追求利润及财富最大化时与环境利益相矛盾的地方。在积极承担环境责任的同时，也保持和改善了饭店在社会公众中的形象，从而为获得长远的经济效益提供保证。

4. 饭店全人员服务质量管理（Hotel All-staff Service Quality Management）

饭店服务质量是由自上而下所有的员工共同创造的。它贯穿于饭店各层次人员执行饭店质量计划、完成质量目标的过程之中。例如，前台人员直接为客人提供各种服务，后台人员通过为一线人员的工作服务而间接为客人服务，管理人员则组织前台和后台人员共同为客人服务。如果要提高服务质量必须将质量管理目标落实到每一个员工身上，饭店自上而下各层人员要对质量计划、管理目标有统一的认识，共同执行。所以，必须把饭店全体员工的积极性和创造性充分调动起来，不断提高员工的素质，人人关心服务质量，人人参与服务质量管理，共同把服务质量提高上来。

5. 饭店全方法服务质量管理（Hotel All-method Service Quality Management）

饭店全方法服务质量管理是指采用多样的服务质量管理方法，以达到高质量服务的目的。饭店服务方法的多样性是由饭店服务构成的多样性、丰富性和服务质量影响因素的复杂性决定的。为了有效地控制各种复杂因素，饭店必须广泛、灵活地运用各种方法。饭店全方法服务质量管理就是将多样的管理方法进行有机结合，在统一运用的基础上有选择有针对性地解决饭店发生的服务质量问题。

饭店全面质量管理方法是全面的科学的现代化管理方法，它要求饭店必须树立先进的服务质量管理观念，坚持"预防为主，防治结合"的管理思想观念，把质量管理重点放在事前预防上。另外全面质量管理没有结果，而是一个不断出现、不断预防、不断改进的过程，饭店要做好持续改进的思想准备，让每一个环节都赢得顾客的满意，从而提升饭店服务质量。

二、PDCA 循环管理

PDCA 循环法又叫戴明循环，PDCA 循环管理的研究起源于 20 世纪 20 年代。有着"统计质量控制之父"之称的著名的统计学家沃特·阿曼德·休哈特在当时引入了"计划—执行—检查（Plan-Do-See）"的雏形，后来戴明将休哈特的 PDS 循环进一步完善，发展成为"计划—执行—检查—处理（Plan-Do-Check-Action）"这样一个质量持续改进模型。

戴明循环是一个持续改进模型，它包括持续改进与不断学习的四个循环反复的步骤，即计划（Plan）、执行（Do）、检查（Check）、处理（Action）。PDCA 循环工作法一方面使质量管理按照逻辑程序循环发展，避免了质量管理产生的不稳定性；另一方面保证了质量管理的系统性和完整性，提高了质量管理工作的深度和广度。

（一）PDCA 循环的步骤

1. 计划阶段（Plan）

计划阶段的具体内容包括明确质量管理的任务，建立质量管理的机构，设立质量管理的标准，制定质量问题检查、分析和处理的程序。

计划阶段的工作内容又包括四个步骤：

（1）分析现状，找出存在的质量问题。

（2）分析产生质量问题的原因。

（3）找出影响质量的主要原因。

（4）制定解决主要质量问题的措施。这一步骤很重要，所制定的措施计划要明确具体，切实可行。

2. 实施阶段（Do）

按已定的目标、计划和措施执行。

3. 检查阶段（Check）

在实施阶段执行之后，再对饭店的质量情况进行分析，并将分析结果与第一个步骤所发现的质量问题进行对比，以检查在前一循环第四个步骤中提出的提高和改进质量的各种措施和方法的效果。同时要检查在完成实施阶段的过程中是否还存在其他问题。

4. 处理阶段（Action）

对已解决的质量问题提出巩固措施，并使之标准化，以防止同一问题在下次循环中再次出现，即制定或修改服务操作标准或工作标准，制定或修改考核标准以及各种相关的规定与规范。对未取得成效的质量问题，也要总结经验教训，对于如何防止这类问题再发生提出相关的建议。

提出在第一个步骤中所发现而尚未解决的其他质量问题，并将这些问题转入下一个循环中去求得解决，从而与下一个循环的第一步骤衔接起来，如图 6-2 所示。

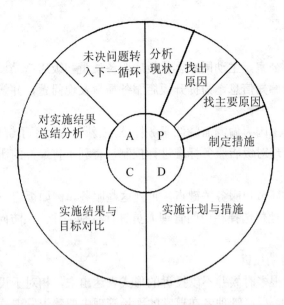

图 6-2 PDCA 循环步骤

（二）**PDCA 管理循环的特点**

（1）PDCA 是一个密闭的环。PDCA 四个循环是一个整体，每一个阶段都同等重要。每一个阶段的工作都是下一个阶段的开始，不可忽视或缺少。循环不停地转动，每转动一周提高一步。每次循环都有新的目标和内容，质量问题才能不断得到解决，饭店水平才能不断提高。

（2）大环套小环，小环保大环，相互联系，彼此促进。整个饭店循环是一个大环，各部门则是大环中的小环。小环以大环为整体，是大环的分解和保证。

（3）强调管理的完整性。PDCA 是一个动态的管理体系，在这个体系中任何部分都不能抛开其他部分单独存在。在管理过程中强调四个部分的共同运用。

（三）**PDCA 循环的灵活运用**

在 PDCA 循环过程中四个阶段是缺一不可的，但实施顺序可以根据饭店实际工作情况进行改变。例如，在已经进入到下一循环过程时可以将 P 和 D 两个环节放下，先进行检查和整改，对上一循环内容检查整改完成之后根据检查整改的实际情况制订计划，然后实施。但是灵活地改变管理程序并不代表可以将 PDCA 中某一阶段跳过去。在管理中计划和实施是并存的，只有计划没有实施永远都是空谈；只有计划实施而没有检查也无法了解到计划的实施状况；同样的，如果没有整改就没有进步，就无法完成下一个阶段的管理。所以 PDCA 的四个环节必须都要在管理活动中体现出来，四阶段不断地循环下去，才会使饭店服务质量问题越来越少，饭店服务质量不断提高。

三、饭店服务现场管理（Site Management）

服务现场指的是服务的具体场所和具体服务过程。服务现场管理是饭店服务质量得到最终体现的场所，饭店必须加强服务现场的管理。

（一）现场管理要点

1. 加强对客交流

饭店管理者走出办公室，主动同顾客就饭店服务质量和饭店产品质量情况进行交流，以获得顾客对饭店产品的感知信息，为提升饭店服务质量发现问题，并解决问题。

2. 控制服务标准

在服务当中会有员工因为偷懒而降低服务标准，或新员工因不了解服务标准而出现失误。饭店管理者通过现场管理对饭店服务标准进行控制，有利于将最好的服务提供给顾客。

3. 关注重点服务

找到服务中的关键环节和服务关键点，重视这些服务。例如饭店 VIP 接待，饭店领导层会根据 VIP 顾客的身份地位选择相应的管理人员进行特别关注，预防问题发生，做好接待过程中的服务工作。

4. 发现并处理顾客的投诉

顾客对饭店的不满很多时候并不以投诉的形式表达出来，相对于投诉来讲未表达出来的不满更容易让顾客流失。所以管理者在日常的现场管理中要善于发现这种不满，并化被动为主动，即把顾客的不满意转变成满意，以获得更多的忠实顾客。

5. 做好人员的调度工作

在日常工作中有针对性地进行人员调度，把更多的劳动力合理运用起来，满足各部门正常运转时对人员的需求。例如：饭店宴会部接待大型会议时可以根据需要调配西餐、客房部等职能部门的员工临时帮忙，既能解决宴会部人员不足的问题，也让饭店员工感受到团结的力量，有助于增强饭店凝聚力。

（二）现场管理的三要素

1. 标准化（Standardization）

企业里有各种各样的规范，这些规范形成文字统称为标准（或称标准书）。制定标准，而后依标准付诸行动则称为标准化。那些认为制定了标准即已完成标准化的观点是错误的，只有经过指导、训练才能算是实施了标准化。

改善创新与标准化是饭店提升管理水平的两大推动力。改善创新是使饭店管理水平不断提升的驱动力，而标准化则是防止饭店管理水平下滑的制动力。没有标准化，饭店不可能维持在较高的管理水平。

2. 目视管理（Visual Management）

目视管理是利用形象直观而又色彩适宜的各种视觉感知信息来组织现场服务活动，从而提高劳动生产率的一种管理手段，也是一种利用视觉来进行管理的科学方法。

3. 看板管理（Dashboard Management）

看板管理是管理可视化的一种表现形式，即对数据、情报等的状况一目了然地表现，主要是对于管理项目进行的透明化管理活动。它通过各种形式，如标语、现况板、图表、电子屏等把文件上、头脑中或现场隐藏的情报揭示出来，以便任何人都可以及时掌握管理现状和必要的情报，从而能够快速制定并实施应对措施。因此，看板管理是发现问题、解决问题非常有效且直观的手段，是优秀的现场管理必不可少的工具之一。

第三节　完善饭店服务质量的重要方法和途径

一、授权（Authorization）

授权指主管将职权或职责授予某位部属负担，并责令其负责管理性或事务性工作。授权是一门管理的艺术，充分合理的授权能使管理者们不必事必躬亲，从而把更多的时间和精力投入到企业发展以及如何引领下属更好地运营企业上。

20 世纪 50 年代至 60 年代，伊恩·戈登基于大公司面临的等级制度弊端和管理效率低下问题，提出了这一管理思想。面对以客户为中心和全球市场力量的威胁，许多企业，特别是大公司，需要减少中间管理层次，简化办事程序，提高办事效率，以便满足客户的需要。

授权是组织运作的关键，它是以人为对象，将完成某项工作所必须的权力授予部属人员。即主管将用人、用钱、交涉、协调等决策权移转给部属，不只授予权力，而且还托付完成该项工作的必要责任。

饭店产品的无形部分是服务员的服务产品，顾客需求是随时随地产生的，服务人员应根据具体情况灵活地利用饭店资源满足顾客需求，某些时候顾客的这种需求超出了传统管理中赋予服务员的权力，这时候适当的授权将起到重要作用。

（一）授权的原则

在授权活动发生时目标责任的不同会影响到授予权力的大小和方式的不同，一般来讲，在授权过程中必须遵循以下原则：

1. 相邻原则

在授权活动发生时，权力必须由等级链中相邻的两个管理层级进行权力交接，即上层领导者只能将权力授予自己的直接管理下属。这样就能保证在授权过程中和授权后若被授权者行使权力时有问题发生则可以快速反应，进行解决。

2. 授权事项明确原则

授权事项包括授权工作的内容、目标，以及为达成工作目标所需要的资金、技术、人员、信息等资源，还包括双方的权利和义务，授权工作期限及控制措施等。授权者只有在了解自己的权限、承担的责任及工作方法之后才能更好地完成目标任务。

3. 授权适度原则

授权只是暂时的管理手段，它不应妨碍组织正常的权力结构关系。授权不是放权，管理者要明白什么样的权力可以授予，什么样的权力不能授予，合适的时候是否能够收回权力。管理者必须要以适度授权为前提，能够将授予的权力至于自己的控制之下，以不会产生组织混乱为目标来进行管理。

4. 因事设人原则

根据不同的目标责任和不同的外部内部条件选择不同的人授予权力。同时在不同的情况下也应授予员工不同的权力。在管理中应完善机构，尽量避免大量的授权活动同时发生，严格审查授予权力合适与否。

（二）授权的程序

1. 通过观察发现人才，建立人才标准，选拔合适的授权对象

在人才的选拔中不仅要考虑人才的个人能力，更应该综合判断所选拔人才的职业道德、文化素质、身体素质和个性特点。只有条件适合的下属才能够在以后的工作中显出优秀的一面。

2. 明确职责和权限

管理者和被授权下属共同探讨工作中的职责任务，明细工作内容和权限，制定相关的条例进行管理。

3. 被授权下属应该及时汇报

在管理工作中即使被授权人很好地运用了所掌握的权力解决了问题，也应向上级管理者进行汇报。如有处理不好的问题也可以向上级管理者请教处理意见和解决方法。

4. 及时奖惩

对被授权人不能一味地鼓励和放任，在工作中也应有相应的奖惩措施。被授权下属工作出色就要给予奖励，鼓励下属继续努力工作；如有错误发生也要及时惩罚，避免下属工作中的不作为，激励下属努力进取。

（三）授权的优缺点

授权作为饭店管理中重要的一项内容，能够转换管理者的角色，切实发挥饭店每位员工的才能，但是在实际操作中会因为管理者授权技巧的不同而产生不同的结果。授权在管理中也有着优点和缺点。

1. 授权的优点

（1）为管理者赢得更多的时间。

通过授权可以将管理者从繁琐的日常工作中解放出来，减轻其工作负担。通过授权将一部分工作交由下属后，管理人员有更多的时间思考饭店的发展和部门的业务，可以从事更有意义的饭店经营管理工作。

（2）增加员工的自信心。

通过授权可以为员工提供更多的空间发挥自己的主观能动性，员工在独立完成工作的同时他们还获得了更多的自信心和自豪感。员工愿意主动努力工作并在工作中得到锻炼，更加有利于增强团队的凝聚力。

（3）提升员工工作能力，提高组织创新力。

在工作中应该注重员工职业能力的提升，只有整个团队的能力得到了整体的提升才能够让企业更有竞争力。通过授权给予员工更多机会锻炼，让员工尝试新工作、新岗位，才能不断促进员工的成长，挖掘人才，培养后备管理力量。

（4）增加领导人的管理幅度，减少管理的等级链，提升组织工作效率。

通过授权，组织的领导者可以控制更多的人员，这样可以在能力范围内管理更多的员工，增加管理幅度。相应的饭店管理层次就会减少，更有利于提高信息的传递速度，更好地实现管理目标。

2. 授权的缺点

（1）授权容易导致员工之间的不和谐。

当权力授予某一位员工时通常员工会按照授予的权力进行管理，但是易于和其他员工产

生摩擦，同事之间不和谐现象时有发生。授权结束后如何恰当地收回权力更是对管理能力的考验。所以授权过程中的管理不当会造成员工间的不团结。

（2）被授权员工培训成本过高。

一般员工不经过培训很难较好地掌握管理方法。为了在合适的时候将部分权力赋予一般员工，管理人员必须事先做好培训工作，提高员工的工作能力和个人素养。这是超出工作范围的培训，需要付出极高的时间成本和培训成本。

二、建立饭店服务规程

为了能够顺利地完成饭店的日常管理和服务工作，饭店管理人员应在饭店服务质量管理的日常工作中根据自身饭店的特点和主要客源群体特点制定符合顾客需求和方便经营管理的服务标准，运用各种现代化管理原则和管理方法完成服务规程的制定和实施，通过完善服务质量的标准化、服务过程的标准化、服务方法和形式的标准化来约束和指导员工的日常工作，提升对客服务质量，以最优的服务赢得顾客和发展忠诚顾客。总的来说，饭店通过服务规程进行日常的质量管理，以此为依据，再根据自身等级和特点制定符合本饭店实际情况的管理制度和作业标准。

（一）饭店服务规程的含义

规程就是"规则＋流程"，所谓流程即为实现特定目标而采取的一系列前后相继的行动组合，是由多个活动组成的工作程序。规则则是工作的要求、规定、标准和制度等。因此规程可以定义为：在工作程序中贯穿一定的标准、要求和规定。那么饭店服务规程就是饭店各部门服务过程的标准和规定。饭店服务规程是指通过文字、图像等可见方式对饭店某一特定的服务过程中所包含的操作内容和顺序以及该服务过程应达到的某种规格和标准所作的详细而具体的规定。它是指由饭店或相关部门制定的饭店某一服务过程的规范化程序和标准。通常包含：服务规程的对象和范围，服务规程的内容和程序，服务的规格和标准，服务规程的衔接和系统性等。

（二）饭店服务规程的制定

饭店服务规程的制定有两种方法：一种是由集体讨论，一人执笔编制成文；另一种是由一人或数人编出规程草案交相关人员讨论定稿。不管采用哪种形式，其原则和编制过程基本相同。

1. 提出目标和要求

饭店决策层的管理人员根据饭店等级，经深入的分析研究后，提出本饭店服务规程应达到的目标和具体要求，并将其布置落实到饭店每一相关部门。

2. 编制服务规程草案

各部门管理者召集下属主管、领班和资深服务人员讨论确定本部门的所有服务内容和服务过程，并制定出每一服务过程的规程草案。

3. 修改服务规程草案

草案出台后，将规程草案在小范围内试行，在实践中进行修改，使其更具可行性，最后将规程草案交饭店决策层审定。

4. 完善服务规程

随着饭店等级的提高、宾客需求的变化及饭店业的发展，饭店应随时调整服务规程，并定期修订，使之更适用和完善。

5. 饭店服务规程的实施

制定科学合理的饭店服务规程非常重要，但更为重要的是饭店服务规程的实施。只有切实地实施服务规程，才能保持并且不断提高饭店服务质量，否则，服务规程不过是一纸空文。

【思考题】

1. 什么是饭店服务质量？其特点是什么？
2. 饭店服务质量的构成内容有哪些？
3. 什么是全面质量管理？如何在饭店实际工作中实施全面质量管理？
4. PDCA 循环的实施步骤有哪些？
5. 如何开展服务现场管理？
6. 什么是饭店服务规程？
7. 如何制定饭店的服务规程？

【案例分析题】

某年初的一个晚上，我和一个朋友约好晚上 8：30 左右到他下榻的某五星级饭店拜访，结果我提前 10 分钟到达。商务楼层的职员问我找谁，我说了房号和客人姓名，并说是和客人约好的。服务员说："客人刚下楼吃饭。"我吃了一惊，是我记错了时间，还是我的朋友把这个约会忘了，怎么他这时才吃饭？等他吃完饭，起码需要半小时到一个小时。

我看到服务员并没有招呼我的意思，于是我对服务员说："我在休息室等一下。"服务员不置可否，我于是索性走到商务楼层的休息室里，找了一个灯光比较亮的位置坐下（因为这里有一张画，配了镜前灯，其他地方相当昏暗，没有适合阅读的灯光，不知道设计师是否想营造一个浪漫的气氛，但书架上的报纸和杂志看起来只是摆设）。这时，我想象如果有一杯茶就好了，这不是商务楼层应该有的服务吗？很遗憾，没有。我在这个舒适的环境里坐了 5 分钟，期间有一个主管来巡楼，有一个修理工来维修，走过的时候还和他认识的商务楼层的服务员聊了几句。令我吃惊的是没有人过来问我是否需要帮助。

我忍不住问服务员，是否可以帮我找一下我的朋友？（以我的工作经验，要找一个饭店的 VIP 客人是不难的。）果然，楼层服务员很快就给了我答复：这位先生已经在餐厅结账了。我又吃了一惊，我的朋友难道是吃快餐，刚去餐厅 10 分钟就吃完了一顿晚饭？（我顿时有种被骗的感觉，但我并不生气，因为我想我不用等半小时以上了。）我以为服务员会告诉我："我已经替您通知您的朋友了。"但遗憾的是又是一阵沉默。我足足等了近 5 分钟，既没有等到服务员的告知，也没等到我的朋友回来。这时，我真的有点生气了，便补充问了一句："您已经告诉我的朋友，我已经在这里等他了吗？"服务员似乎有点不好意思，马上又给餐厅打了一个电话，结果餐厅的工作人员说我的朋友已经走了。我听到这个答案又是一惊，我的朋友肯定是饭后逛花园去了，起码还要等 15 分钟。（服务员反应速度还算快，但惜字如金，不肯跟我说多一句话。）这时我不但不感谢她，反而觉得这座五星级饭店商务楼层的服务尚且如此，其他地方就不用看了。

案例思考：阅读上述材料，讨论案例中该五星级饭店的服务存在哪些质量问题？

第七章　饭店财务管理

【学习目标】
1. 掌握饭店财务管理的概念及内容
2. 了解饭店财务部门岗位及职责
3. 掌握饭店资金筹集的方式
4. 掌握饭店主要业务部门成本费用的控制

【主要内容】
1. 饭店财务管理概述

饭店财务管理的概念；饭店财务管理的任务；饭店财务管理的内容
2. 饭店财务部门岗位及职责

饭店财务部机构设置；财务部门各岗位及职责
3. 饭店资金管理

资金概述；饭店筹资管理；饭店流动资金管理；饭店长期投资管理
4. 饭店成本费用管理

饭店成本费用的含义及构成；饭店成本管理与控制的重要性；饭店成本管理与控制的原则；饭店主要业务部门成本费用的控制

【导入案例】

希尔顿饭店的成功秘诀

希尔顿饭店60多年来成功经营的背后有着诸多的经验和秘诀，其中编制预算、集体或大批采购和著名格言"要找金子，就一再地挖吧"不失为最广为人知的几条。

一是要编制预算。希尔顿先生认为，20世纪20年代和30年代美国饭店业失败的原因在于美国饭店业者没有像卓越的家庭主妇那样编制好饭店的预算。因此他规定，每家希尔顿饭店每个月底都必须编制当时的订房状况，并根据上一年同一月份的经验资料编制下一个月每一天的预算计划。他认为，优秀的饭店经理都应正确地掌握每年每天需要多少客房服务员、前厅服务员、电梯服务员、厨师和餐厅服务员。否则，人员过剩时就会浪费金钱，人员不足时就会服务不周到。对于容易腐烂的食品的补充也是这样。他还认为，除了完全不能预测的特殊情况，饭店的决算和预算大体上应该是一致的。

在每一家希尔顿饭店中，都有一位专职的经营分析员。他每天填写当天的各种经营报表，内容包括收入、支出、盈利与亏损，以及累计到这一天的当月经营情况，并与上个月和上一年度同一天相同项目的资料进行比较。这些报表将上报给希尔顿饭店总部，并汇总分送给各部，使有关的高级经理人员都能了解每天最新的经营情况。

二是集体或大批采购。拥有数家饭店的饭店集团进行集体或大批采购肯定是有利的。当然，有些物品必须由每一家饭店自行采购，但通用的物品可以向制造商直接大批采购。这样做不仅能使所采购的同类物品标准统一、价格便宜，而且也会使制造商产生以高标准来改进其产品的兴趣。希尔顿饭店系统的桌布、床具、地毯、电视机、餐巾、灯泡、瓷器等21种商品都是由公司在洛杉矶的采购部定货的。每年光火柴一项就要订购500万盒，耗资25万美元。采用集体或大批量购买方式，希尔顿饭店公司节省了大量的采购费用。

三是"要找金子，就一再地挖吧"。"挖金"是希尔顿先生在经营莫布雷旅馆时总结的经验。他买下莫布雷旅馆后做的第一件事就是要使每一平方米的空间都能产生最大的收益。他发现，当时人们需要的是床位，只要提供睡的地方就可以赚钱。因此，他就将餐厅改成客房。另外，为了提高经济效益，他又将一张大的服务台一分为二，一半做服务台，另一半用来出售香烟与报纸。原来放棕榈树的一个墙角也清理出来，装修了一个小柜台，出租给别人当小卖店。当时，希尔顿先生自己还不得不经常在办公室的椅子上过夜，因为凡是能住人的地方都住了客人。希尔顿先生买下沃尔多夫饭店后，他把大厅内4个做装饰用的圆柱改装成一个个玻璃陈列架，把它租赁给纽约著名的珠宝商和香水商。每年因此可增加4.2万美元的收入。买下朝圣者饭店后，他把地下室租给别人当仓库，把书店改成酒吧，所有餐厅一周营业7天，夜总会里又增设了摄影部。

四是特别注重对优秀管理人员的培训。希尔顿饭店公司积极选拔人才到密西根州立大学和康奈尔大学饭店管理学院进修和进行在职培训。希尔顿饭店的管理人员都由本系统内部的员工晋升上来，大部分饭店的经理都在本系统工作达12年以上。每当开发一家新的饭店，公司就派出一支有多年经验的管理小分队去主持工作，而这支小分队的领导一般是该公司的地区副总经理。

五是强化推销手段。这包括有效的广告、新闻报道、促销、预订和会议销售等。

六是希尔顿饭店的订房系统。随着希尔顿连锁饭店数量的增加，饭店的订房系统越来越成为有利的竞争手段。为此，希尔顿饭店订房系统早就实现了全球计算机联网。位于纽约市的斯塔特勒希尔顿饭店是这一系统的心脏，用预订网络将希尔顿总部与其他饭店联系到了一起。

第一节   饭店财务管理概述

一、饭店财务管理（Hotel Financial Management）的概念

饭店财务管理是饭店管理的重要组成部分。饭店财务管理是指根据客观经济规律和国家政策法规，通过对饭店资金筹集、分配、使用和回收过程的管理，利用货币价值形式对饭店经营业务进行综合性的管理。

饭店资金要经历一个筹集、分配、使用、回收的资金循环运动过程，饭店经济活动从筹资到采购，再到加工和销售，直到资金回笼，都始终离不开财务管理。饭店财务管理贯穿于饭店经营业务活动的全过程及各个方面，不仅全面地反映了饭店的经营状况，又可以利用本身特有职能与手段促进、控制和监督饭店的经济活动，保证饭店预期经营目标的实现。

　　饭店财务的本质是饭店经营过程中的资金运动及其所体现的经济关系。所以说饭店财务管理就是从资金运动的角度来计划和控制饭店的生产经营活动，并评估和分析其合理性，以尽可能少的资金取得尽可能多的经济效益，提高饭店的经营管理水平。

二、饭店财务管理的任务

　　饭店财务管理的主要任务是围绕饭店经营目标，研究和掌握资金运动的规律，从而提高资金利用效果，降低成本与费用，提高饭店经济效益。具体包括以下几个方面。

（一）作好资金筹措，编制财务预算，保证饭店经营活动的需要

　　财务部门应围绕饭店经营目标，结合饭店实际情况，正确地预测完成经营任务所必需的资金数量，以便从不同渠道筹集资金，满足经营活动的需要。同时，研究内部筹措和外部引进两种不同的资金来源渠道，比较两种渠道的优劣，努力降低资金成本。为了提高资金使用的效益，必需根据不同的经营情况，作好财务预算和财务收支计划，以满足日常经营活动的资金需要。

（二）加强资金管理，合理分配资金，提高资金使用效果

　　饭店有了资金，不能无节制地任意使用，必须加强资金的日常管理。为了合理分配和使用资金，饭店财务首先必须明确各部门科学合理的成本消耗，核定其资金需求量，根据需要分配资金。其次要建立一套严格的管理制度，杜绝一切人为的浪费，力争以尽可能少的资金占用来实现尽可能多的利润。各部门所必需的资金，饭店财务要设法保证供给。对非必需的资金要求，要严格控制不予分配。对分配到各部门的资金要加以监督，对使用效果进行审核。指导部门合理使用资金，注意挖掘潜力，讲究花钱的艺术，把有限的资金用在刀刃上，充分利用现有设施设备，加速资金周转，降低成本费用开支，提高资金使用效益。同时，对经营中存在的资金问题应及时反映和控制，保证饭店正常经营，并取得预期经济效益。

（三）保证财务成果，合理分配企业利润，维护财经纪律

　　要按照国家有关制度的规定，正确地核算成本开支范围，及时缴纳各项税金，按规定的顺序合理分配饭店利润，处理好各种经济关系。

　　饭店应在保证饭店收入及利润的情况下，按规定完成上缴利润和税金等各项义务。应加强对结算资金的管理，及时结算并收回各项收入，缩短应收账款的周期，维护财务成果的完整性，并按计划支出费用和节约耗费，以取得计划利润和完成利税上缴任务。在取得财务成果的基础上，饭店要遵照国家政策进行饭店收入的分配。在分配中，要严格遵守国家政策和财经纪律，要坚持兼顾国家、集体、个人三者利益的原则，充分考虑饭店未来发展所需要的资金以及合理提高职工生活质量所需的收入。

（四）正确执行财务监督，加强财务核算，发挥财务综合管理作用

　　财务监督是财务管理工作的一个重要方面，这种财务监督是通过控制财务收支和分析检查财务指标来进行的。饭店的各项经营活动都要反映在财务收支上，通过合理地控制财务收支，可以及时发现不合理的财务行为并加以纠正，以保证财务收支的正确性；通过检查分析财务指标还可以发现各部门的经营状况及资金使用状况。但这些财务指标的建立是通过加强财务核算获得的，因此必须建立健全财务核算制度，使财务管理的监督作用得以发挥。

（五）健全财务会计系统，完善财务会计制度

　　良好的财务管理建立在完整的财务制度、科学的会计核算、健全合理的财务会计系统之

上。财务管理的日常工作主要是进行会计工作。财务管理必须组织好与财务会计有关的所有专业业务工作，使财务会计本身能够正常运转。

三、饭店财务管理的内容

（一）资金管理（Fund Management）

具体包括：第一，筹资和投资管理，主要是指按计划从各种渠道筹集资金并进行投资活动的管理；第二，各项资产管理，主要包括流动资金、固定资产、无形资产、递延资产以及其他资产的管理；第三，外汇资金管理，主要是对各种外汇资金及其他风险的管理，以实现外汇收支平衡。

（二）成本与费用管理（Cost and Expenses Management）

成本与费用管理主要是对饭店成本与费用的开支标准、开支项目、开支范围的管理。由于成本与费用是经营活动中发生的各种资金耗费，因此对成本与费用的管理也就是对资金耗费的管理。

（三）营业收入、税金、利润的管理（Operating Income, Taxes, Profit Management）

营业收入、税金、利润的管理主要是对饭店收入的实现及其分配进行的管理。饭店获得营业收入，收回货币资金，补偿经营中的各项耗费，并进行利润的分配。由此可见，收入、税金、利润的管理也就是对资金回收、补偿、分配和积累的管理。

（四）财务分析（Financial Analysis）

财务分析主要是通过财务报表对饭店经营活动及其所取得的财务成果进行考核、分析和评价。

第二节　饭店财务部门岗位及职责

一、饭店财务部的机构设置

不同的饭店，财务部门的内部机构设置有所不同，但其主要岗位设置大体相同。具体如图7-1所示：

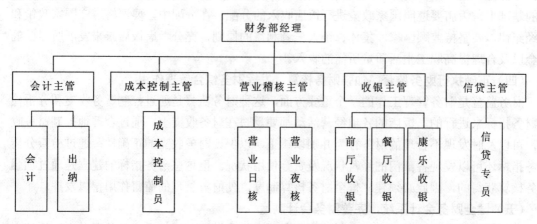

图7-1　饭店财务部机构设置

二、财务部各岗位及职责

（一）财务主管（Financial Executive）

1. 财务主管的职务目的

制定并执行各项财务规章制度，编制各种报表和资金计划书，对公司的重大决策进行财务分析和成本费用预测，对财务人员进行培训。

2. 财务主管的主要职责

（1）组织领导饭店的财务管理、成本管理、预算管理、会计监督等方面工作，参与饭店重要经济问题的分析和决策工作。

（2）编制和执行预算、财务收支计划，筹措并有效使用资金。

（3）进行成本费用的预算、计划、控制、核算、分析和考核，监督有关部门降低消耗、节约费用、提高经济效益。

（4）提出饭店财务机构的设置和会计人员配备、会计专业岗位的设置和聘任等方面的方案，组织会计人员的业务培训和考核，支持会计人员依法行使职责。

（5）协助单位主要领导对饭店的经营、业务发展及建设投资等问题作出决策。

（6）负责组织产品价格的制定和申报工作。

（7）指导制定财会人员的业务培训规划，组织财会人员的考核工作，根据考核成绩决定财会人员的升迁或降级。

（8）维护财会人员的正当权益。

（9）签署酒店的财务成本计划、银行信贷计划和会计报表。

（二）会计（Accountant）

1. 会计的职务目的

辅助财务经理和总会计师制定饭店核算细则，拟定饭店财务计划，编制各种会计报表，并及时进行会计分析和评价。

2. 会计的主要职责

（1）协助财务总监制订业务计划、财务预算，并监督计划实施。

（2）负责财务核算、审核、监督工作，按照饭店及政府有关部门要求及时编制各种财务报表，并报送有关部门。

（3）负责员工报销费用的审核、凭证的编制和登账工作。

（4）对已审核的原始凭证及时填制记账凭证并记账。

（5）执行财务经理和财务总监委派的各类财务工作。

（6）处理与银行相关的会计事务。

（7）对月度现金流进行预测并准备相关的预测报告。

（三）信贷管理专员（Credit Management Specialist）

1. 信贷管理专员的职务目的

（1）严格遵守公司"饭店应收账款管理规定"。

（2）负责审核各旅行社、公司、长住户等客户授信资格，分类处理客户账目。

（3）协助主管催收各种款项，做好有关催收各种款项的账务处理。

（4）监督审核每日收入情况，确保其真实准确。

2. 信贷管理专员的职责范围

（1）监督饭店信贷债券的货币资金回收，减少资金占用，避免坏账损失，加速资金周转；正确核算各类账目，落实清算工作。

（2）定期向领导反映每日应收账款的余额和结算情况，并提供有关资料；如出现违反结算规定的情况，及时向收入审计、应收账款主管及财务经理报告，并提出解决方法。

（3）编制"应收账款报告表"，定期向财务部经理和副经理反映债权情况。

（4）根据每天住店客人或团队的订房资料，检查结算方式和结算凭证是否符合规定和要求，如有误差及时解决。

（5）检查旅行社住店订房资料，包括团队名称、住店时间、结算方式及结算内容等。

（6）检查自付费用客户的结算内容及金额，检查利用凭证结算方式的客户或团队的内容和金额。

（7）加速欠款追收，在定额范围之内控制应收账款。

（8）采取积极措施回收资金，避免坏账损失。

（四）出纳（Teller）

1. 出纳的职务目的

根据国家有关法规及饭店财务制度，负责票据审核、现金的出纳和管理、银行账目的核对及工资的发放等工作。

2. 出纳的职责范围

（1）现金收付：根据银行结算制度和饭店报销制度，审核原始凭证的合法性、准确性，准确、及时完成现金收付工作及报销工作，对现金的收付开具或索取相关票据。

（2）日记账登录：及时登录现金日记账和银行日记账，每日进行先进账款盘存，并填写出纳日报表报送上级领导，并及时将原始凭证传递给会计师。

（3）现金的提存与保管：根据经营需要，按饭店有关规定提取、送存和保管现金，以保证经营活动的正常运行；准确、及时完成清查现金和银行存款工作，保证账账相符、账实相符。

（4）工资发放和有关款项的报销：负责工资的按时发放、保管、邮寄工作，并及时汇总、编制凭证记账；负责有关款项的报销。

（5）空白支票和印鉴管理：保管空白支票和有关财务印鉴，按照规定程序使用票据和印鉴，并设登记账簿进行登记，办理相关的领用、注销手续。

（6）凭证管理：根据每月会计原始资料，保存、管理相关凭证，保证凭证完整，以便随时调用查阅。

（五）成本管理专员（Cost Management Specialist）

1. 成本管理专员的职务目的

（1）根据国家有关财务制度和饭店的有关政策，拟定饭店的成本核算制度，汇总各部门成本预算，并对其实施严格控制。

（2）对酒店成本费用进行合理分析，确保最大限度地提高企业经济效益。

2. 成本管理专员的职责范围

（1）制定成本核算制度：根据国家有关财会法规、饭店财务制度及成本管理的有关规定，协助财务总监和财务经理拟定各种成本核算实施细则，经批准后组织实施，并对实施情况进行严格监督。

（2）成本预算：根据饭店年度财务计划，组织有关部门编制财务成本预算并对其进行汇总，经财务部经理审核后上报财务总监批准。

（3）成本核算和费用控制：根据成本核算制度，进行会计核算和账务处理；了解生产进度，定期对饭店各部门成本费用进行细致核算，保证核算数目合理、清晰、正确；编制、汇总饭店会计报表并及时上报。

（4）成本稽核：依据有关制度和规定，审核会计单据，保证日常核算准确无误。

（5）财务分析：根据饭店经营活动需求和饭店成本开支状况，定期或不定期地组织进行财务分析，并提交财务分析报告，为饭店决策提供依据；配合财务经理，做好新投资项目的财务预算与风险分析工作。

（6）成本档案控制：完成相关成本资料的整理、归档，数据库建立、查询、更新工作。

（六）日间稽核员（Daytime Auditor）

1. 日间稽核员的职务目的

按照饭店"营业收入稽核制度"的要求，进一步审核夜间稽核转来的所有账目、消费资料、报表，保证饭店每日收入的真实、准确。

2. 日间稽核员的职责范围

（1）负责核算收银员完成的各种报表，检查收银员所做的报表和清机报表、电脑报表是否一致，检查清机报表是否跳号等。

（2）负责核算每日"商务中心收入报表"以及每日"住房收入报表"、"餐饮部收入报表"上的数据和前台、客房部"夜间核查报表"上对应项目的数据是否相同。

（3）负责核算昨日夜间稽核员完成的报表，检查稽核员所做的报表是否已按收银员提供的资料完成，报表是否完整和真实。

（4）核查前台当天未结算顾客的账户余额是否正确。

（5）负责完成饭店营业收益情况报告表、每日现金结算情况报告表和各部门收入明细表。

（6）检查退款单上客人的签字与"入住登记表"上的签字是否一致，前台、餐厅给予的折扣和优惠是否合乎标准、手续是否齐全等。

（7）负责检查外币现金收入与本币现金收入的比例，防止私兑外币。

（8）每日把各类报表按日期、序号存放，月末装订成册。

（七）夜间稽核员（Night Auditor）

1. 夜间稽核员的职务目的

按照饭店"营业收入稽核制度"的要求，稽核各营业点所有账单、消费资料、报表，保证饭店每日收入的真实、准确。

2. 夜间稽核员的职责范围

（1）严格遵守财务管理制度，负责稽核饭店当日各营业部门每班的收款报表。

（2）稽核饭店当日各营业点交来的各种账单、票据。

（3）负责稽核当日各种消费项目明细表，对审核中发现的问题要提出处理建议。

（4）负责稽核各种签单、挂账及信用卡，完成签单、挂账及信用卡等应收账款的明细账。

（5）完成每日营业收益情况表、现金结算情况表。

（6）完成客户部、餐饮部、娱乐部门的夜间核查表。

（7）负责稽核各种优惠折扣，完成优惠折扣明细统计。

（8）负责稽核未离店客人的应收账项。

（9）负责每日各营业点收银机的清机工作，月底负责打出餐饮和娱乐部门的收款月结表。

（10）审核账簿记录的合法性和真实性；记录收款工作中存在的问题，并及时向上级汇报，以便问题得到合理解决。

（八）收银员（Cashier）

1. 收银员的职务目的

处理好各部门每日的收款工作，做到账实相符。

2. 收银员的职责范围

（1）正确操作 POS 机，准确无误地记录客人消费情况，真实地反映营业收入。

（2）办理客人结账要迅速，现金收讫要准确无误。

（3）编制各种报表，数字要试算平衡、内容要完整。

（4）绝不能泄露饭店一切资料及个人电脑操作密码，如发现有人违反，应及时向上级报告。

（5）对一切工作设备、财物要爱护使用。

（6）认真判断、识别真假货币，发现问题及时上报。

（7）服从分配，按时完成主管临时指派的工作。

第三节　饭店资金管理

一、资金（Fund）概述

资金是财务物质价值的货币表现。也就是说，在货币表现的背后，代表着众多的财产物质。拥有资金即拥有对物的支配权。资金在其运动过程中表现出两个显著的特征：一是资金收支的不平衡性；二是资金使用权的可转让性。资金运动的这两个特征为企业筹集资金提供了条件。

（一）资金管理概述

饭店资金处在不停的运动过程中，资金只有在运动中才能增值。资金运动是和饭店的经营活动、物质运动同步进行的。资金运动的过程一般包括：筹集资金，以货币形式取得饭店投资；购置固定资产和各种物资，使货币资金转化为固定资金和流动资金；饭店经营过程中固定资产磨损、物质资料消耗、支付职工报酬，使资金转化为固定资产折旧、工资、营业资金的形态；同时，宾客在饭店消费支付费用，饭店得到营业收入，资金又转化为货币资金和结算资金。这样，资金运动完成了一次循环。当资金周转到营业资金阶段时，因为活劳动的加入，使价值得到了增长，成为利润的来源。资金周转一次，价值就增值一次，所以，在单位时间里，资金周转次数越多，价值增值次数就越多，利润相应越多。因此，为取得客观的经济效益，饭店总希望资金周转越快越好。

（二）资金的时间价值

资金不仅随着资金运动发生价值量的变换，而且随着时间的推移，即使不考虑通货膨胀等因素，也会发生价值量的变化。这种由于时间因素而形成的资金价值差额，被称为资金的时间价值。如同量的资金，若存入银行，数年后可得本金加利息，若以其投资，数年后可得本金加利润，两者价值可能不同。在财务管理中，时间价值是一个非常重要的概念，是衡量资金运用是否有利的一个标准。如果一项经营活动的年资金利润率低于银行贷款年利率，那么这项经营活动是不可行的。

资金的时间价值以利息或贴息来表示，以常年终值、现值来衡量。把将来某一时点的金额换算成与现在时点相等值的金额，这一换算过程称为折现。终值是指一定量的资金在若干年后的价值，即若干年后的本利之和。现值是指若干年后的一定量资金在现在的价值，即扣除利息因素的本金。

二、饭店筹资管理（Financing Management）

资金的筹集，简称筹资，是指企业向外部有关单位、个人或从企业内部筹措和集中生产经营所需资金的财务活动。饭店资金是饭店经营业务正常运作的必要先决条件，没有资金的取得及其运动，饭店的经营管理活动也就无从开展。作为资金运动的起点，取得资金的过程也是饭店财务管理的重要内容。

（一）饭店的筹资风险（Funding Risk）

饭店筹资风险主要是指饭店由于使用借入资金而带来的风险。筹资的渠道有两条：自有资金和借入资金。前者属于所有者权益，后者是负债。

在现代市场经济中，完全依靠自身原始积累发展企业已非明智之举。饭店是一种高投入、高产出的企业，尤其是前期建设需要投入大量资金。如果仅依靠自我积累，而不利用各种渠道筹资进行负债经营，那么要迅速建造饭店并实现快速发展则是件很困难的事情。因此，任何一家饭店都必须面向市场，强化筹资意识，充分利用各种资金渠道，借鸡下蛋，从而壮大饭店经营实力，提高饭店的市场竞争能力。

虽然通过借入资金实行负债经营有助于饭店的壮大和发展，但也存在风险。饭店负债经营实质上是以饭店未来收益作为现在筹资的代价，于是增加了按期还本付息的负担。如果饭店经营不善，或者筹资成本过高，资金使用不当，就达不到筹资预期效益，从而不仅不能偿债，反而给饭店造成严重影响，甚至会让饭店有破产倒闭的危险。

（二）饭店筹资的方式

1. 自有资金（Self-owned Fund）

饭店自有资金主要是指饭店投资人投入饭店的资本金和饭店经营积累所形成的所有者权益，一般包括资本金、资本公积和留存收益三部分。

（1）资本金（Capital Fund）。

资本金指饭店在工商行政管理部门登记的注册资本。资本金按照投资主体分为国家资本金、法人资本金、个人资本金、外资资本金等。企业资本金的取得可以采取国家投资、各方集资或发行股票等方式筹集。发行股票是企业筹资的常见方式。股票面向广大投资者发行，可以最大限度地利用社会闲散资金，可以利用广大投资者间的购买竞争有效降低筹资成本；同时，通过发行股票可以提高饭店知名度，利用广大股东对饭店的关注来获取各方面的有效信息，并利用股票行市的涨跌监督、改善饭店经营管理状况，提高经济效益。

资本金是所有者权益最基本的构成部分，是饭店从事经营活动最基本的资金来源和保证。

（2）资本公积（Capital Reserve）。

资本公积是指在筹集资本过程中所取得的由投入资本引起的各种增值项目，包括资本溢价、法定财产重估增值、接收捐赠资产等。

（3）留存收益（Retained Earning）。

留存收益是指饭店经营所得利润的内部积累，是为了转增资本、扩大经营，或弥补亏损而将饭店在本期或前期净收益中的一部分留存下来所形成的。包括盈余公积、公益金和未分配利润。

2. 负债（Liabilities）

负债是饭店筹资的另外一条渠道，可分为流动负债和长期负债。

（1）流动负债（Current Liabilities）。

流动负债是指将在一年内或超过一年的一个营业周期内偿还的债务，包括短期借款、应付票据、应付账款、应付工资、应交税金、应付股息、预提费用等。

利用流动负债方式筹资可以解决饭店经营过程中所需的短期资金。主要有以下两种类型：

一是商业信用（Commercial Credit），即从供应商处以应付货款和应收票据的方式筹集资金。应付货款是赊入商品的未付款项。饭店采用赊购方式，收到供应商的商品后不马上付款，而是在规定的付款期限内付款。应收票据是饭店开出的期票和需要承兑的汇票。期票是饭店开给供应商的书面承诺，允诺在必要时或在一定时日内以一定金额支付给指定人或持票人。期票一般是附有利息的。商业承兑汇票是单位之间根据合同进行延期付款交易时，开具的反映债权债务关系的票据。汇票必须经过承兑才能要求到期付款，根据承兑人的不同，汇票分为商业承兑汇票和银行承兑汇票。商业承兑汇票是由收款人（供应商）作为发票人签发的由付款人（饭店）承认兑付的汇票。

商业信用作为短息筹资方式，方便灵活，筹资及时，不需要反复谈判和协商。但是，并非任何饭店都能获得赊购待遇，商业信用要求饭店具有良好的声誉和信用，才可能筹集到饭店所需资金。

二是银行信用（Bank Credit），即由银行机构提供的信用。作为短期资金来源渠道之一的银行信用，主要包括短期银行借款、商业票据贴现和抵押担保借款等。短期银行借款，指饭店为了解决临时的现金需要而向银行借用的款项。票据贴现，是一种用他人支付的票据作为担保，从金融机构筹集资金的方式，也可以看作一种票据交易的方式。抵押担保借款，是饭店在资金短缺时，以证券或房屋、设备等固定资产作为抵押，换取银行借款的方式。如果饭店到期不能还本付息，则银行有权处理抵押品以抵押还贷款本息。

银行信用作为饭店筹资的主要方式之一，要求饭店必须严格按照计划和规定向银行机构借款。要求借款项目有可行性，能够保证按期还本付息。

（2）长期负债（Long-term Liabilities）。

长期负债是指偿还期限在一年或者超过一年的一个营业周期以上的债务，包括长期借款、长期债券、融资租凭等。

长期借款（Long-term Loans）主要是指因饭店建设、更新改造、构建固定资产等造成资金短缺而向银行取得的借款。对于饭店而言，这种长期借款主要是通过固定资产贷款来取得的。

长期债券（Long-term Bonds）一般在 5 年以上。长期债券可以最大限度地利用社会闲散资金，在短期内筹集到数额较大、可长期使用的资金。

融资租赁（Finance Lease），是饭店比较常用的方式。租赁，指饭店在某一特定时期内，通过契约关系，向出租人获得财产使用权和处置权的一种筹资方式。融资租赁是饭店向出租单位租用所需的固定资产，按照租赁合同规定按期支付租金，合同到期，付给出租单位转让费，固定资产产权归租入固定资产的饭店所有。

三、饭店流动资金管理

资产（Assets）按照其流动性可分为流动资产（Current Assets）和非流动资产（Fixed Assets）（或称长期资产）。流动资产是指在一年或者超过一年的一个营业周期内变现或耗用的资产，包括现金、银行存款、有价证券、应收及预付款项、存货等。饭店流动资产可归纳为三大类：货币资产（Dollar Assets）、存货资产（Inventory Assets）、债券资产（Bond Assets）。

（一）饭店货币资产管理

饭店货币资产有三种：人民币、外汇券、外币。三种货币资产以现金形式存在饭店内。现金形式包括：纸币、硬币、外币；银行活期存款；见票即付的各种信用证券，如支票、本票、汇票等。现金具有普遍可接受性和高度流动性的特点，是标准的支付手段，是唯一能够转化成其他任何类型资产的资产。但现金极易发生盗窃、挪用或其他不法行为。所以，必须对现金进行严格管理。

1. 建立健全现金管理制度，对货币资金实行严格管理，避免失窃、失落、挪用及其他不法行为，保证饭店现金安全。

2. 加强现金预算管理。根据以往会计资料以及所预测计划期的营业收入与支出，确定营业额中现收与赊销的比例，成本中现付与赊付的比例，从而编制现金预算表，加强现金预算管理。通过现金预算表，饭店管理者可以了解何时会有多少现金结余，从而更好地利用资金。此外，通过编制现金预算，可以预见未来现金需求情况，促使管理者及早采取筹资措施，保证经营活动的顺利进行。

3. 建立健全饭店内部现金牵制制度。将经营现金的事务和记账职能分开，便于及时发现错误，起到相互牵制的作用。

4. 严格遵守现金使用范围和要求，不得坐支现金或套取现金。

5. 定期与银行核对账单，发现差错及时纠正，保证现金余额的可靠正确。

6. 定期核对业务周转金定额，既保证饭店在经营中有足够的资金，又不使资金闲置，提高资金利用率。

7. 实行饭店库存现金限额管理，超过库存限额部分必须按规定时间送存银行。

（二）饭店存货资产管理

存货指饭店在生产经营过程中为销售或者耗用储存的各项资产。饭店存货包括各种原材料、物料用品、低值易耗品等。存货是饭店经营活动顺利进行的物质保障。存货过多或过少都不利于经营活动的开展：存货过多会造成资金积压，减缓资金周转速度；存货过少会坐失销售良机。

为加强日常存货管理，应注意采取以下措施：

1. 建立健全存货采购制度和质量验收制度，完善存货采购价格的监督制度，选择合理的订货方法，尽量以最低的成本完成最大利益化的采购。

2. 建立健全存货的收发核算制度，对存货进行正确的核算和计价，选择适当的存货发出方式，保证收入与成本相匹配。

3. 完善存货的定期盘存制度和清理制度，保证存货账卡、账实相符，减少耗损，提高存货管理效益。

4. 完善低值易耗品摊销办法，选择合适的领用和摊销方式，简化核算手续，加强对低值易耗品的管理，使低值易耗品更加符合客观实际。

5. 制定严格的生产现场存货管理制度，落实专人管理，做好生产现场存货的使用、保管、检查、监督和管理工作。

（三）饭店债券资产管理

饭店债券资产是指饭店由于赊销而形成的对其他企业或个人的货币索取权，主要包括应收账款、应收票据。在日常经营中，绝大多数饭店采取赊销的形式，如对旅行社的赊销，对政府部门的赊销，以及对其他协议合作单位的赊销等。因而，债券资产在饭店流动资产中占有一定比重。债券资产比重越大，占压的资金也越多。

1. 应收账款（Accounts Receivable）的管理

饭店应收账款是由于饭店赊销产品和服务而向顾客收取款项的一种短期债券，是饭店给予客户的一种消费信用。赊销方式的运用可以在一定程度上扩大销售量，但同时也带来了呆账损失的风险。

为了防止坏账、呆账的发生，避免饭店应收账款的流失，要做好以下几点：一是饭店对顾客实施信用政策前，往往要对顾客的资信状况及偿债能力进行调查；二是要严格加强赊销额的控制和管理，尽量减少赊销额数量；三是严格控制收款期，应收账款收款期越短，风险越小；四是通过科学有效的管理方法，加强应收账款的催款工作，减少应收账款的风险损失；五是灵活运用现金支付折扣，鼓励顾客尽早付款，从而缩短平均收款期；六是加强经济责任制落实，加强咨询工作的落实。

2. 应收票据（Bill Receivable）的管理

票据是出票人自己承诺或委托付款人在见票时或指定日期无条件支付一定金额，可以流通或转让的有价证券，包括期票和汇票两种。

为了减小、避免应收票据的损失风险，一方面，饭店要建立健全科学的票据管理制度，加强票据的日常管理工作，签发、使用票据要严格遵守相关原则；另一方面，要按期及时收回款项，避免资金占用更多。

四、饭店长期资产管理（Long-term Assets Management）

长期资产是指不准备在一年内变现或使用时间超过一年的资产，包括长期投资、固定资产、无形资产、长期待摊费用和其他长期资产等。按其是否具有实物形态，又可分为有形资产和无形资产。有形资产是指具有实物形态的固定资产。饭店的固定资产是指使用期限在一年以上的房屋、建筑物、机器、机械、运输工具和其他与生产经营相关的设备、器具、工具等。无形资产是指不具有实物形态的资产，为饭店在较长时间内可以享受的法定权利或利益，包括专利权、商标权、著作权、土地使用权、非专利技术、特许经营权和商誉等。

（一）饭店固定资产管理（Fixed Assets Management）

1. 建立健全饭店固定资产管理责任制

固定资产管理责任制，就是根据管用结合的原则，把管理权限和责任下放到各使用部门，并落实到班组和个人，纳入岗位责任制中，使各部门实用的固定资产有专人负责管理。

2. 建立固定资产的账目体系

财务部门应建立三级账，即总账、分类账和每类的单项帐。实行财产编号；各使用部门建立部门保管账，反映部门固定资产的增减变动；建立固定资产保管卡，由专人发放。

3. 建立固定资产定期清查制度

通过定期盘点清查，保证账账相符、账卡相符、账物相符。对清查出来的盘盈、盘亏及损毁，要查明原因，按财务规定及时处理；对因责任事故造成的财产损失要追究责任人经济责任。

4. 制订固定资产维修保养计划

做好固定资产的维修保养，提高固定资产的完好率与利用率，延长固定资产的使用寿命。有针对性地采取日常维修、定期维修和重点维修等方式，做好固定资产的维修；对已发生故障的固定资产要及时进行维修。

5. 实行制度化管理

为加强固定资产管理，提高资金效益，饭店应实行固定资产制度化管理，出台一系列固定资产管理制度，如固定资产投资管理制度、集中采购制度、日常管理与维修保养制度、处置管理制度等。

（二）饭店无形资产管理（Intangible Assets Management）

饭店无形资产是饭店拥有或控制的没有实物形态的长期投资。饭店财务部门对无形资产的日常传统管理主要表现在对无形资产的计价和摊销的管理上。饭店无形资产的计价与摊销应以财务制度的具体要求和相关标准来进行。

第四节　饭店成本费用管理

一、饭店成本费用（Hotel Cost and Expense）的含义及构成

（一）饭店成本费用（Hotel Cost and Expense）的含义

在我国，费用、成本两个概念是不加区分的，但在西方一些国家，成本、费用是两个不同的概念。成本是购进商品和雇用劳动力时所发生的支出，体现为进行经营活动所必须付出的资产的价值，如饭店经营过程中购买的各种原材料、商品等支出。而费用则是某个时期获取收入时发生的耗费，将上述商品或劳动耗用以后，成本就转化为费用。费用仅与某个时期或当期的收益有关。成本和费用一方面存在上述区别，另一方面又密切联系。二者都是为取得收入而发生的可以用货币衡量的资产耗费。

饭店成本费用是指饭店在一定时期内的接待经营过程中，为客人提供产品和劳务所发生的各项费用的总和。广义上包括直接原材料的耗用支出和间接费用的支出，狭义上只是指直接原材料的耗用支出，而间接费用支出则被归入费用部分。

（二）饭店成本费用的内容

按照其经济内容划分，成本费用包括营业成本、营业费用、管理费用和财务费用等类型。

1. 营业成本（Operating Cost）

它是指饭店在经营过程中发生的各项直接支出，包括餐饮成本、商品成本、洗涤成本和其他成本。

餐饮成本：制作食品菜肴和饮料所耗用的原材料、配料、调料等成本。

商品成本：饭店销售商品的进价成本。

洗涤成本：饭店洗衣房洗涤衣物时耗用的用品、材料的成本。

其他成本：其他营业项目所支付的直接成本。

2. 营业费用（Operating Expense）

它是指各营业部门在经营中发生的人工、能源、折旧和物耗等各项间接经营费用。

3. 管理费用（Administration Expense）

它是指饭店为组织各管理经营活动而发生的费用，以及由饭店统一承担的一些费用。它包括人工、办公差旅、摊销等。

4. 财务费用（Financial Expense）

它是指饭店为筹集资金而发生的费用。包括利息、汇兑净损失、金融机构费用等。

二、饭店成本管理与控制的重要性

（一）加强成本费用管理，为国家提供更多资金

饭店在经营过程中，加强成本费用管理，努力降低成本费用，就能在同样的经营和价格条件下，创造更多的利润，提供更多的外汇，为国家提供更多的资金，并为平衡外贸收支作出贡献。

（二）制定合理价格，增强竞争能力

价格是客人选择饭店的重要影响因素之一，价格由成本与利润两部分组成，所以成本费用是饭店定价的重要依据，是价格的主要部分。这就要求饭店在提高服务质量的同时，努力降低成本，使价格趋向合理，从而增强饭店在市场上的竞争力。

（三）加强成本费用控制，促进饭店经营管理

要将饭店成本费用控制在规定的范围内，并不断加强饭店经营管理，健全各项规章制度，在各工作环节加强成本费用控制。加强员工思想教育，提高其业务技术，使其在工作中自觉降低成本。

三、饭店成本管理与控制的原则

（一）严格遵守国家规定的成本开支标准

饭店应实行费用归口、分级管理和预算控制，应当建立必要的费用开支范围、标准和报销审批制度。要根据费用发生的不同用途和资金来源，在国家规定的成本开支范围内列出相关的成本，不得随意扩大开支范围。要遵守国家的有关费用开支标准的规定，不得随意提高。

（二）按权责发生制原则（Accrual Basis Accounting Principle）严格成本的核算

权责发生制是以应收应付为标准来计算确定本期收益和费用的一种方法。按照权责发生制的要求，凡应属于本期的费用，不论是否实际付出，均应作为本期的费用处理；凡不属于

本期的费用，即使本期已经实际付出，均不应作为本期的费用处理。因为权责发生制强调在各会计期内收支相配合的原则，所以对正确确定各期的收支、损益状况，提供准确的分析数据有很重要的作用。

（三）正确处理降低成本与保证质量、增加数量的关系

降低成本并非降低质量，而是要在不影响产品质量的前提下，通过一系列管理手段和技术手段，减少浪费，避免不必要的支出，从而降低单位成本。如果不顾饭店产品与服务的质量，而单纯以降低成本支出为目的，即使成本降下来了，也会失去了降低成本的意义。以低劣产品和低质服务换来的成本下降对饭店而言只能是得不偿失。

（四）健全成本管理责任制（**Cost Management Responsibility System**）和成本控制系统（**Cost Control System**）

饭店成本和饭店利润有着紧密联系，较好的成本管理意味着较高的经济利润，而饭店成本是在整个经营管理过程中逐步形成的，涉及每个部门、班组和个人，因此必须建立成本管理责任制和成本控制体系，强化成本预算约束，推行质量成本控制办法，实行成本定额、全员管理和全过程管理。

四、饭店主要业务部门成本费用控制（**Cost and Expense Control**）

成本费用控制是指按照成本费用管理制度和预算的要求，对成本费用形成过程中的每一项具体环节进行审核和监督，以达到降低成本、减少浪费、提高经营效益的目的。

（一）客房经营成本费用（**Room Operating Cost and Expense**）的日常控制

客房是饭店的主要产品，其营业收入一般占整个饭店总收入的 45%～65%，因此加强客房经营的日常控制与管理，对降低整个饭店的成本与费用的支出、提高饭店的盈利水平具有重要意义。

客房支出费用分为变动费用（**Variable Expense**）和固定费用（**Constant Expense**）两部分。变动费用是指随着经营业务量的变化额相应变化的费用，如客房物品的消耗等。固定费用是指不会随着经营业务量的增减额变动的费用。因此，控制客房费用的支出，降低消耗，应主要从两个方面入手。

1. 提高客房出租率，降低单位固定成本

由于单位成本会随着出租率的提高而降低，所以应着力提高客房出租率，通过客房出租数量的增加来降低每间客房分摊的固定成本。同时尽量扩大饭店的营业面积，减少非营业面积，让饭店建筑充分发挥其创造利润的作用。

2. 对变动费用进行定额管理，严格按定额控制消耗量，控制单位变动成本

（1）根据饭店的档次和规格，制定消耗品的配备规格和配备数量。

（2）对一次性消耗品的配备，要按照客房的出租情况落实到每个岗位和责任人，领班和服务员要按规定领用和分发各种消耗品，并作好登记。

（3）对于非一次性用品的消耗，按饭店的档次和正常磨损的要求确定耗用量，尽量减少使用不当造成的损耗。

（4）定期盘点和考核，对费用控制好的班组和个人要给予奖励，反之要进行处罚。

但在费用控制过程中，要确保客房服务的质量，不能因降低成本而降低客房产品应有的质量，影响客人权益。

（二）餐饮成本（Food and Beverage Cost）的日常控制

餐饮部是饭店唯一生产实物的部门。餐饮经营是饭店客房经营外的另外一个主要项目，也是饭店主要的营利部门，其营业收入约占饭店营业收入的 1/3。餐饮经营成本的控制相对于客房经营而言更有潜力。客房出租数量受到客房数的限制，而餐饮经营却不同，具有更大的弹性和灵活性。但是餐饮成本较高，而且餐饮经营从原材料的采购到最终形成产品提供给消费者，要经过很多环节。因此，制定有效的餐饮成本管理制度，抓好餐饮成本控制，对于降低成本、减少浪费、提高饭店经营效益都具有很重要意义。

餐饮直接成本主要是制作食品菜肴和饮料的原材料、配料、调料的消耗。餐饮直接成本的高低与毛利率的高低有关。毛利率是毛利与营业收入之比。毛利是餐饮的收入与直接成本之差。毛利是利润的基础，毛利率表明毛利在营业收入中所占比重的大小。毛利率越高，成本越低；反之，毛利率越低，成本越高。

餐饮成本控制的好坏很大程度上取决于对采购环节的控制，只要按照要求采购到物美价廉的合格材料，才能提高成货率，即提高原材料的利用率，从而降低单位成本，提高毛利率，增大毛利额。所以，对原材料采购要严格检查，层层把关，在保证质量的前提下降低采购成本，增加盈利。应该做好以下几个方面：

（1）加强原材料的采购管理：采购时根据既定的菜单和酒单项目，以最合理的价格采购符合质量标准的食品和酒水等原材料。

（2）原材料验收管理：验收工作应由专人负责，采购人员一般不得直接参与原材料的验收工作；应建立标准的验收程序，严格控制原材料进店这一环节。

（3）原材料仓储管理：原材料经验收后，应迅速移交仓储环节或送交生产加工，以防止变质或遗失。应根据原材料的不同特性、不同的生产加工需要分别储存保管，尽可能减少不必要的损耗和损失，降低成本。

（4）原材料发货管理：必须严格遵守发货制度，以减少浪费和欺骗行为的发生，若疏于管理将造成许多浪费。通常采用领料单制度来达到管理目的。

（5）原材料生产加工管理：是控制成本的重要环节，特别要加强原材料粗加工和配菜组的管理，在利用原材料生产成品的过程中，必须制定生产标准，确保菜肴质量的稳定。

（三）经销商品的成本控制

饭店商场收入是饭店综合收入的主要来源之一，加强对经销商品的成本与费用的管理和控制，对饭店总成本的控制也有着重要的意义。经销商品的销售费用包括杂费、保管费、包装费、商品耗损、保险费、工资、低值易耗品摊销等。

经销商品销售费用日常控制与管理主要应作好以下几点：

首先要对住店客户的需求有深入细致的了解，针对不同的需求选择适销对路的商品，以扩大商品销售额，这是节约商品销售费用的基本途径。因为在销售费用中，有一部分费用如工资、低值易耗品摊销等属于固定费用，他们和销售额的大小没有关系。但随着销售额的不断扩大，每百元销售额所负担的相对固定费用会由此而减少。

其次要确定合理的储备定额，减少资金占用，对商品的采购要坚持就近不就远的原则，以减少各项费用的支出。

最后要加强库存商品的保管工作，加强对各类商品的保管护理工作，防止由于商品霉烂、变质、变形造成的报废和贬值。

【思考题】

1. 如何理解饭店财务管理的定义？
2. 饭店筹集资金的方式有哪些？
3. 饭店成本费用的内容有哪些？

【案例分析题】

某星级酒店，注册资本 8000 万元，职员 240 余人，服务项目有餐饮、娱乐、客房、健身等。餐饮营业面积 1500 平方米，客房 160 间。2001 年开业，仅仅半年时间亏损额达 180 万元。

专业分析公司对该酒店进行了全方位的调查，发现酒店管理公司制定了标准化管理制度模式。通过对基层部门的执行情况进行了解，发现是执行层面出现了问题——控制不力。

其一：采购环节漏洞较大，采购的瓷器和低值易耗品价格高。

其二：验收部门不认真，计量单位差价计算失误。

其三：后厨没有严格按照标准菜谱操作，且对菜品定价政策不熟悉，造成期间费用超出预算。

其四：前台收银软件设计采用收付实现制。

以上因素造成该酒店餐饮成本率高达 58%，比行业规定高 18%。另外，布件报废率、低值易耗品报废率都超出行业标准，水、电、汽等能源浪费严重，人员编制不合理，财务、税收没有合理的筹划。

案例思考：

1. 请分析该酒店的财务管理存在什么问题？
2. 请为该酒店提出财务管理控制方面的改进措施。

第八章　饭店收益管理

【学习目标】
1. 掌握现代饭店收益管理的概念
2. 了解饭店收益管理的主要功能
3. 了解饭店收益管理的适用条件
4. 熟悉饭店管理的步骤、策略及措施

【主要内容】

1. 饭店收益管理的含义及功能

饭店收益管理的概念

2. 饭店业的特点决定了收益管理的可行性

饭店业对收益管理的需要更为迫切；饭店业又具备了应用收益管理的必要条件

3. 收益管理的运作步骤

不同的标准确定本饭店的价位；进行市场细分确定目标市场；分析需求变化；评估与反馈

4. 收益管理的策略与措施

超额预订；折扣配置；时滞控制；升档销售

【导入案例】

　　收益管理理论最早源于美国航空业。在 1978 年《解除航空公司管制法》颁布以前，美国政府制定了统一的国内票价，根据飞行的距离来衡量航空业的平均成本，所有航空公司的航班只要是飞行距离相同，都必须执行相同的票价。1978 年以后，伴随着价格管制的解除，收益管理应运而生。当时出现了一家新的航空公司——人民捷运公司，率先推出了低价机票。一些大航空公司，如美洲和联合航空公司为了与人民捷运公司竞争，将一部分座位低价出售，但同时将剩余的座位仍以高价出售。通过这种方式既吸引了那些价格敏感型的顾客，同时又没有失去高价顾客，结果大量人民捷运公司的顾客投向大航空公司，人民捷运公司最终破产。人民捷运公司的前主席 Donald Burr 认为，人民捷运公司破产的主要原因是缺乏收益管理系统。

　　收益管理系统在航空客运业的巨大成功，极大地激励着其他行业使用收益管理系统，成为服务业最重要的利润增加新模式。1990 年前后，经过多年的理论研究和实践检验，收益管理的概念和方法已经广泛地被其他领域吸收和应用。首先是美国，然后是欧洲，这种管理方法渗透到更多的商业领域，其中比较成功的是酒店行业。酒店业注意到收益管理在航空业所取得的成功，并且认为自己与航空业有相似的特征，因此也开始实施同样的技术。根据本行业特点而设计的收益管理系统已成为酒店业用于市场竞争的不可或缺的工具。

第一节　饭店收益管理

一、收益管理概念

乘坐同一航班，同等级座位的乘客，购买机票的价格却不尽相同，有的甚至相差一倍或者更多；入住同一饭店，同样级别的客房，房价却大不相同：这一切仅仅是因为购买或预定机票/客房的时间不同。午夜时长途电话的资费要比白天便宜很多。在同一餐馆用餐，午餐时打八折，晚餐时却没有任何折扣。以上所罗列的现象，每天都发生在我们周围。实际上，这些行业都在应用一种先进的管理方法——收益管理。

（一）收益管理（Revenue Management，简称 RM），是自 20 世纪 80 年代发展起来的一种现代科学营运管理方法

核心是指以市场为导向，通过市场细分，对各细分市场的消费者行为进行分析、预测，确定最优价格和最佳存量分配模型，实现收益最大化。收益管理涵盖价格策略、存量控制、预测与超预订策略。这一管理方法在许多信息发达的国家已经被酒店、航空等行业广泛采用，并创造了可观的经济效益。

（二）收益管理 ≠ 收入成本管理

收入成本管理（Cost Management，简称 CM），也叫成本控制，是通过控制成本追求收益最大化的财务管理重要手段，成本控制的具体内容包括采购成本、人力成本、加工成本和能源成本等。饭店收入成本管理是指通过挖掘成本的潜力，以最少的耗费取得最大的收益。

从定义来看，两者是截然不同的两个范畴。但是，收益管理与收入成本管理都有着共同的目标：增加收入，以实现收益最大化。目前在国内，部分饭店经营者的传统观念认为：饭店收益管理就是收入成本管理。其实，这是混淆了两者的概念。而有趣的是，在我国许多饭店收益管理的培训课堂上，我们常常会看到不少饭店财务经理的身影，他们日常工作主要是成本控制和财务管理，却被安排去学习收益管理。另外，在国内不少高校饭店管理的课本中，饭店成本控制和收益管理常常会被安排在同一章节，也难免学生们会混淆概念。更离谱的是，部分饭店竟然将收益管理和收入成本管理统一划归饭店财务部管理，结果是强化了饭店的成本控制，而忽视了饭店的收益管理。

（三）随着国内外旅客数量的增长，中国饭店业呈现出迅猛发展的态势

日趋完善和成熟的市场，迫切要求饭店经营者实施高效的收益管理；而饭店竞争的不断加剧也使饭店的成本控制显得越来越重要。因此，收益管理和收入成本管理，都是目前饭店行业最关注的话题。

可以用以下两个公式去帮助我们理解这两个不同的概念：

收入成本管理（收益最大化）=最优的成本+最少的支出

收益管理（收益最大化）=最优价格+最佳存量分配

（四）收益管理在饭店业、汽车出租业、航运业、影剧院业、广播电视业和公用事业等行业同样获得了成功

应用收益管理的企业，在没有重大支出的情况下，收益增加了 3%～7%，利润增加了

50%～100%。甚至有人认为："那些忽视应用收益管理使收益和利润最大化的企业将失去竞争力。"《华尔街杂志》认为，在目前出现的商业策略中，收益管理是排在第一位的，并称收益管理为一种有待探索、前途光明的实践。

饭店业最先开发使用收益管理系统的是万豪。万豪把周末房价降至平时房价的一半来吸引当地的顾客到旅馆度周末。万豪的董事长兼首席执行官比尔·玛丽奥特曾说："收益管理不仅为我们增加了数百万美元的收益，同时也教育了我们如何更有效地管理。"希尔顿、凯悦、喜达屋等饭店集团先后开发了各自的收益管理系统后，凯悦摄政俱乐部客房的预订率上升了20%，希尔顿的收益记录创下新高，凯悦和希尔顿都声称销售和预订之间的沟通有了显著的加强。饭店收益管理是控制房价与出租率以实现收入最大化的方法，其主要工作是将过去的记录、现在的信息与政策支持、程序支持及统计模型相结合，提高饭店日常经营工作的能力，并增强销售额，以提高服务水平。简单的说，当没有别的顾客预订这间房间时，想方设法留住客人；如果有许多客人预订就要预测一下以何种价格销售客房，以使饭店的销售收入最大化。

二、饭店业的特点决定了收益管理的可行性

饭店业的以下特征决定了收益管理在饭店中是可以操作的：

（一）产品无法储存

存货是很多企业缓解供求矛盾的重要手段，但是有些行业是没有存货的，因为它们所经营的产品无法储存。也就是说这些产品如果不能在给定的时间内售出，产品的价值便会消失，同时通过销售产品获得收益的机会也随之永远消失了。饭店最主要的产品就是客房，或者说是向顾客提供住宿的服务。如果一间客房在某一天没有销售出去，那么其在这一天被使用和为饭店创造收益的机会就永远地消失了。

（二）相对固定的生产能力

很多行业的生产力是刚性的，在短期内无法根据供求情况改变自己产品的产量，也就是说在短期内增加生产能力是不可能的，或者成本十分昂贵。饭店所拥有的客房数量在短期内是固定的，建造新的客房在短期内是不可能的，而且投资十分巨大。

（三）需求随时间而变化

任何一家饭店都有淡季、平季、旺季之分。有的受所在城市旅游资源的特性的影响，如在冬季我国大多数饭店进入淡季，而哈尔滨的饭店却迎来旺季；有的受公共假期的影响，如在"十一"旅游黄金周，各地的饭店客房都变得紧俏起来；还有的受一些特殊事件的影响，如云南的世博会。

（四）高固定成本，低可变成本

饭店的固定资产投资巨大，大多在几千万元到几个亿，有的甚至达十几亿元；而销售一间客房的变动成本，如水电消耗、备品的成本、打扫费用等，一般不会超过几十元，与高昂的固定成本相比完全可以忽略不计。

（五）产品可以提前预定

预订是饭店客房销售最重要的手段，饭店产品的销售通常可以通过预订系统来完成，综合其他技术预测和控制需求，从而制定价格。

（六）可以细分的市场

饭店的顾客至少可以分为两种——商务旅游者和休闲度假旅游者。

总之，一方面饭店业对收益管理的需求迫在眉睫；另一方面饭店业又具备了收益管理的必要条件。因此，饭店业也是国际上继航空业之后应用收益管理最为广泛的行业。

第二节　收益管理在饭店业的应用

一、收益管理在饭店业的应用

饭店业的收益管理是一种控制房价和出租率，以实现收入最大化的方法。饭店收益管理的具体做法是：在求大于供时，努力提高房价；在供大于求时，努力提高出租率。由于饭店存在着预定的宾客应到未到（No Show）、推迟抵达（Late Arrival）、取消（Cancelation）、未预定入住散客（Walk-in Guest），以及各细分市场的客房比例的实际情况，一般常用的收益管理方法有以下几种：

（一）超额预定（Overbooking）

超额预定是饭店进行收益管理的一个重要技术方法，它是指饭店预定出比饭店客房总量更多的预定量，以防止由于宾客取消订房或应到未到而造成当天饭店较低的出租率，从而导致饭店收益的损失。超额预定是把双刃剑，它既是一种增收的方法，也是一种冒险，超额的数量和幅度是最难于掌握的。保守的超额预定易使饭店存在较高水平的空房浪费，激进的超额预定易使饭店出现"拒住"的情况。如果对客人的安抚不到位，则饭店不得不对拒绝入住的宾客作出补偿：安排他们入住其他饭店或者支付一定的违约金（一般是一天的房费）。从饭店形象及营销角度看，长此以往会造成宾客满意度下降，损害饭店声誉。所以，确定合理的超额预定数量，对饭店开展收益管理是非常重要的。不同饭店在不同销售季节，针对团散比例，应掌握好超额预定的不同幅度。具体方法如下：

1. 掌握好团体订房与散客订房的比例

团体订房一般由旅行社、商务公司或政府机关预订，事先有计划和日程安排，取消或应到未到的概率较小；而散客订房随意性及受外界影响因素较大。因此，一般超额预定只考虑散客订房比例。如果某一天团体订房量较大，超额预定的比例可以稍小些，反之则大一些。

2. 参考饭店历年的应到未到和临时取消订房量的历史数据

这是饭店掌握超额预定数量的参考依据，尤其是散客的订房比例。

3. 参考饭店历年延住和未预定入住的历史数据

尤其是上门散客数量，是饭店绝对不能忽视的。

4. 掌握好饭店所在市场需求情况以及季节的变化

饭店经营者应充分考虑整个饭店业市场预定流量情况。在需求旺季或酒店所在城市有重大商务或旅游活动，应到未到客人或者临时取消房数会较少，饭店在作超额预定时应有意识地降低超额预定比例。

5. 关注饭店周边同行的预定情况也是考虑超额预定比例的一个重要参考因素

如果周边同行的客房预定情况较好，饭店应考虑降低超额预定的幅度。首先，周边同行预定情况良好是市场需求旺盛的一个信号。其次，饭店应考虑到预定失信后的善后工作，如果无就近饭店安排预定客人，可能会产生严重投诉或服务质量事故。

（二）定价政策（Pricing Policy）

饭店业传统的定价方法有目标利润法、随行就市法、折扣定价法等，这些定价方法的依据是利润、成本、竞争或需求。收益管理采用的差异定价方法是一种新的更有效的方法。差异定价策略就是根据顾客不同的需求特征和价格弹性向顾客执行不同的价格标准，这种定价策略采用了一种客人划分标准。在这种划分标准下，顾客就能根据自己的需求、消费方式及愿意接受的价格水平而将自己划分到合适的房价类别中去。若想实现收益最大化，必须设计出一个具有合理梯度的价格，来吸引属于不同细分市场的宾客，并且要做到只对这个细分市场的宾客有吸引力，以防止"套利"行为的发生，防止高价目标市场的宾客按低价标准预定饭店客房。一般饭店对各细分市场价格设计从高到低的依次排序为：门市价格（前台促销价格，上门散客入住）——第三方渠道（网络或国际品牌饭店中央预定系统）——旅行社散客价格——商务散客价格——会议团队价格——旅行社团队价格——全球采购价格（针对世界500强的特殊价格等）。每一价格体系，附以相应的购买限制条件便构成了价格差别化的依据，这些限制条件能有效阻碍原本购买高房价的宾客购买更低价格客房的可能性（这种现象被称为稀释）。这种限制作用对饭店实现收益最大化来说是很重要的。通常，饭店实行的限制有以下几种：

（1）团队成团标准及免房政策。

（2）担保/取消赔偿政策。

（3）提前预定时间及定金约束。

（4）可要求连带或附加消费等。

（5）只接受传真或书面预定等。

（三）客房分配（Room Inventory Allocation）

虽然定价对饭店收益有直接影响，但是作出定价决策时必须考虑到竞争对手的行为和反应，所以价格水平不是单体饭店所能确定的。而收益管理的另一个重要工具——客房分配却是完全在饭店掌握之下的，因此也成为饭店实现收益最大化，使用最灵活的工具。饭店的客房数量是一定的，要将从低到高的不同价格与市场状况相结合进行分配。低价客房比例过大，势必影响高价房预定，影响饭店收益；高价房预定过多，又不能确保客房全部售出，造成低开房率。所以饭店进行客房分配要解决的根本问题是：每一细分市场与预留客房比例；确定每一价格等级的客房预定上限；预留多少客房卖给高价宾客。同时饭店根据不同的销售季节以及不同目标市场，参考以往的历史数据，依据宾客需求与客房供给预测以及考虑竞争对手的情况下，制定出最佳房价和最佳空房方案。

（四）、信息采集（Information Collection）

信息采集的准确性将影响市场预测，而市场预测将波及到决策者对价格体系的制定，且价格又是收益管理的核心元素。所以，饭店在做收益管理工作之前，一定要加强饭店内外部信息采集工作，如：每日日记（天气、大事件、政策性内容等），日、月市场流量分析，大型会议、展会汇总，国际\国内航线的变动、交通及公共设施的升级改造等。

二、收益管理的定价方法

（一）差异定价法

饭店业传统的定价方法包括目标利润法、随行就市法、千分之一法、折扣定价法等，这些定价方法制定的依据是利润、成本、竞争或需求。收益管理采用的差异定价方法是一种新的更有效的方法。此种定价方法以提前预订的时间长短、是否退还保证金为标准制定不同的价格。这些标准一方面使那些对价格比较敏感的顾客享受低价，当然他们对客房的选择余地也很小；另一方面那些愿意付全价的顾客可以随意挑选自己所喜爱的房间。这种划分标准的重要作用在于：饭店在向一个细分市场的顾客销售打折客房的同时，又能保证另一个细分市场的收入不会减少。运用房价区分系统，饭店就能对所有的客房进行收益管理。这种差异定价的缺点是它比其他的定价方法更难管理，它要求饭店建立复杂的预订系统和收益管理系统。

（二）市场细分是趋势

这种方法中，对不同的客人采用不同的价格标准，这样不仅能获得更多的收入，而且能使更多的客人满意。这种观念是许多行业确定价格的基础，价格细分方法的关键是要将"愿意并且能够消费得起的客人"和"为了使价格低一点而愿意改变自己消费方式的客人"区分开来，并据此制定有效的细分策略（如航空公司只对周末愿意在目的地停留的顾客提供优惠机票就是一种有效的方法）。

饭店的房客至少可以分为两类：商务旅游者和休闲度假旅游者。这两类顾客的目的和要求很多，且各不相同；根据这些顾客的消费特点，又可以将这些客人重新组合。任何一位顾客的购买决策都是在不同的条件（不同的时间、地点和旅行目的）下作出的。充分利用顾客的这些消费特点，收益管理的市场策略可以通过创新房价和一揽子服务来增加价格弹性高的细分市场（即休闲度假旅游者所在的市场）的收入，同时确保来自价格弹性较低的细分市场（即商务旅行者所在的市场）的收入不至于减少。

（三）划分标准

收益管理的定价策略即差异定价其实质就是价格歧视（Price Discrimination）——销售同一商品而对不同消费者收取不同价格的行为。价格歧视分为三种：

（1）一级价格歧视，将每一单位产品都以可能的最高价格出售。

（2）二级价格歧视，根据顾客购买产品的数量，执行不同的价格。

（3）三级价格歧视，将顾客划分为不同的群体，对不同的群体收取不同的价格。

按照收益管理收益最大化的思想，一级价格歧视最为理想，但是一级价格歧视在现实中是很难实现的，只在拍卖少数文物或工艺品时才有类似情况。二级价格歧视常常体现为两步收费制和数量折扣，在实际经营中比较常见。三级价格歧视是最接近收益管理的定价策略。既然要运用价格歧视就必须对套利现象高度重视。套利（Arbitrage）是指厂商对部分顾客实行低价，后者将其商品倒手，卖给那些无论如何也要付高价的顾客的过程。如果不能有效地防止套利，价格歧视就无法实行。但由于饭店产品的不可转移性，出现套利的可能性很小。这样饭店实行差异定价时所要防止的套利问题就转变成如何防止高价目标市场的顾客按低价标准进行购买的问题了。因而如何制定有效的划分标准和限制条件就变得至关重要了。

通过采用划分标准和其他的限制性房价政策，饭店可以尽可能地增加在目标市场的营业收入，同时避免高价细分市场的收入减少。航空公司采用的"周末逗留"要求就是一个极好的划分标准，这种标准将休闲旅游者（一般愿意在周末逗留）和商务旅游者（一般不愿在周末逗留，希望办完事就走）成功地区分开来。限制条件不能太苛刻，否则会阻碍目标群体的购买；但同时又不能太宽松，不然会让属于其他细分市场的顾客享受到不应该享受的优惠。关于如何制定限制条件，波音公司在1982年进行了一项研究。研究结果表明商务旅游者和休闲度假旅游者对不同层次限制条件的反应各不相同，如果将这些不同反应作为分析的基础，就会发观一条主要的规律：限制条件越高，在以新方式获得的收入中，将会有更多的收益，而影响高价业务的可能性也越小。

（四）差异定价策略带来的问题

1. 道德问题

仅仅以顾客提前预订时间的不同或者是否预付房费为标准，就向顾客收取不同的价格，这样做道德吗？很多员工会对这一问题感到疑惑。要正确理解这种做法，就要明确这样一种观念：一间提前 30 天就已经售出的房间和一间顾客抵达当天才售出的房间不是同一种商品。同样，不退预付款的限制条件，实际上将顾客不能如约出现的风险转嫁给了顾客。既然顾客愿意替饭店承担风险，那么这间客房与那些有可能被取消预订的客房也不是同一种商品。饭店向这样的客人提供一些优惠也就顺理成章了。

2. 谁在资助谁

商务旅游者所支付的房费总是比休闲旅游者高出很多，因而人们都认为是商务旅游者在"资助"休闲旅游者。事实上并非如此，租售一间客房的变动成本很低，房价中超过变动成本的部分都被用来弥补高昂的固定成本。因而以任何价位出售的客房都能增加饭店的收入。因此，通过向休闲旅游者以优惠价格出售客房而获得的收入就能够有效地阻止房价的上涨。从这个意义上说反而是休闲旅游者在资助商务旅游者，或者说二者在互相资助。

3. 客人抱怨

很明显，实行差异定价将面临客人的不满和抱怨，尤其是当客人不能满足打折条件时更为突出。事实上实行差异房价所面临的问题并不比传统的房价系统所面临的问题更多。尽管这样将增加管理的难度，但却可以通过预订人员、销售人员向客人进行解释。只要划分标准和限制条件清晰合理，就很容易取得顾客的理解。总之，经济学的需求和供给理论都要求饭店必须使用细分价格，以获取最大的收益。

三、收益管理定价思想的重点

是否只有成本加上合理的利润才是合理的价格？传统的定价理论认为，合理的价格就是成本加上合理的利润；而收益管理的观点告诉我们，可以被市场接受的价格就是合理的，不论它有多高。

价格一定要大于保本点吗？所谓保本点价格就是成本价，但这里的成本是总成本的概念，即可变成本加上固定成本。事实上对于那些无法以高价售出，且不降价就将闲置的客房，只要出售价格高于可变成本，就可以增加饭店的收入。因而对于部分闲置客房而言，降价的底线不应该是保本价格而是可变成本。

收益管理采用的差异化定价策略可以有效地提高饭店的收入水平。但是无论饭店如何制定价格，绝对不可忽视的一个因素就是竞争对手的价格水平。特别是现在，由于网络的发达，顾客可以通过网络方便地了解所有饭店的报价，并从中选择最合理的价格。这一点对于那些在地理位置或者星级标准方面缺乏垄断优势的饭店就更为重要。

四、饭店收益管理的运作步骤

通过饭店市场的整体需求分析，找出影响需求的外在因素，掌握好本区域市场和竞争对手的信息，确定客源市场，找出本饭店的优势和劣势，预测需求量。

（一）用不同的标准确定本饭店的价位

这些标准包括地点、停车场状况、环境状况、销售能力、接待能力和其他配套设施的状况等。

（二）进行市场细分，确定目标市场

确定本饭店目标市场组合，提供适合各细分市场需要的产品和服务。市场细分的目的是掌握一年中不同时期各个细分市场的需求数量，从而预测出分配给各个市场的客房数量。

（三）分析需求变化

在掌握了一定的市场需求情况之后，要针对需求的变化情况进行专业的分析，以形成饭店经营的参考标准。其中，历史记录、天气变化、取消预订的比例、重大事件、交通时刻的变化都有可能对饭店的收益情况产生不同的影响。

（四）评估与反馈

在针对市场需求状况进行预测和分析后，要总结上一年的经验，结合当年经营状况进行评估，形成动态反馈的观念和机制，以促进饭店收益管理的进行。

五、饭店收益管理的主要功能

收益管理的基本原理就是通过对市场的细分，对不同的顾客在不同的时刻的需求进行定量预测，然后通过优化方法来进行动态的控制，最终使得总收益达到最大化，并且保持企业的持续增长。当然对不同饭店和饭店集团，由于各自的市场定位、顾客来源、管理理念、控制机制不同，其价格和收益管理的方法及其作用也不尽相同。但总体而言，饭店业的价格和收益管理系统可以通过下面几个方面来发挥作用。

（一）顾客分类及需求预测

不同的顾客对饭店的要求往往不同。尽管每个饭店都有自己的市场定位，但顾客的性质、来源渠道及消费特点仍有许多不同之处。收益管理的一个重要功能就是通过科学方法对不同的顾客进行分类，并得出各种行为模式的统计特性，然后再对每一类顾客的未来需求进行预测，包括预订的迟早、入住的长短、实际入住和预订的差异、提前离店和推迟离店的概率等。有了这些精确的预测，再根据各种顾客对价格的敏感度等，饭店就能很好地控制资源，提高收益。

（二）优化控制

有了精确的需求预测，还必须有一套相应的价格和收益控制体系才能灵活有效地利用饭店资源，使得收益或者利润最大化。根据不同的预售和价格控制系统，饭店业普遍采用的优化方法主要包括线性规划、动态规划、边际收益控制、风险最小化等。这些方法最终转换成可以操作的控制机制，如最短最长控制（Min-max）、完全长度控制（Full-pattern）等。

（三）节假日价格需求控制

节假日及特殊事件日往往是饭店获利的最佳时机，许多饭店在此期间一般都能达到很高的入住率。但是高入住率并非就是高利润率，要使得收益和利润最大化，还必须有一整套完善的节假日需求预测及控制方法。

（四）动态价格设定

饭店的定价及其管理是调节一家饭店盈利能力的最直接的杠杆。常见的以成本为基础的

定位方法虽简便易行，但往往缺乏竞争的灵活性，且不能反映市场需求的动态变化。而建立在收益管理基础上的一些定价方法，如实时竞标定价、浮动定价、竞争定价等则能通过对市场的细分和有效的控制使得价格杠杆的功能发挥到极致。

（五）超售和免费升级控制

由于预售和实际入住往往存在着一定的差异，因此如何预测及控制这种差异从而保证实际入住率是饭店经常要解决的一个问题。尤其是在高峰季节，这一问题特别突出。对饭店而言，既要保证尽可能高的入住率，又要避免超售而导致客人无房的尴尬。

（六）团体和销售代理管理

团体销售几乎是每一家饭店都有的业务，且在大多数的情况下都有一定的折扣。但如何对这项业务进行定量分析并且有效地控制折扣程度，则是收益管理中很重要的部分。对代理销售及批发代理等的管理，也可以通过抽象的模式来进行优化控制。

（七）饭店附设资源管理

许多星级饭店常有许多附设资源，如餐厅、会议室等。收益管理系统的拓展就是进行所谓的"全收益"管理，不仅仅对客房的收益进行预测和控制，而且对整个饭店的收益进行预测和优化，以期获得最大效益。

（八）经营状况比较和 What-if 分析

饭店经营状况的及时反馈和历史分析是保证饭店作出正确决策的重要途径。而收益管理系统由于同时兼有大量的历史数据以及对未来需求的预测，因此它可以是一个很好的战略和战术的决策武器。另外通过所谓的 Whaf-if 分析，即通过比较不同控制模式所得到的实际收益和理论最大收益之间的差值，饭店管理层就能随时判断经营管理的状态。

（九）结合顾客价值的收益管理

随着许多星级饭店由以利润为中心的管理向以顾客为中心的管理转变，如何确定每一个顾客的价值并通过相应的收益控制来区别对待是饭店收益管理的一个新的研究方向。

第三节　收益管理的策略、措施与现状

一、收益管理的策略与措施

（一）超额预订（Overbooking）

订房只是做到了饭店与顾客市场，只有做到心中有数，才能提高客房出租率。订房只是推销客房，还不是最后卖出客房，客人预订后并未入住的现象时有发生，宾客预订客房后一般不入住者占 5%，临时取消预订的占 8%～10%。如何弥补订房不入住或者取消预订给饭店带来的损失呢？收益管理的对策就是实行有选择的超额预订。

在确定超额预订的幅度时，应考虑的因素主要有：前一年的销售记录、本地举行的重大活动、竞争者的状况、未经预订临时抵达的客人的数量和频率。根据国际饭店的管理经验，超过预订 10%～15%左右，一般不会有太大的误差。

确定超额预订幅度的方法有三种：一是掌握好团体订房和散客订房的比例；二是根据预订资料分析订房动态，对订房不到的作好记录，然后根据临时取消和延期住宿的百分比用公式确定超额订房的间数；三是和本地区同行饭店建立业务联系，加强协作。

（二）折扣配置（Discount Allocation）

饭店往往尽量限制打折的房间数量，并且缩短享受折扣价格的客人的滞留时间。这一措施的关键在于需求预测是否正确，管理人员不能够只考虑某一天的销售量，而应该认真分析这一天的销售对今后一段时间的销售的影响。

（三）时滞控制（Time-delay Control）

停留多日的客人会给饭店带来更多的收益。因此在接受一些预订时往往要考虑客人的停留时间。这就意味着在收益管理中，尽管有现成的房间可以提供，但对于只停留一天的客人的预订是可以拒绝的。

（四）升档销售（Upshift Sales）

升档销售也是一种实现收益最大化的策略，它是通过告知客人本饭店可以提供的各档次客房，使客人有可能接受最高档次的客房服务，从而提升顾客对本饭店印象的一种方法。升档销售的技巧之一是对价位较低的房间实行超额预订，一旦客房数量不够时，可以动员客人选择较高位价的客房，这对饭店来说更为有利；技巧之二是鼓励前台预订员尽量推销价位高的房间，但要注意对价格弹性和升档销售技巧的掌握。

二、饭店收益管理系统的应用现状

由于目前国内饭店经营者对收益管理不够重视，或误认为收益管理就是低成本管理，而过分关注经营成本控制，导致出现了以下几个方面的问题：

（一）低成本定价，恶性竞争

曾经有机构针对"饭店客人为什么会离去"作过调查，通过大量的宾客回访得出如下结论：25%的顾客离开是因为服务；20%的顾客是因为舒适度；20%的顾客是因为没人关心他们；15%的顾客是因为发现了更合适的饭店；15%的顾客是因为发现了价格更便宜的饭店；剩余的5%则是由于其他原因。由此可见，客人选择饭店的原因与饭店的价格没有太大的关系。

调查结果进一步表明：80%的客人流失是因为没有得到满意的服务，饭店不能实现他们所期望的服务价值，仅有15%的客人是对价格不满意。

最常见的收入成本管理是以成本为基础的定价方法，虽简便易行，但往往缺乏竞争的灵活性，且不能反映市场需求的动态变化。盲目降低产品价格，而忽视了客户的需求和产品本身的价值，往往会导致市场的恶性竞争。其实，从调查结果可以看出，重点关注价格、没有什么忠诚度的"低价顾客"（Priceshopper），在流失的客人中占比并不大。

而收益管理的定价基础则是供需关系的变化，以及产品和服务的价值。只有充分关注客人的需求，由以利润为中心的管理朝向以顾客服务为中心的管理转化，才能有效地确定每一顾客的价值，并通过相应的收益控制来区别对待，这才是饭店收益管理的一个新的方向。

（二）重视销售渠道，忽视对市场的培育

传统饭店企业为了打开销路占领市场，常常会与很多第三方销售渠道合作，宁愿缴纳高昂的佣金并降低自身的利润。

从携程网的"最低价"承诺、去哪儿网的"饭店低价信息整合者"，到近年来团购网站的兴起，第三方销售渠道不但满足了消费者对饭店价格的比较需求，甚至在一定程度上培育了更多对价格敏感的饭店客人，越来越多的客人被所谓的"超低价格"吸引，而选择通过第三

方销售渠道订购饭店产品。饭店产品的价格也因此一降再降，市场利润也不断萎缩。

但由于第三方销售渠道信息不对称、沟通不到位等缺点，很多客人在盲目追求低价的同时，却得到了负面的产品体验，结果导致了客人对该饭店评价很差。对于饭店来说，这无疑是一种变相的"杀鸡取卵"，是饭店一方所意想不到的。

以成本管理为导向的饭店营销人员关心的往往是产品或服务的销售，他们把营销的重点集中在争夺新顾客上。但是，如果饭店无法通过服务来留住客人，只是盲目地以低价来吸引新的客户，这样得到的效益只是短暂的，是不会长久的。

与新顾客相比，回头客会给饭店企业带来更多的利益，精明的饭店经营者在努力创造新顾客的同时，会想方设法将顾客的满意度转化为持久的忠诚度，像对待新顾客一样重视老顾客的利益，并把与顾客建立长期关系作为终极目标。

所以，争夺新顾客不如更好地保持老顾客。饭店应该加强市场培育，构建一个需求导向型的饭店消费市场。

（三）过分关注成本，忽视消费体验

成本控制是柄双刃剑，需要管理者的精心策划和经营，方能让收入、成本、利润三者形成良性互动，只有形成良性循环，才能使饭店长远发展下去。

部分饭店经营者偏重于降低成本，误认为低成本能达到节支增收的目的，获取理想的经济效益，但往往事与愿违，饭店低成本运作往往会带来诸多阻碍饭店可持续发展的不良因素。例如，高星级饭店的餐厅，每天真人钢琴演奏成本很高，为了减少经营成本，有的饭店会取消日常的钢琴弹奏，改为播放背景音乐。真人钢琴弹奏与背景音乐播放，对餐厅环境和氛围的营造是截然不同的，为了降低成本而取消真人钢琴弹奏，使饭店餐厅的服务档次大打折扣，同时也有可能会流失一部分对饮食环境有较高要求的消费者。

目前，饭店行业已进入体验时代，面对顾客个性化的体验需求，饭店企业为了维持良好的宾客关系以及追求持续的竞争优势，必须提供更符合宾客需求的个性化体验式服务来留住顾客。所以，饭店应该把管理的重点放在提高服务质量和顾客的消费体验上。

（四）对市场缺乏预测，盲目追求高开房率

每逢节假日和大型展会活动举办的时候，往往是饭店爆满，一房难求。许多饭店在此期间一般能达到很高的入住率。但高入住率并非就是高利润率。要使收益和利润最大化，饭店还必须有一套完善的淡旺季需求预测及控制方法。

缺乏控制的超售既影响饭店的声誉，也影响其未来客源市场。因此，精确的超售控制是保证饭店在最大收益条件下使客户服务损失变得最小的一个重要工具。

再者，团体销售几乎是每一家饭店都会涉及的业务，而饭店在进行团体销售时多数情况下房价会有一定的折扣。有的饭店为了追求高开房率，常常会通过较低价格把一部分客房提前销售给旅行社或中介，甚至有的饭店会以旅游团为主要客源。过高的开房率必然加大电梯、布草、客房、餐厅等饭店设施设备和用品的损耗，饭店如果一直处于高开房率的状态，饭店设备设施也得不到定期的保养和维护。

所以在饭店经营过程中，一定要保持清醒的头脑，严防盲目降低房价而一味追求所谓"爆满"效果。事实证明，追求"爆满"有可能得不偿失，科学的入住率应是全年平均在70%～80%。

（五）高房价等于高收益

传统成本管理经营者认为，在成本最低的情况下，饭店主要产品客房的价格越高收益就会越大。这些饭店的价格管理常常是单一的，基本上只有旺季价格和淡季价格两种价格。而这种一味追求高房价的价格管理模式，会因其缺乏灵活性和针对性，最终被市场所淘汰。

而建立在收益管理基础上的价格管理，则从单一静态价格到多重动态价格，再到综合性优化价格控制，通过一系列的市场细分和有效的控制使价格杠杆的功能发挥到极致。目前常见的一些收益管理定价方法有实时竞标定价、浮动定价、竞争定价等。

三、饭店收益管理的效益

收益管理系统不仅能保证决策的科学性和准确性，还大大地减轻了管理者决策的工作量，更重要的是，它能持续为饭店增加额外的财富。收益管理系统能否在我国饭店业中成功应用，主要取决于两个因素：饭店自身信息系统的完善程度和各管理层对应用收益管理系统的重视程度。

随着计算机应用的日益普及，我国许多中高档宾馆饭店已先后建立并逐渐完善了各自的信息管理系统。这些信息系统主要是为管理顾客预订和客房分配而设计开发的。所收集信息的完备程度直接决定了所要开发的收益管理系统的质量。比如，顾客预订信息的记录应尽可能地详细，其中包括什么样的顾客或团体来预订、何时预订的、欲何时入住、预订何种房间、是何种房价、欲停留时间、最终是否入住等。有关客房分配的信息则应记录每天各种客房分配使用的情况。另外，这些信息系统还应尽量收集主要竞争对手有关房价的各种资料。从所需硬件的角度来说，饭店开发收益管理系统只需增添一台或两台计算机用来存贮、计算和显示有关需求预测和优化控制的数据。目前我国计算机硬件价格越来越低，这方面的投资似乎不存在太大问题。

收益管理系统仅仅是一种计算机辅助决策的管理工具，它能否充分发挥其功能则完全取决于从上到下各个管理人员对其的态度。由于人们往往习惯于原有的思维和管理方式，从怀疑到接受收益管理系统还需要一个学习和适应的过程。

随着人们对系统功能日益深入的了解，管理者和管理系统能够充分互动，相辅相成，把机器的客观精确性和人对突发事件的灵活反应有机地结合起来，进一步扩大收益。根据美国一些常年进行收益管理的饭店的统计，价格和收益管理现已成为其最大的利润增长手段。

饭店收益管理是数字化科学管理在饭店业中的具体表现。一个有效的收益系统不仅能对一个饭店的资源进行最佳管理，同时还能提高饭店管理人员的现代意识，实践证明了这一方法的可行性和有效性。

【思考题】

1. 什么是收益管理？它在饭店行业中是否适用？为什么？
2. 饭店收益管理的策略有哪些？
3. 目前我国饭店运用收益管理的现状如何？
4. 饭店收益管理的具体措施有哪些？

【案例分析题】

凯悦酒店的烦恼

据美国亚特兰大的摄政—凯悦大厦统计,那里每100个预订的宾客中就有18位不会真正入住。就国外大多数饭店来说,未取消预订不来入住的宾客人数比例一般占预订总数的10%~12%。

一个简便的方法是:为了达到100%的出租率,以相同的比例超额接受预订,当客人实际到达数超过预计数时,就将客人介绍到别的饭店。但是这并不能解决深层次的问题。美国运通公司曾作过一项调查,该公司信用卡持有者中1/4以上的人虽有确定的预订单却未被接待,其中半数以上的人表示,以后再也不会到那些饭店去了。这种因饭店失信于客而造成的服务质量下降,在许多经理看来同样不能容忍。为此谢拉顿公司制定的“十戒”中就包括一条:不能拒绝接待持有确认预订的客人。

一些饭店管理者干脆完全不去理会超额预订,单纯地依赖调节价格(房价)来使客房的“需求—供给曲线”保持平衡。可问题依然存在,在客房供不应求时,饭店大幅度提价所增加的部分利润不得不与因预订客人不出现造成的收入减少相抵消。从这个角度来看,房价提得越高,销售损失也就越大。一方面已预订的客人因饭店已满而遭拒绝;另一方面相当数量的房间却因客人实际未入住而白白空着。

尽管许多经理已经意识到超额预订的好处,却仍然不敢贸然使用,超额预订引发的问题仍然时时困扰着饭店的经理们。而手持已确认订单的顾客,到达后却无房可住的现象依然经常发生。这已和付小费、排长队等候办退房手续及饭店内偷窃等一样,成为了顾客投诉率最高的内容之一。

案例思考:怎样把饭店收益管理应用到实际中去?

第九章　设备管理

【学习目标】
1. 熟悉饭店设备系统
2. 了解饭店设备管理的基本知识
3. 掌握饭店设备的综合管理
4. 了解饭店设备的发展趋势

【主要内容】
1. 饭店设备系统
饭店设备使用维护与保养
2. 饭店设备管理概述
饭店设备管理的概念、发展及意义；饭店设备管理的目标；饭店设备管理的特点
3. 饭店设备的发展趋势
饭店设备运行控制的自动化；饭店设备的能源管理和环保性；饭店管理的智能化

【导入案例】
　　OPERA 是世界上最好的饭店管理系统之一，为 Micros 百分百持有的子公司 Fidelio 旗下产品之一，主要提供饭店、餐饮、高尔夫、美容、旅游等行业相关的解决方案。
　　OPERA 饭店解决方案功能完整，操作人性化，因此被各大国际知名饭店广泛采用，整套解决方案包括预定系统（Reservation System）、客户资讯系统（Customer Information System）、全球分销系统（Global Distribution System）、物业管理系统（Property Management System）、销售及餐饮系统（Sales & Catering System）、财务系统（Financial System）等，以满足饭店营运所需。其客户群包括洲际饭店集团（InterContinental Hotels Group）、香格里拉饭店（Shangri-La Hotel）、费尔蒙特饭店（Phil Monte Hotel）、艾美饭店（Le Meridien Hotel）等。
　　OPERA 前台管理系统的主要功能：
　　客房预订功能（Room Reservation Function）：OPERA PMS 房间预订模块结合客户档案管理、收银以及订金管理等多种功能为一体。此模块为建立、查询、更新客人预定、团队订房以及商务团体预订等操作提供完善的功能，并提供了用房量控制、取消预定、确认订房、等候名单、房间分配、押金收取以及房间共享等功能，是为客人提供个性化服务的好帮手。
　　房价销售管理（Housing Sales Management）：OPERA PMS 中的房价管理模块，为房价的设置、控制都提供了便捷的工具，可以对房价以及不同房间类型的销售进行管理、实时监控和策略调整，并在系统中提供收入的预测以及统计分析等功能，成为行业内同类产品中最全面、最强大、最有效的房价管理系统。OPERA PMS 系统可以和 OPERA 收入管理系统实现无缝连接，并为其他主流收益管理应用软件提供接口。

客户资料管理功能（Customer Information Management Function）：OPERA PMS 同样提供客户资料记录功能，全面记录、统计包括客户、商务合作伙伴、联系人、集团、旅行社等资料。客户资料包括地址、电话、会员信息、会员申请、住店历史信息及收入详情分析、客户喜好以及其他相关数据，使预定及其他操作的完成更快捷、更精确。

前台服务功能（Front Desk Service Function）：OPERA PMS 中的前台服务功能，用于为已到达和已入住的客户提供服务。此模块不仅可以处理个人客户、集团客户以及未预约客户的入住服务，还设有房间分配、客户留言管理、叫醒服务、电话簿信息以及部门间内部沟通跟进服务等功能。

收银功能（Cashier Function）：OPERA PMS 的收银功能包括客人账单录入、账单金额调整、预付订押金管理、费用结算、退房以及账单打印。收银功能可以支持多种支付方式，包括现金、支票、信用卡以及应收挂账。在多饭店模式环境下，可以支持各营业场所跨饭店相互入账。

应收账功能（Accounts Receivable Function）：OPERA PMS 系统集成了应收账款功能，包括直接挂账、账单管理、账户账龄、支付账单、催款信及周期结算对账单以及账户查询等功能，并可在系统切换时根据账龄输入原有系统的余额。

报表功能（Report Function）：OPERA PMS 提供了超过 360 个标准报表。可根据饭店的需求调整报表设置，并在系统中提供内置报表模块，依据客户要求创建全新格式的报表。

第一节　饭店设备系统

一、饭店设备的种类

（一）按设备的构成类型划分

1. 单体设备（Single Equipment）

指能独立完成某项功能的单个设备，如电视、冰箱等。

2. 成套设备（Complete Equipment）

指由若干个设备组成，能完成某单一功能的一个完整的、有机的生产系统，如锅炉设备等。

（二）按设备的系统功能划分

1. 机电设备系统（Mechanical and Electrical Equipment System）

如供配电系统、给排水系统、供热系统、制冷系统、中央空调系统、运送系统。

2. 信息设备系统（Information Equipment System）

如消防报警系统、通信系统、电视系统、音响系统、计算机系统、楼宇管理系统。

（三）按设备在各系统中的作用划分

1. 动力设备（Power Equipment）

2. 传输设备（Transmission Equipment）

3. 工作设备（Working Equipment）

（四）按设备所在部门分类

1. 前厅部常见设备

常见的有前厅照明系统、前台入住登记及收银电脑管理系统、商务中心电子邮件及打字传真设备、总机电话、叫醒服务系统。

2. 客房部常见设备

饭店的洗衣房要承担客房内布草、客人的衣服、餐厅布草以及本店员工工作服的洗涤工作。因此，在考虑洗衣配置时，首先要考虑洗衣机、熨烫机、干洗机等的容量；其次要考虑设备的灵活性，要既能进行大量的集中洗涤、熨烫，又能进行小部分的洗涤、熨烫。从维修角度出发，宁可用两台小容量的机器，也不用一台大容量的机器，避免因设备故障而使洗衣流程中断，影响饭店服务。

水洗的大宗物资，通常是客房的毛巾、浴巾之类，这类物资水洗后要进行烘干。客房的床单和餐厅的台布、餐巾等还要经烫平、折叠，所以在布局上，靠近水洗设备部分应安排干衣机、烫平机、折叠机等。

干洗部通常划分出一个小室，将与干洗有关的设备放置在一起，如万能绒料机、抽湿去渍机、抽湿机等。其他熨烫和人工熨烫部分相对集中在一起，这样可便于管理和操作。

3. 餐饮部常见设备

（1）厨房设备（Kitchen Equipment）。

设计周全的厨房及精良的设备是现代饭店向客人提供优良餐饮服务所不可缺少的物质条件。厨房设备种类繁多，性能各异，按照其功能和用途大致可分为冷冻冷藏、原料加工、烹调加热和清洁洗涤等四大类设备。

冷冻冷藏设备（Refrigeration Equipment）：厨房里所用冷冻器具的品种规格很多，主要品种有冷库、冰箱、制冰机、冰淇淋机、果汁冷饮机等。

原料加工设备（Raw Material Processing Equipment）：蔬菜加工机械（切菜机、碎菜机）、肉类和鱼类加工器械（切肉机、绞肉机、鱼鳞清洗机）、面食加工机械（和面机、馒头机、饺子机）等。

加热设备（Heating Equipment）：远红外电烤箱（用来烘烤各种糕点、菜肴、干果和炒货的方便炊具，用它加工烤制的食品色味俱佳）；煤气灶（炊具有单眼灶、双眼灶，公用炊事用灶具有灶台、炒菜灶、蒸饭灶、煎饼灶、大锅灶等，烘烤灶有食堂烤炉、糕点大烤炉、烤鸭炉等，烧水器具有开水炉、自动热水器、自动沸水器等）；蒸汽器具（主要是用来蒸煮、烧汤、煮咖啡等）。

洗涤消毒设备（Washing & Sterilizing Equipment）：饭店厨房已将繁重的洗涤任务交给机器来完成，如洗碗机、洗碟机、面包房器皿洗涤机、容器冲洗机、淘米机、高压喷射机、清洗机等。餐具消毒柜的大小不一，常见的有直接通气式和远红外加热式两种。直接通气式是用管道将锅炉蒸汽送入柜中，因此也称蒸汽消毒柜，它没有其他加热部件，使用较方便。红外线消毒柜采用远红外辐射电加热热元件，具有升温迅速、一机多用等特点。

（2）音响系统（Audio System）。

用于宴会厅、多功能厅、会议厅等特定场所的独立小音响系统，通常由前端设备、调音台、功率放大器以及2组以上的音箱组成。除了一般的扩音、放音和收音功能外，还可增加有线同声翻译、无线同声翻译和有线会议装置等功能。

二、饭店主要设备介绍

（一）供配电设备（**Power Supply Equipment**）

现代饭店集中了大量现代化、高功率的生活设施和设备，为客人创造了安全、方便、舒适的生活、学习和工作条件。这些设备的能源大部分取自电力，所以饭店必须具备可靠的、大功率的电力供应系统。一般而言，星级饭店的电力供应按一级负荷考虑，必须采用两路高压电源供电。除此之外，还应考虑在一路电源系统检修而另外一路电源系统又发生故障的情况下，能从电力系统取得第三路电源或自备柴油发电机组。

饭店的两路高压进线电压通常与当地供电部门的高压电网电压等级有关。目前大多数饭店采用 10KW 或 6KW 高压供电，而配电电压一般为 380V 或 220V。

饭店的供配电系统就是指电能从电网的高压线路输入饭店，经过变压器再到各用电单位所经过的全部路径，该系统负责将电网 10KW 高压电转换成 220V 和 380V 低压电供饭店使用。

饭店经营对供电系统的基本要求是：保证供电的持续性以及系统运行的可靠性，供电质量（供电质量主要表现为电压的稳定性）要好。

1. 饭店的用电负荷分类

（1）照明类。饭店各公用部位、管理用房及机房等的照明相对来说比较稳定，受季节和客源影响变化不大，约占饭店用电设备容量的 25%～30% 左右，年耗电量占饭店年用电量的 40%～50%。各种照明电源主要是 LED 灯、白炽灯、荧光灯、气体放电灯（包括高压钠灯和高压汞灯）、三基色异型节能灯及少量特殊灯具等。

为了维持光效水平，应对光源、灯具定期清扫更换，并依照各种光源有效寿命制定更新周期。为了节约照明用电，对客房可采用钟控开关、光源分路控制、节电调光控制及光控开关等。

（2）制冷及空调类。该类负荷包括冷冻机组、各类风机（消防用加压风机除外）、空调机及锅炉房内的各种水泵等，一般占饭店用电设备容量的 40%～50%，年耗电量占饭店年用量的 25% 左右。由于此类负荷电费按照明电计费，并且受季节影响较大，因此一般采用单独变压器供电，以减少空载损耗。

（3）动力类。该类负荷约占饭店用电设备容量的 20%～25%，其负荷分类如下：水泵类，电梯类，其他动力用电类（如洗衣设备、清洗设备、电加热设备、健身设备等）。

（4）弱电系统。此类负荷包括管理用电子计算机房、电话总机房、消防用火灾报警系统、具备应急广播功能的音响系统、闭路电视监视系统、CATV 及其他通信系统等用电。这类负荷用电量不是很大，但由于其可靠性要求高，故应作为一级负荷供电。其中，电子计算机房、电话总机房等系统要求供电电压波动要小，对电源的频率和波形也有一定要求，因此多采用 UPS（不间断电源）的供电方式，电话总机则多用蓄电池组作为备用电源。蓄电池容量应能保证总机连续工作 7～8 小时，蓄电池应经常充电及检查酸液。

2. 配电设备

配电设备全部集中在配电间，配电间是整个饭店动力的核心，所有的动力线、照明线全由配电间接出。配电设备包括以下几类：

（1）高压配电柜，包括各种高压开关柜和高压电容补偿柜；变压器，包括有载调压式变压器、油浸式和干式变压器；低压配电屏，包括各类低压开关柜、低压电容补偿柜。

（2）各楼层及功能区的分配电箱、各类机房根据需要而设置的配电箱和控制屏。

（3）柴油发电机组及其附属设备。

3. 输电设备

输电设备主要包括母线、电缆和电线三种输电线路和中间接线箱。

由配电间分配给各用电部位的电能，必须通过输电线路才能输送至各用电设备。

4. 用电设备

凡是利用电能作动力的设备，都是用电设备。

用电设备包括以下五类：

（1）机电设备：在饭店里由电动机带动的设备，统称为机电设备。

（2）电热设备：利用电的热效应原理制成的设备称为电热设备。饭店内的电热设备大部分用于厨房的食品加工。

（3）电子设备：这些设备的作用不仅是将电能转换成机械能、热能，更重要的是利用电能传递信息。

（4）照明设备：提供光源的设备为照明设备，一般用于照明或装饰。

（5）应急发电设备：大型饭店均应设有应急发电设备，它的总输出功率一般为最大正常用电量的30%。

（二）给排水设备（Water Supply and Sewage Equipment）

饭店建筑一般为高层建筑，室内给排水设备多、标准高，使用给排水设备的人数亦多，因此必须保证供水安全可靠和排水畅通。同时，饭店的管线系统中的管道种类多、管线长，所以必须考虑相应的技术措施以满足日后维修的技术要求。它包括饭店冷热水和废水排泄系统、供给系统以及饭店所有水管、水泵、水塔等与水有关的全部设施。

1. 给水系统：饭店给水可分为生活给水和热水供应两种。

给水设备的构成：储水池及水箱、水泵、屋顶水箱、输水管网、水表等。

一般饭店冷、热水供水根据建筑物高度分为高、中、低三个区域：低区一般多为复式供水即市政直接供水与高位水箱二次供水相互补偿供应；中、高区为高位水箱二次供水。二次供水是将低位水箱储存的水通过水泵加压后输送到高位水箱，然后通过自流进行供水的一种方式。高位水箱冷水通过热交换加热后即成卫生热水，再通过高位水箱的压力供各用户使用。

热水供应系统：热水供应系统应由热源、加热设备和热水管网组成。一般有三种形式：

（1）局部热水供应，即各个供应点自己烧水，热源采用电或煤气。

（2）集中热水供应，即由饭店锅炉房供热水，此种形式运用最多。

（3）区域热水供应，即一个区域统一供应蒸汽式热水。

给水方式：在热水供应系统中，客人希望一开水龙头立刻得到热水，所以一般星级饭店都有热水供应。系统设有回水管的双管系统，使热水产生循环。为了使整个热水系统的热水温度保持均匀，可采用返程布置热水系统。这种系统从加热器的热水管出口，经热水配水管、回水管再回加热器为止的任何循环管路的长度几乎都是相等的，在各配水立管及回水立管上设置阀门是为了作检修和调节之用。饭店在用热水量均匀的地方，如室内热水游泳池、热水采暖等地，常采用快速式热交换器。快速式热交换器又称汽包水式的热交换器，它可以快速连续地得到热水，但不能储存热水。

2. 排水系统

（1）饭店排水种类：粪便污水排水系统，从大小便器中流出的污水，其中含有便纸和粪便杂质；生活废水排水系统，从洗脸盆、浴缸、洗涤盆、淋浴盆、洗衣房等器具排出的污水，其中含有洗涤剂及细小悬浮杂质，相对比较干净；厨房废水排水系统，从厨房排出的含油脂的废水，需单独收集并经局部处理后排放；冷却废水排水系统，从空调机、冷冻机等排出的冷却水，其水质一般未受污染，仅水温较高，故可通过冷却塔冷却后循环使用，但长期运转后其 PH 值改变，必须经水质处理后才可使用；屋面的雨、雪水排水系统，水中含有从屋顶冲刷下来的灰尘，但一般比较干净。饭店使用后的污、废水通过化粪池、隔油池等设施处理后排放至市政排污系统内。

在上述排水系统中，哪些可合流，哪些可分流排放，应根据饭店所在地区室外排水系统制度、当地水资源情况、废水再利用的经济性和当地卫生条件等决定。

（2）排水系统构成：污（废）水收集器、排水管道、通气管及污水处理的构筑物等。

（3）管道识别。

饭店内有各种管道，为方便管理和维修，在管道外表涂油漆作防腐保护处理时，宜采用不同颜色以示不同功能。如煤气管道用黄色，消防管道用红色，冷水管道用淡蓝色，冷冻水管道用深蓝色，冷却水管道用绿色，蒸汽管道用淡红色，热水管道用粉红色，排污水管道用黑色，等等。同时，在管道上，每隔一段标上箭头及中文或英文的用途说明，如"热水供"、"热水回"等字样。箭头表示了管内物质的流动方向，这对于检查管道和排除故障是非常有用的。

（三）供热设备（Heating Appliance）

由锅炉房提供通过管道输送到各个设备进行使用的暖气、蒸汽设备。以蒸汽锅炉作为热源的锅炉供热系统分成三个部分：

1. 锅炉给水系统

2. 锅炉蒸汽系统

3. 锅炉用汽设备

厨房、洗衣房用汽设备；客房用热水设备；采暖用热设备。

（四）空调设备（Air Conditioning Unit）

为使客人感到舒适，现代饭店一定要配有空调设备。利用空调设备对某一空间范围的空气进行调节，使空气的温度、相对湿度、洁净度和空气流动速度符合人们生活舒适的要求。饭店空调设备是由空气处理、空气输送和分配、冷热源等设备组成的一个系统，所以也称为饭店空调系统。空调系统是一个包含供热、制冷和通风的综合系统。饭店空调系统中，制冷设备是担负对空气进行降温处理的冷源设备，是饭店空调设备中的关键设备，它本身又构成空调系统中的一个子系统。

1. 集中式空调系统（中央空调系统）

由空调主机、风机盘管、新风机组、自控系统等组成，普遍采用水为换热媒介。该系统所有的空气处理设备全部集中在空调机房内。常见的中央空调品牌有格力、海信、志高、海尔、美的、克莱门特、三菱重工、日立、松下、东芝、三洋等。

饭店的公用部分（餐厅、多功能厅、商店、酒吧和休息厅等）通常面积都比较大，人员较多，室内温度高，加之照明的散热量大，空气中污染气体的含量也较多，要求室内有较大的通风换气设备。因此，通常采用单风道、变风量的集中式系统。

（1）冷源：以液体汽化吸热制冷，有压缩式制冷、吸收式制冷等。

（2）通风系统：包括进风系统和回风系统。由风机经过风道把处理好的空气按照一定的要求输送到各个空调房间，并从房间内抽回或排除一定量的空气。

（3）空气集中处理机组（AHU）：包括空气集中处理机组和风机盘管，是对空气进行过滤、冷却、加热、去湿、加湿等处理的设备。

（4）水管系统：包括冷冻水管系统、冷却水管系统和热水（或蒸汽）管等。

（5）控制、调节设备。

2. 局部式空调系统（又称空调机）

这种机组的冷热源、空气处理设备、风机和自动控制元件等全部集中在一个箱体内。如柜式空调机、窗式空调机等，它们本身就是一个紧凑的空调系统，可直接安装在空调房间内（或相邻房间内）。它与集中式空调系统相比，具有设备结构紧凑、安装方便、不需专门机房等优点。

3. 半集中式空调系统

该系统除了安装在空调机房内集中的空气处理设备外，还有分散在空调房间内的空气处理末端设备。这些末端设备，如再热器、风机盘管机组等，可以对进入空调房间之前的送风再进行一次处理。

（五）消防设备（Fire-fighting Equipment）

饭店建筑物高大、功能复杂、出入人员复杂、可燃物多，为确保客人与员工的生命财产安全，保证饭店财产不受损失，饭店都会建立高标准的消防报警系统，主要有以下部分构成：

1. 火灾报警系统（Fire Alarm System）

（1）可燃气体报警系统：安装在天然气管道阀门上方、厨房天花板下的报警装置，当探测器周围的可燃气体达到一定浓度时，装置上的红色数字就会显示浓度值，并把信号传送到消防中心报警，可燃气体报警控制器会显示报警设备位置。

（2）烟感、温感探测器：安装在客房、走廊、公共区域天花板下的白色报警装置，当周围的烟雾、粉尘或温度（57℃或温差15℃）达到一定浓度或高度时，装置上的红色指示灯会亮，并把信号传送到消防中心报警，消防控制中心自动显示报警位置。

（3）消防警铃、手动报警按钮。

2. 消防控制系统（Fire Control System）

（1）消防控制中心（FCC）。

（2）监控镜头系统。

（3）紧急广播系统。

（4）饭店避难层、消防楼梯：一般高层建筑会设有至少两条以上的消防安全楼梯。

（5）应急照明系统。

3. 消防灭火系统（Fire Suppression System）

（1）消防水炮自动灭火系统。

（2）七氟丙烷自动灭火系统。

（3）消防水泵。

（4）手提式灭火器：ABC干粉灭火器，二氧化碳灭火器，灭火毯。

（5）室内消防栓：应在饭店消防电梯前及各楼层走道中随处可见，是应对建筑内火灾的重要灭火设备，特别是针对迅速蔓延的火势。

（6）自动喷水灭火系统：简称喷淋系统，由湿式报警阀、闭式喷头和管道等组成。饭店内红色玻璃喷头随处可见。常见的红色玻璃喷头当温度达到68℃以上时会自动爆裂，具有报警和灭火的双重作用。厨房安装的是绿色玻璃喷头，当温度达到93℃时同样爆裂喷水。还有其他玻璃喷头，如橙色（爆裂温度为 57℃），黄色（爆裂温度为 79℃），蓝色（爆裂温度为141℃），黑色（爆裂温度为227℃）。

4. 排烟系统（Smoke Evacuation System）

5. 其他

如逃生安全指示灯、救生绳、防毒面具、防火卷帘门等等。

（六）电梯设备（Elevator Equipment）

运送系统的分类：客用电梯、员工电梯、货用电梯。

1. 客用电梯：

连接客房及各个营业场所，快捷、舒适、安全。

2. 员工电梯：

方便员工后台运作，容量大、简单、承重量好。

3. 货用电梯：

用于搬运大件物品设备、食品采购等。

电梯的容量与速度：电梯容量指电梯的载重量与载客量。电梯的载重量分为 550 kg、600 kg、850 kg、900 kg、1000 kg、1150 kg、1350 kg 及 1600 kg 等，载客量分为 8 人、9 人、11 人、13 人、15 人、17 人、20 人及 24 人等。应根据饭店的旅客人数来确定电梯的载重量。电梯的载重量与电梯的曳引机电机功率成正比，载重量大电机功率也大，所以应选择载重量合理的电梯，否则，会造成电梯的一次性投资增加及电梯运行电费增加。

电梯的停站方式：电梯速度大小与建筑层数有直接关系，一般高度越高电梯速度应越快。但是电梯速度越快并不一定能转化为更高的工作效率，这还与停站次数有关。因为停靠站越多，高速电梯越不能发挥作用。高速电梯只有在十几层不停靠时才能体现其高速行进的特点，因而 30 层以上的饭店应将电梯划分高、低区运行。

（七）计算机、通讯设备

1. 客用通信设备

客房里的闭路电视设备、有线及无线上网设备、客用电话机设备等。

2. 员工通信设备

计算机由电脑房统一控制，每个部门设置不同的工作软件，如前台办理入住、离店手续用的 OPERA，餐厅点单用的 MICROS 等，可根据不同岗位的需要设置权限。还包括饭店内部员工使用的对讲机、各部门分机、传真、总机等等。

第二节　饭店设备的使用维修和维护保养

一、饭店设备的使用管理

（一）设备使用管理原则

设备管理的核心思想是"谁使用，谁负责"，设备的使用应实行岗位责任制：凡有固定人员操作的设备，该员工即为设备的责任人；由多人操作的设备，则指定一人为设备的责任人。设备的责任人必须对设备的完好负责，必须掌握设备的正确使用方法和维修方法，能发现设备的异常情况，负责设备故障时的报修，负责在其他员工使用该设备前对其进行培训。

（二）设备良好的标准

设备完好的标准包括性能良好、运行正常、耗能正常三方面。

1. 性能良好

指设备的各项功能都能达到原设计或规定的标准，性能稳定，可靠性高，能满足饭店经营和生产的需要。性能良好是饭店设备最重要的标准，体现了设备的质量不仅与正确使用和维护有关，更重要的是与投资的决策有关。饭店设备是直接为客人提供服务的物资基础，体现了饭店服务的档次和服务水平。因此饭店设备特别是关键设备、重要设备和客用设备必须选购高质量的产品，这样才能确保设备的性能良好。

2. 运行正常

指设备零部件齐全且安全防护装置良好，磨损、腐蚀程度不超过规定的技术标准，控制系统、计量仪器、仪表和润滑系统工作正常，安全可靠，设备运行正常。性能良好、质量上乘的设备是运行正常的基本条件，但高质量的设备必须在规定的使用条件和环境条件下才能运行正常。因此正确的使用是确保设备正常运行的重要条件。

3. 耗能正常

指设备在运行过程中无跑电、冒汽、漏油、滴水现象，设备外表清洁。要使设备耗能正常就应认真做好日常的维护保养工作，及时更换磨损零部件，定时进行润滑，确保设备在良好的环境下运行。凡不符合上述三项要求的设备不能称为完好设备。设备完好的具体标准应能对其作出定量分析和评价，由主管部门根据总的要求制定，并作为检查饭店设备完好的统一尺度。

（三）设备使用前的准备工作

技术资料的准备、培训、检查。

（四）设备使用基本要求

"三好、四会、五项纪律"。

1. 部门要做到"三好"

"管好、用好、维护好"设备。

（1）管好设备。

管好设备的原则是谁使用谁负责。每个部门都有责任管好本部门所使用的设备，要求设备台账清楚、设备账卡齐全，设备购买必须提出申请，使用前必须为设备建档设卡，制定设备使用规程和维护规程，不得违反规定随意使用设备。设备管理责任人要管好所负责的设备，设备发生借用等情况必须办理手续。

（2）用好设备。

所有使用设备的员工都必须按照操作规程进行操作和维护，不得超负荷使用设备，禁止不文明操作。未经培训的员工不得单独操作设备。

（3）保养好设备。

设备的使用人员在使用完设备或每班下班以前必须对设备进行日常保养。对于一般设备日常保养就是清洁、除灰、去污。设备保养还包括由工程部专业人员进行的定期保养。部门要配合工程部实施保养计划。

2. 员工要做到"四会"

会使用、会维护、会检查、会排除一般故障。

（1）会使用。

操作人员必须熟悉设备的用途和基本原理，熟悉设备的性能要求，熟练掌握设备的操作规程，正确使用设备。

（2）会维护。

操作人员要掌握设备的维护要求，正确实施对设备的维护，做到设备维护的四项要求。

（3）会检查。

设备管理责任人应了解所管理设备的结构、性能和特点，能检查设备的完好情况。饭店各机房运行值班员要掌握设备易损件的部位，熟悉日常点检设备完好率的检查项目、标准和方法、并能按规定要求进行点检。

（4）会排除一般故障。

工程部员工及其他部门重要设备的管理责任人要掌握所用设备的特性，能鉴别设备的正常与异常，了解拆装的方法，会作一般的调整和简单的故障排除，不能解决的问题应及时报修，并协同维修人员进行检修。

3. 操作者要执行"五项纪律"

实行定人定机、凭证操作制度，严格遵守安全技术操作规程；经常保持设备清洁；认真执行交接班制度，作好交接班记录及运转台时记录；管理好工具、附件，不能遗失、损坏；不准在设备运行时离开岗位，发现异常的声音和故障应立即停机检查，自己不能处理的应及时通知维修工人检修。

二、饭店设备的维护保养

（一）设备维护保养的作用和要求

1. 设备维护保养的作用

为了保持设备正常技术状态、延长设备使用寿命必须进行的日常工作，是设备管理的重要内容。

2. 设备维护保养的要求

整齐、清洁、润滑、安全。

（二）维护保养目标

使设备处于完好的技术状态。设备的技术状态是指设备所具有的工作能力。

（三）设备维护保养计划

设备维护保养计划是设备维护保养的指导性文件。通过维护保养计划确定设备维护保养的类别、时间、工作量、材料、费用预算、停机时间等内容。正确地编制维护保养计划，合理安排维护保养工作，可以为保养工作作好充分的准备，缩短停机时间，提高工作效率，降低维护费用。加强设备的计划性维修和保养，从经济观点看能延长设备的预期使用周期，推迟大规模更新翻修的时间，提高饭店设备和财产的价值；从设备的功能角度看，可以使设备保持正常运转，避免设备出现重大故障；从美学角度看，可使饭店内外保持漂亮的外观，使客人感到舒适整齐。

设备在使用过程中会发生一些小故障，这些小故障多由饭店职工、客人或维修人员发现。工程部应采取有效的报修制度，发现故障后能及时安排检修。设备的计划维修是保证设备正常运行的手段。但在安排设备计划检修时要注意饭店的营业情况和设备的运行特点，尽量不给客人带来不便。设备的维护保养分为设备的日常维护和定期维护两种：

1. 日常维护保养

是设备最基本的保养，又称为例行保养。分为每班保养和周末保养，一般在每班结束后或每周末实施，以操作人员为主，在工作中进行。

2. 定期维护保养

指由工程部编制设备维护计划，由专业设备维修人员和操作人员一起实施的对设备的维护、修理工作。分为一级保养和二级保养，简称"一保"、"二保"。

"一保"：对设备的全面清洁。饭店动力、电气设备使用 600 小时，可按一级保养的内容进行保养工作。一级保养由班组长督促检查。设备一级保养施工验收单由部门设备员按计划填写，主要保养内容由设备操作者在保养完成后填写，验收意见由验收人（设备员或维修人员）填写。

一级保养的内容包括：切断电源；根据设备使用情况，进行部分零部件的拆卸清洗；对设备的部分配合间隙进行调整；除去设备表面黄斑、油渍；检查调整润油路，使之保持畅通不漏；清扫电气箱、电动机、电器装置、安全防护罩等，使其整洁、固定；清洗附件冷却装置。

设备一级保养的目的：使操作者逐步熟悉设备的结构和性能；减少设备的磨损，延长设备使用寿命；消除设备的事故隐患，排除一般故障，使设备处于正常技术状态；使设备达到整齐、清洁、润滑、安全要求。

"二保"：除了"一保"的内容外，还要对设备进行局部接替检查、清洗换油、修复或更换磨损的零部件、排除异常情况和故障、恢复局部工作精度、检查并修理电气系统等。设备使用 2400 小时，按规定的二级保养的内容进行保养。二级保养由班组长和工程部主管经理进行验收并备案。设备二级保养施工验收单由技术主管填写，维修内容由维修人员填写，验收意见由使用部门设备员填写。

二级保养的内容包括：根据设备使用情况进行部分或全部解体检查或清洗；对各传动箱、液压箱、冷却箱清洗换油；修复或更换易损件；检查电器箱，修整线路，清洗电动机；检查调整精度，校正水平。

设备二级保养的目的：使操作者进一步熟悉设备的结构和性能；延长大修周期与使用年限；使设备达到完好标准，提高设备完好率。

三、设备的更新、改造

设备在运行一段时间以后，会发现某些系统和设备配套不合理等状况，需要在设备原有性能基础上进行技术、效率、安全、环保和节能等技术改造工作。工程部必须提出各种改造方案，并会同设计、制造及施工单位，根据饭店经营的需要，进行方案的比较，采取可行的措施，以确保方案的可靠性和经济性。

设备的更新与报废手续应同时办理。设备的报废原则为：

（1）国家指定要求淘汰的设备。

（2）已超过使用期限，损坏严重，修理费用昂贵的设备。

（3）因自然灾害或事故遭损坏，而修理费接近或超过原设备价值的设备（特殊进口产品除外）。

（4）无法维修的设备。

设备的报废，应由使用部门提出申请，由工程部会同有关技术单位进行技术鉴定确认后，方可办理报废手续。对于价值较大的设备，应经总经理批准才可办理报废手续。

第三节 饭店设备管理概述

一、饭店设备管理的内涵及意义

（一）饭店设备管理的内涵

现代旅游饭店设备管理（Facility Management）是一种以旅游饭店最佳服务质量和经济效益为最终目标，以最经济的设备寿命周期费用和最高的设备综合效能为直接目标，动员饭店全员参加，运用一系列技术、经济、组织措施，对设备从规划、设计、选型、购置、安装、验收、使用、保养、维修、改造、更新直至报废为止的全过程进行的科学控制管理。它是一门把旅游服务、设备科技、经济管理等学科综合起来的内容丰富、涉及面广的新学科。

国际设施协会（IFMA）对设施管理有一个简单直接的定义，即"设施管理是将某一组织中的人与工作安排在实际的工作场所之中的实践"。

（二）饭店设备管理的意义

1. 是开展饭店生产经营的基本条件

饭店的设备管理为贯彻饭店经营方针实现经营目标，首先必须确保饭店具有完善的服务设施，特别要确保宾客住、吃、行、购、游、乐中较为敏感的环境条件和生活条件所必需的设施设备，例如冷热水供应、冷暖气供给、电梯的运行等。饭店是以设备设施为依托，向客人提供各种服务而取得收入的企业，如果离开了必要的设备，服务就成了无源之水、无本之木。

2. 是提高饭店服务质量的重要保证

我们常说的服务质量有四大要素：设备设施、服务水平、实物产品和安全。饭店的设备设施的添置是为了适应市场的需要，满足宾客旅居生活的要求。例如：现代饭店中客房除配有卫生间、彩电、冰箱、电话外，随着商务客人的增多，有的客房内添置了传真机、电脑及因特网专用线，为客人提供了更完好的商务活动服务设施。对于直接影响到服务质量的设备如供电、供水、通信、洗衣、健身娱乐设备，必须采取必要的技术组织措施，提高设备精度、舒适度和可靠性，注重对设备状态的检测和诊断，以便对故障及时加以控制和排除，加强对关键设备的优先维护保养、计划性维修等，以保证向宾客提供高效优质的服务。

3. 是提高饭店经济效益的重要手段

饭店内的设备管理部门不是直接创造利润的部门，表面上看，这个部门的投入最多，因为买设备、维修、更新都需要资金的支持。尤其是新建的饭店花几十万甚至上百万美元进口一台设备并不少见，但这恰恰从另一方面说明了设备管理工作的好坏与提高饭店经济效益的关系。在饭店总的营业额一定的前提下，降低成本就是增加利润。在针对美国5个州7家饭店的调查统计资料表明，这些饭店平均能源消耗成本相当于其营业收入总额的5.6%。一般而言，通过采取严格的检查、定期保养与维修等管理手段，以及先进的节能措施，可以有效地节省饭店开支，也就间接增加了饭店的利润。可见，有效的设备管理可以充分发挥设备的效能，控制能源消耗，最终将会提高饭店的经济效益。

二、饭店设备管理的目标

饭店设备管理的直接目标是追求最经济的寿命周期费用和最高的综合效能。

设备的寿命周期是指设备的"规划—设计—制造—调试—安装—试运转—使用—维修—改造—报废"这一全过程。设备寿命周期费用就是在设备寿命周期中，对设备投入的全部价值量，这是一项综合性的货币形态价值预测指标，也是设备经营管理的基础资料之一。设备寿命周期费用主要包括设备购置费和维修费。

设备综合效能不仅包括设备为饭店营业接待所提供服务的先进性，而且还包括设备的可靠性、可维修性、节能性、配套性、美观性及宾客使用的舒适性、易操作性等综合的系统效能，也就是设备对旅游饭店服务的八大特性的满足程度和能为饭店的宾客提供服务的效能。

我们讲设备寿命费用最经济，而不讲设备寿命费用最低，是因为设备寿命周期费用并非越低越好。费用支出的目的在于取得效益，当费用最低时，可能设备的效能并没有充分发挥出来。因此，最佳的寿命周期费用是在设备费用效益最高时的寿命周期费用。这时，相对最低的寿命周期费用称为最经济的寿命周期费用。

三、饭店设备管理的特点

（一）构成复杂，综合能力强

饭店设备的现代化使得设备投资额增大，维持费用增加，设备管理的好坏与饭店经济效益的关系越来越密切，这就要求设备管理者的管理能力要逐步增强。而目前设备的现代化管理已不仅局限于维修保养的纯技术层面，还要涉及经济分析和大量的组织协调工作。譬如，购置设备前所进行的可行性论证，计划的编制，劳动力的组织与安排，与各部门的协调，设备管理的考核、检查、评比以及有关对外联络等等。因此，饭店设备的现代化管理可以说是整个企业管理的缩影，要求设备管理者必须有较强的综合管理能力，这样才能适应饭店不断发展的需要。

（二）消费性强，管理效率高

大量的饭店设备设施供客人直接使用，一旦设备出了故障，服务就要受到影响，几乎无法由人来代替，必须立即修复，各饭店对设备设施的维修工作都有具体的时间限制。所以设备管理工作，特别是维修工作必须高效率、高质量。

（三）资金投入大，回收期长

现代饭店为适应旅客日益增长的需求，已不再是仅仅提供食宿的场所，而是涵盖了衣食住行、安全舒适、视听娱乐、运动健身、商务购物、美容美体等诸多方面，设备设施也已日趋完善。一个现代化饭店的设备设施投资已占总造价的 1/3 以上。

（四）直接构成饭店产品

饭店设备系统除了在后台支撑饭店营运外，很大一部分的设备直接构成了饭店产品，成为宾客直接的消费实物产品。如宾客直接使用供热、供水等设备，在餐厅除了享受服务外，饭店的桌椅、照明、空调也属于直接或间接的消费。

【案例1】

我们都是维修工

太原市并州饭店南楼205号房是间长包房，住着两位德国客人，他们是一家合资企业的德方工程技术专家。一天晚上，两位德国客人从餐厅搬来一箱易拉罐啤酒及几个冷盘，各自坐在自己的床沿上，靠着电控柜兴致十足地饮起啤酒来。突然，整个房间的电灯熄灭了，一团漆黑。原来是他们喝酒时不小心碰倒了一罐啤酒，酒水洒在了电控柜中面上，顺着缝隙渗进柜内，导致电路短路与电器故障。此时，两位客人尚未喝醉，头脑还算清醒，连忙摸到门口，打开房门，用略显生硬的汉语大声呼叫服务员。

当班服务员小严闻讯赶来，得知205号房发生断电事故，当即安慰德国客人，请他们放心，一定尽快修复。他马上跑到办公室，找到正在值班的客户部孟经理和主管小郑，报告了刚才的意外事故。孟经理和小郑二话没说，不慌不忙地从旁边的一只工具箱里熟练地取出螺丝刀、手电筒、电工笔、电源接线板和电吹风等工具（工具箱里装着各种工具、用品及零配件，有打钉枪、修理剪、裁纸刀、钳子、扳手、锉刀、钢锯、锤子、烙铁、油灰刀、刻字刀、刷子、毛笔、绝缘胶布、透明胶纸、砂纸、各式零块地毯、小木块、乳胶、修正液、钉子、螺丝等）然后一起赶到205号房现场。

他们打着手电，迅速地卸开电控柜侧面的盖板，用干布、卫生纸把柜内的水分吸干，再从外面楼层引来电源接通电吹风，对准受潮处使劲猛吹，只用5分钟就吹干了，霎那间房间里一片光明。

"哦！"两位德国客人禁不住欢呼起来，连声道谢，并竖起大拇指一个劲地称赞并州饭店的服务员和管理者的技术精湛、服务水平高。孟经理则表示，这是他们应该做的，并告诉客人，今后若在客房喝酒，一定要注意安全，防止类似的事故发生。两位德国客人连连点头称是，表示今后一定吸取教训。

第四节　饭店设备的发展趋势

一、饭店设备运行控制的自动化

随着科技的进步，饭店设备的自动化水平日趋提高，自动化管理设备从单体的设备管理转向设备系统的自动控制。目前饭店都把计算机作为饭店实现现代化管理的主要工具，并不断拓展计算机在饭店业务上的应用。今后，由电脑控制的设备和系统会越来越多。饭店中自动化管理系统能够提供充分的安全保证和舒适宜人的生活、工作环境，提高了饭店管理的经济性，还节约了劳动力成本。

二、饭店设备的能源管理和环保性

（一）饭店设备能源管理的内容

饭店的能耗是指煤（燃油）、电、水、煤气等的耗用量。其中电耗费用大约占总能耗费用的 70%（中央空调用离心式空调机组时）。因此，要降低能耗费用首先应抓电耗，其次是抓煤（燃油）耗。应该成立以工程部为主体的节能领导小组，各部门均应设节能管理员。节能领导小组要经常研究饭店的能耗情况，采取相应节能措施；工程部应每月进行能耗统计并绘制成曲线图，并将不同年份、不同月份的能耗相比较。

饭店要保证正常的营运并提高收益，需贯彻执行国家有关节能的方针、政策、法规、标准及有关规定，制定并组织实施本饭店的节能技术措施，完善各项节能管理制度，建立健全饭店能源管理体系，降低能耗，完成节能任务。

饭店选择环保性高、节能性好的设备以减少饭店成本支出，实现经济利益和社会利益相统一的目标。如：变频调速器、无氯冰箱、低噪音风机、模块式制冷机组等这些设备将不断在新的领域体现环保意识。饭店节能主要集中在中央空调系统、照明系统和电梯系统这三大耗能系统上。

1. 空调系统节能设计

在中央空调系统中，冷冻水泵、冷却水泵和风机的容量是根据建筑物设计的最大热负荷选定的，且留有一定的设计余量。在没有使用节能控制的系统中，水泵和风机一年四季在额定负载的状态下运行，只能用风阀或水阀进行调节，产生大量的节流或回流损失，且达不到节能的目的。对水泵和风机而言，由于它是在满负荷下运行，因此造成了能量不必要的浪费。

由于四季的变化、阴晴雨雪及白天黑夜的转换，外界温度时常变化，使得中央空调的热负荷在绝大部分时间里远比设计负荷低。也就是说，中央空调实际大部分时间应在低负荷状态下运行。

对具有中央空调系统的大型建筑而言，建议主要通过控制和管理两方面来实现节能，即在冷冻水泵、冷却水泵和风机上安装变频器和控制器达到控制节能，同时对整个中央空调系统安装能量监控管理系统，让中央空调系统实现供给与需求之间的精确匹配，达到节能的目的。

2. 照明系统节能设计

在现有电力输送过程中，为了避免线路损耗，供电部门会以较高的电压输送，以确保最前端的供电电压达到额定值，同时也是为了避免昼夜间的线路电压波动。较高的工作电压并不能使照明设备更有效地工作，反而是导致设备发热及过早损坏的主要原因。较高的工作电压将产生出不必要的电费开支，并且会缩短灯具或其他用电设备的使用寿命。而长期在过压状态下工作，还会导致节能型灯具寿命远远低于设计值，造成节能灯具"节能不节钱"的现象。

3. 电梯系统节能设计

电梯节电器采用电梯空载上行和满载下行时电机再生发电回馈技术，将处于发电制动状态电机输出的电能利用起来，达到节约电能的目的；同时，因不再使用电阻，避免了电阻发热导致电梯间温度上升的情况；电梯间不再使用空调降温，从而节省了空调费，也降低了变频设备故障发生的可能性，可以带来更大的节电效果。

三、饭店管理的智能化

饭店智能化（Hotel Intelligence），指的是现代化饭店以全新高科技产品装配，从而达到饭店内部处理服务智能化，饭店对客人服务智能化，饭店对外界宣传智能化。饭店智能化可分为三部分。

（一）内部管理智能化

这里的内部管理指的是饭店内部营运数据处理和人员管理。比如饭店内部每天的营业数据、财务数据分析、员工工资及成本核算、员工奖励制度核算等。当今的饭店内部管理智能化，往往体现在饭店管理系统这个软件平台的处理能力上。现在在中国使用率普遍较高的饭店管理软件包括：杭州的西湖软件，北京的中通软件，上海的复创科技，广州的天言五星、千里马软件，深圳的捷信达、厚合软件等。该类软件主要以软件研发为主，并不过多研究硬件领域，属于软实力企业。

（二）客服管理的智能化

这里的客服管理指的是对客人入住饭店过程中所能享受到的一切服务的管理。使用诸如上海复创科技的自助通系统，从客人通过因特网或电话订房开始，饭店就通过远程订房系统完成对该房间的定时预留，并及时地根据客人的特殊喜好作好准备，等候客人的到来；当客人到达后，在饭店大堂只需出示身份证，就可以立刻入住饭店预定好的客房；当客人来到客房门前，用身份证或会员卡就可以打开电子门锁；打开房门，房间走廊的廊灯会随之点亮；客人把卡插入取电开关，房间根据客人入住的时间选择相应的模式，如果是晚间，房间会适时选择相应柔和的夜景模式，床头灯亮了，小台灯亮了，电视自动打开了，背景音乐放着柔和的音乐；客人在沐浴之后可轻触床头的触摸开关选择睡眠模式，走廊的小夜灯亮了，其他灯随之熄灭；愉快的入住时光结束后，客人来到大堂，刷一下会员卡就自动从卡中扣除了费用。

（三）饭店对外界宣传的智能化

这里指的是饭店除了自身印刷传统广告、做电视广告、媒体宣传以外，饭店建立起属于自己的网站，并且通过互联网为自己建立一条自我推广、宣传面广的互联网广告智能渠道。当客人打开饭店网页，看到饭店内部装潢感到满意后，可以在饭店网站输入订房信息，通过网银支付饭店的会员费用，选一张自己喜欢的会员卡。这时饭店前台已经获得信息，得知一位尊贵的客人已经通过互联网付款订购了一张会员卡。接下来，饭店将为客人提供贴身服务。

以上三点才是饭店智能化的真正意义。智能化不单单是饭店服务客人的一种方式，还是饭店通过智能化产品实现一条龙的"产销盘存"的理念，是既实现盈利又实现高品质服务的双赢。

【思考题】

1. 饭店主要设备有哪些？
2. 简述饭店设备管理的内涵及意义。
3. 饭店设备发展的趋势是什么？

【案例分析题】

刚刚休完假的我上 B 班。一上班，z 就过来跟我说："西餐厨房的盘管机又满水了，我们部门一位不是空调专业的师傅昨天才去吹通了，今天又漏水了。西餐部的厨师们意见很大，等一下我们俩人一起去吧，争取一次性彻底解决问题。"

来到西餐厨房一看，天花板果然在漏水，我先关掉盘管机电源，爬上天花板一看，盘管机确实又满水了。我用吹管进行疏通，水可以排走一部分，但排水速度不够快，问题出在哪里呢？我又去拿来喷枪进行疏通，排水量很大。但一旦拿掉喷枪，盘管接水盘内的水却又降得很慢。排除掉排水管堵塞的可能性后，我和 z 对整个排水管进行了逐一检查，发现了排水不畅的真正原因——盘管机排水口出口用的是一条一米左右的铁管再接上塑料软管，在铁管和塑料软管连接处用了一个吊码将铁管吊住，而其高度却略高于盘管机的排水口。我们重新用铁丝放低吊码调整坡度后，盘管机的排水变得畅通了。反复放水，试过几次后都很通畅，我们俩会心地笑了。

修理完后，西餐部的厨师们聚过来说："明天不要再漏啊，天天漏水很烦的。"我胸有成竹地告诉他们："明天再漏水，你们就拿我是问。"我们还报上了自己的姓名和工种，厨师们都笑了。

这件事过去了很久，那里也再没有漏过水，但我的感触却颇深：一个小小的、看似不起眼的维修失误给别的部门带来了多大的麻烦啊，也给我们工程部带来了一定的负面影响，这都是我们应该好好反思的事。

案例思考：上述事件说明了什么问题？

第十章 房务部管理

【学习目标】
　　1. 了解饭店房务管理的基本内容
　　2. 掌握房务系统的工作规范
　　3. 熟悉前厅、客房各个工作岗位的要求

【主要内容】
　　1. 饭店前厅的作用和服务内容
　　2. 客房部的工作任务和岗位职责
　　3. 宾客关系的内涵，会议服务规范

【导入案例】

"金钥匙"服务

　　2012 年 9 月 3 日上午，一位女住客急匆匆地来到酒店大堂的礼宾部，手里还拿着两张发票。她径直走到身着燕尾服的"金钥匙"服务员小方面前说："今天早上我是坐出租车来到你们酒店的，我把摄影机的架子忘在出租车上了，而且没有出租车的发票，怎么办呢？"

　　"小姐，您别着急，让我们一起想一想办法。请问您早上大约几点到达我们酒店的？"

　　"具体时间记不清了。"

　　"请出示一下您的住房卡好吗？"小方接过客人递过来的住房卡并告诉客人在大堂吧稍候一下，随即到前台接待处，查询了这位客人办理入住的具体时间。行李员小卢说："是我接待这位女士的，当时我上前为这位女士拉车门、护顶，她示意让我到车后尾箱取行李，打开尾箱后一共拿出了两个皮箱，当时我还仔细看了一下没有其他行李，这时后面又有其他的出租车来了，我就赶紧关了车门，并迅速在提示卡上记下了这辆出租车车号交给了她，帮着提着行李来到了前台。"

　　小方分析，这是客人自己遗失了行李，她可能怕把摄影架压坏弄脏，自己坐在前排，摄影架没有放在车后尾箱而单独放在了车的后排，下车时忘了提醒行李员。现在唯一的办法是看能不能找到出租车司机，那就要通过行李员留给客人的那张提示卡了。

　　小方快步来到大堂吧对女士说："让您久等了，我问一下早上您下车时，行李员给您的那张提示卡还在吗？"客人在手提包里翻找起来，终于找到了一张团成一团的小小的提示卡。小方立即通过礼宾部联系到了出租车调配中心，找到了这家出租车公司的电话，在电话里向对方说明了情况。20 分钟后，一辆出租车停在酒店门口，司机把发票和摄影架送到了前厅部。

这位女住客高兴地笑着说："太谢谢你们了，谢谢你们的细心和周到，还有这张给我留下美好回忆的提示卡。"

第一节　前厅

一、前厅概述（Front Office）

前厅部又名客务部、前台部、大堂部，是饭店对外的窗口，是饭店的大脑和神经中枢，是联系饭店与宾客的桥梁和纽带，是饭店管理的关键部门。前厅部是饭店吸引客源、销售客房商品、组织接待，并为客人提供各种综合服务的部门，是整个饭店业务活动的中心，是饭店总经理及销售部门作出经营决策的最高参谋机构。前厅部的管理体系、工作程序，前厅部员工的服务质量、操作技能、应变能力和言谈举止等，无一不影响着饭店的形象和声誉。

（一）前厅的地位及作用

1. 前厅部是饭店的活动中心

客房是饭店最主要的产品。前厅部通过客房的销售来带动饭店其他各部门的经营活动。为此，前厅部积极开展客房预订业务，为抵店的客人办理登记入住手续及安排住房，积极宣传和推销饭店的各种产品。同时，前厅部还要及时将客源、客情、客人需求及投诉等各种信息通报有关部门，共同协调全饭店的对客服务工作，以确保服务工作的效率和质量。同时，前厅部自始至终是为客人服务的中心，是客人与饭店联络的纽带。前厅部人员的服务从客人抵店前的预订到入住，直至客人结账离开后建立客史档案，贯穿于客人与饭店交易往来的全过程。

2. 前厅部是饭店管理机构的代表

前厅部是饭店的神经中枢，在客人心目中它是饭店管理机构的代表。客人入住登记在前厅，离店结算在前厅，客人遇到困难寻求帮助找前厅，客人感到不满要投诉时也找前厅。前厅工作人员的言语举止会给客人留下深刻的第一印象。如果前厅工作人员能以彬彬有礼的态度待客，以娴熟的技巧为客人提供服务，或妥善处理客人投诉，认真有效地帮助客人解决疑难问题，那么客人对饭店的其他服务也会感到放心和满意；反之，则会使客人对一切都感到不满。由此可见，前厅部的工作直接反映了饭店的工作效率、服务质量和管理水平，直接影响饭店的总体形象。

3. 前厅部是饭店管理机构的参谋和助手

作为饭店业务活动的中心，前厅部能收集到有关饭店经营管理的各种信息，并对这些信息进行认真的整理和分析，每日或定期向饭店管理机构提供真实反映饭店经营管理情况的数据和报表。前厅部还定期向饭店管理机构提供咨询意见，作为制定和调整饭店计划和经营策略的参考依据。

综上所述，前厅是饭店的重要组成部分，是加强饭店经营的重要环节，它具有接触面广、政策性强、业务复杂、影响全局的特点。因此，饭店以前厅为中心加强经营管理是十分必要的。

（二）前厅的工作任务

前厅部在饭店中的地位和作用决定了它的基本任务就是推销饭店客房及服务，协调饭店各部门的工作，向饭店客人提供令其满意的服务，为饭店赢得理想的经济效益。前厅部的任务主要有以下七项内容：

1. 销售客房（Sell Rooms）

客房的营业收入是饭店的主要经济来源，饭店经常用客房销售量和平均房价来衡量前厅员工的工作业绩，并要求每个前厅员工掌握销售技巧。

2. 建立客账，进行账单管理（Bill Management）

账单是处理客人账目的基本依据，客人在饭店的所有消费都要汇集到前台来并审核统计。处理客人账目要准确及时，同时随时掌握房价的变动、房价的折让等要素。前台结账直接影响到饭店的形象和经济效益。

3. 控制客房状态（Control Room Status）

在任何时候前台都必须掌握正确的房态来显示客房出售状况和未来的销售能力，给市场营销部提供营销信息。前台人员要及时将客人的入住和离店、房间续住、房间更换、预订未到、维修客房等信息进行及时反映。房态显示的资料来源于两处：一是客房部送来的楼层房态表，二是前台的房态资料。前台人员要对它们进行反复核对，以保证房态的准确无误。

4. 提供相关服务（Correlate Work）

前厅部的业务范围包括预订、接待，还包括问询、叫醒服务、邮件服务、订票服务、留言服务、礼宾服务、兑换货币、委托代办等多项服务。

5. 协调对客服务（Assort with Service for Guest）

前厅工作涉及饭店的众多部门，所以必须首先树立整体服务意识。一方面将客人的需求信息以及反馈意见及时传递到各个部门进行协调控制，另一方面要充当饭店代言人的角色，解决客人在入住过程中碰到的各种问题，以保证整个饭店的服务质量和效率。

6. 统计与预测报表（Forecast Demand）

前厅部的表格有客房出租率以及平均房价的显示，有去年同比的相关资料，还会有客人在饭店的各种消费状况，这一切都为饭店分析、判断、预测市场、制定营销策略提供了直接的依据。

7. 建立客史档案（Set up the Guest History）

客史档案中记录了客人入住饭店的主要资料，是饭店了解客人需求特点并提供针对性服务的最重要的依据。

（三）前厅组织机构（**Organizational Framework**）

前厅部隶属于房务部，是负责接待宾客、销售饭店客房及餐饮娱乐等服务产品、沟通与协调饭店各部门、为客人提供各种综合服务的对客服务部门。为客人提供房间预订、入住登记、排房、换房、信息查询、留言、外币兑换、行李寄存、离店结账、票务等各项服务。前厅部通常由礼宾部、前台接待处、总机、商务中心、行政楼层、客户关系部等机构组成，大型饭店还设有商品部。

依据饭店的接待规模，前厅部的机构形态大致分为三类：

1. 大型饭店（Large Hotel）（如图 10-1 所示）

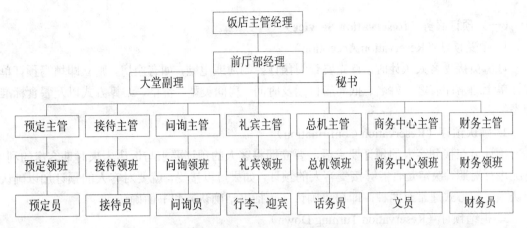

图 10-1 大型饭店组织结构示意图

2. 中型饭店（Medium-sized Hotel）（如图 10-2 所示）

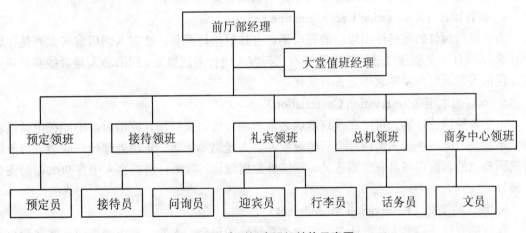

图 10-2 中型饭店组织结构示意图

3. 小型饭店（Small Hotel）（如图 10-3 所示）

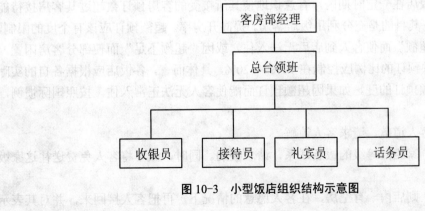

图 10-3 小型饭店组织结构示意图

二、前厅服务及规范

（一）预订服务（**Reservation Service**）

1. 接受预订（Reservation Acception）

订房员接受客人预订时，首先要查阅预订控制簿或电脑，如有空房，则立即填写预订单。预订单上通常印有客人姓名、抵离店日期及时间、房间类型、价格、结算方式以及餐食标准、种类等内容。

2. 确认预订（Reservation Confirmation）

预订员在接到客人的预订要求后，要立即将客人的预订要求与饭店未来时期客房的利用情况进行对照，决定是否能够接受客人的预订，如果可以接受，就要对客人的预订加以确认。确认预订的方式通常有两种，即口头确认（包括电话确认）和书面确认。

3. 拒绝预订（Reservation Turning Down）

如果饭店无法接受客人的预订，就要对预订加以婉拒。婉拒预订时不能因为未能符合客人的最初要求而终止服务，而应该主动提出一系列可供客人选择的建议。这样不但可以促进饭店客房的销售，而且可以在顾客心目中树立饭店良好的形象。

4. 核对预订（Reservation Reconfirmation）

为了提高预订的准确性和饭店的开房率，并作好接待准备，在客人到店前（尤其是在旅游旺季），预订人员要通过书信或电话等方式与客人进行多次核对，问清客人是否能够如期抵店，住宿人数、时间和要求等是否有变化。

5. 预订的取消（Reservation Cancellation）

由于各种缘故，客人可能在预订抵店之前取消订房。接受预订取消时，不能在电话里表露出不愉快，而应使客人明白，今后随时欢迎客人光临本饭店。正确处理预订取消，对于饭店巩固自己的客源市场具有重要意义。据国外数据统计，取消订房的客人中有90%以后还会来预订。

6. 预订的变更（Reservation Amendment）

预订的变更是指客人在抵达之前临时改变预计的日期、人数、要求、期限、姓名和交通工具等。

7. 超额预订（Overbooking）

超额预订是指饭店在一定时期内，有意识地使其所接受的客房预订数超过其客房接待能力的一种预订现象，其目的是充分利用饭店客房，提高开房率。超额预订应该有个度的限制，以免出现因"过度超额"而使客人到店后无法入住，或因"超额不足"而使部分客房闲置。通常，饭店接受超额预订的比例应控制在10%～20%，具体而言，各饭店应根据各自的实际情况，合理掌握超额预订的度。如果因超额预订而能使客人无法正常入住，按照国际惯例，饭店方面应该做到：

（1）诚恳地向客人道歉，请求客人谅解。

（2）立即与另一家相同等级的饭店联系，请求援助。同时，派车将客人免费送往这家饭店。

（3）如果连住，则店内一有空房，在客人愿意的情况下，再把客人接回来，并对其表示欢迎（可由大堂副理出面迎接，或在客房内摆放花束等）。

（4）对提供了援助的饭店表示感谢。如客人属于保证类预订，则除了采取以上措施以外，还应视具体情况，为客人提供以下帮助：支付其在其他饭店住宿期间的第一夜房费，或客人搬回饭店后可享受一天免费房的待遇；免费为客人提供一次长途电话或传真服务，以便客人能够将临时改变地址的情况通知有关方面；次日排房时，首先考虑此类客人的用房安排。

（二）礼宾服务（Concierge Service）

礼宾服务由饭店的礼宾部提供，其主要职责就是围绕客人需求提供"一条龙服务"。礼宾服务是现代饭店对客服务中的一种新概念，它把迎送宾客服务和为进出店客人提供行李服务合为一体，并作出具体分工。与过去传统的行李服务相比，礼宾服务更能体现饭店与宾客之间的关系，拓宽了对客服务的内容。

在大中型饭店中，礼宾部一般下设迎宾员、门童、行李员、派送员、机场代表等几个岗位。礼宾部的工作人员在客人心目中常被视为"饭店代表"，其服务态度、工作效率和质量都会给饭店的经济效益带来直接的影响。礼宾部的主要工作有：

1. 迎宾服务（Guest Reception Service）

当客人抵店时，门童要主动相迎，为来店客人拉开车门，热情欢迎客人。协助客人下车并卸下行李，提醒客人清点行李以防物品遗留在车上，并招呼前厅行李员，将客人引领入店。

2. 送行服务（Guest Departure Service）

当客人离店时，门童要将客人的用车召唤至大门口，协助行李员将客人的行李装上车，并请客人核对行李，协助客人上车坐好，轻关车门，向客人致意送别，并表示欢迎客人再次光临。

3. 贵宾迎送服务（VIP Reception Service）

贵宾接待，是饭店为下榻的重要客人提供的一种礼遇。门童要根据预订处发出的通知作好充分准备，要讲究服务规格。

4. 安全保卫（Security Control）

负责注意门厅出入人员动向，做好防爆、防盗工作。协助保安人员做好贵宾抵离时的安全保卫工作。

5. 门前调度（Door Schedule）

确保饭店门前车道畅通，指挥正门前交通及车辆停放事宜。为住客召唤出租车，负责大门口附近车辆的清理工作。

6. 检查环境（Environment Inspection）

负责检查门厅环境卫生及室温。

7. 机场代表的迎送服务（The Airport Representative Shuttle Service）

饭店根据自身的服务规格及要求，在机场、火车站、码头等派出代表，即"饭店代表（Hotel Representative）"（有些饭店在机场、火车站等设有固定的接待点），代表饭店对客人的抵达表示热烈欢迎，并致亲切问候，热情协助他们去饭店或送客离去。

8. 回答客人问询（Answer Guests' Inquiries）

因工作岗位所处位置的特殊性，客人有问题经常会询问礼宾部。礼宾人员应以热情友好的态度，准确地答复客人的问询。对没有把握的问题，应向客人表示歉意，并礼貌地请客人到问询处询问。决不可使用"不知道"、"不清楚"等简单生硬的否定性语言答复客人。

（三）"金钥匙"服务（Concierge Service）

"金钥匙"的原型是 19 世纪初期欧洲饭店的"委托代办"（Concierge）。从委托代办的含义可以看出"金钥匙"的本质内涵就是饭店的委托代办服务机构。演变到今天，已经是对具有国际"金钥匙"组织会员资格的饭店礼宾部职员的特殊称谓。"金钥匙"已成为世界各国高星级饭店服务水准的形象代表，一个饭店加入了"金钥匙"组织就等于在国际饭店行业获得了一席之地；一个饭店拥有了"金钥匙"这种首席礼宾司，就可显示出其不同凡响的身价。换言之，大饭店的礼宾人员若获得"金钥匙"资格，他也会倍感自豪，因为他代表着饭店个性化的服务，是饭店内外综合服务的总代理。

"金钥匙"的服务理念是在不违反当地法律和道德观的前提下，使客人获得满意加惊喜的服务，让客人自踏入饭店到离开饭店，自始至终都感受到一种无微不至的关怀。"金钥匙"的服务内容涉及面很广：向客人提供市内最新的流行信息、时事信息和举办各种活动的信息，并为客人代购歌剧院和足球赛的入场券；为城外举行的团体会议作计划，满足客人的各种个性化需求，包括计划安排在国外举行的正式晚宴；为一些大公司作旅程安排；照顾好那些外出旅行客人和在国外受训的客人的子女。现在国际饭店"金钥匙"组织已拥有超过 4500 个来自 34 个国家的成员。

（四）行李服务（Bellmen's Service）

行李服务是前厅服务的一项重要内容，由行李员负责提供。内容包括客人行李搬运和行李保管服务。

1. 散客乘车抵店时，行李员应主动上前迎接，向客人表示欢迎，帮助客人卸下行李，并请客人清点过目，准确无误后帮客人提携。但对于易碎物品和贵重物品不必主动提携，如客人需要帮助时，行李员应特别小心，注意要轻拿轻放，以防丢失破损。

2. 行李员提着行李走在客人的左前方，引领客人到接待处办理入住登记手续。如有大件行李，则需要行李车。

3. 引领客人到达接待处后，行李员应放下行李，站在总台前客人侧后 1.5 米处，并随时听候接待员及客人的召唤。

4. 客人办完入住手续后，应主动上前从接待员手中接过房卡，引领客人入客房。

5. 引领客人到达电梯门时，应放下行李，按电梯按钮。当电梯门打开时，用一只手扶住电梯门，请客人先进入电梯，然后进入电梯靠右侧站立并按楼层键。电梯到达后，请客人先出随后提行李跟出，继续引领客人到所在房间。

6. 到达客房门口时，行李员先放下行李，按饭店既定程序敲门，房内无人应答再用钥匙开门。

7. 打开房门后，将房卡插入取电盒内使房间通电，开灯，退出客房用手势示意请客人先进。

8. 将行李放在客房行李柜上，然后简要介绍房间设施、设备及使用方法，介绍时手势不能太多，时间不能太长，应控制在 2 分钟以内，以免给客人造成索取小费的误解。如果客人以前曾住过本店，则不必再介绍。

9. 房间介绍完毕后，应征求客人是否还有其他要求，在客人无其他要求时应礼貌地向客人道别，并祝客人在本店住得愉快。离开时，将房门轻轻关上。

10. 离开房间后，迅速从员工通道返回礼宾部，填写"行李（入店/出店）登记表"。

（五）总机服务（Operator Service）

总机是饭店内外沟通联络的通信枢纽。它以电话为媒介，直接为客人提供转接电话、挂拨国际或国内长途、叫醒、查询等服务，是饭店对外联系的窗口，代表着饭店的形象，体现着饭店的服务水准。

1. 电话转接（Call Forwarding Service）、留言服务（Message Service）

（1）话务员转接电话时，首先应礼貌地向客人问好，自报饭店名。

（2）接到留言来电时，应礼貌地请对方稍候，在电脑中查询对方所找客人的姓名，待核实后将电话转入；若查询后没有该客人姓名，则应再查一遍，若依然没有则应礼貌地告知客人。若客人有什么疑问，可将电话转至总台进行查询。

2. 问询和查询电话服务（Telephone Inquiries Service）

（1）当客人查询电话号码时，话务员应该请客人稍等，然后立即查明电话号码并通知客人。若需要较长时间进行查询，应先征询客人的意见，询问客人是否可以留下联系方式，等查明后再与客人联系并告知。

（2）如果无法找到被找的客人，话务员不能立即回绝客人，而应进一步联系前台，因为这种情况有可能是客人才刚刚抵店，有关信息还没有来得及传递到总机等原因造成的。

（六）勿扰服务（Do Not Disturb Service）

（1）话务员将要求提供"勿扰服务"（DND）的客人房号、姓名、时间记录在交接班记录本上。

（2）话务员将电话号码通过话务台关闭。

（3）在客人要求"勿扰服务"期间，如有客人的来电，话务员应当按照服务规程要求礼貌地将情况告知来电者，并建议其留言或是在客人取消"勿扰服务"之后再与其联系。

（4）接到客人要求取消"勿扰服务"的通知后，话务员应立即通过话务台开通电话，并在交接班记录本上注明该项服务已经取消，同时记录取消该项服务的时间。

（七）商务中心服务（Business Center Service）

商务中心是为宾客提供现代化通信科技设备服务、文字处理服务和秘书服务的一个综合部门，其主要服务包括：文件装订、名片印制、会议室出租、速递、传真、电报、长途电话、翻译、复印、过塑、中英文打字、国际互联网查询、电子邮件等。商务中心不仅是为宾客进行商务活动提供全面服务的中心，而且也是协助宾客获取各类信息、资料的中心。

第二节 客户关系管理

一、客户关系管理（CRM）的基本概念

（一）定义

客户关系管理（Customer Relationship Management, CRM），是伴随着因特网和电子商务的大潮进入中国的。最早发展客户关系管理的国家是美国，在1980年初便有所谓的"接触管理"（Contact Management）专门收集客户与公司联系的所有信息，到1990年则演变成包括电话服务中心在内的支持资料分析的客户关怀（Customer Care）。

1. 在 CRM 中客户是企业的一项重要资产

在传统的管理理念以及现行的财务制度中，只有厂房、设备、现金、股票、债券等是资产。随着科技的发展，开始把技术、人才视为企业的资产，对技术以及人才加以百般重视。然而，这种划分资产的理念是一种闭环式的，而不是开放式的。无论是传统的固定资产和流动资产论，还是新出现的人才和技术资产论，都是企业能够得以实现价值的部分条件，而不是完全条件。其缺少的部分就是产品实现其价值的最后阶段，同时也是最重要的阶段，这个阶段的主导者就是客户。

2. 客户关怀是 CRM 的中心

在最初的时候，企业向客户提供售后服务是作为对其特定产品的一种支持。原因在于这部分产品需要定期进行修理和维护，例如家用电器、电脑产品、汽车等。这种售后服务基本上被客户认为是产品本身的一个组成部分。如果没有售后服务，客户根本就不会购买企业的产品。那些在售后服务方面做得好的公司其市场销售就处于上升的趋势；反之，那些不注重售后服务的公司其市场销售则处于不利的地位。

3. 客户关怀的目的是增强客户满意度与忠诚度

国际上一些权威的研究机构，经过深入的调查研究以后得出了这样一些结论："把客户的满意度提高 5 个百分点，其结果是企业的利润增加 1 倍"；"一个非常满意的客户其购买意愿比一个满意客户高出 6 倍"；"2/3 的客户离开供应商是因为供应商对他们的关怀不够"；"93%的企业 CEO 认为客户关系管理是企业成功和更有竞争能力的最重要的因素"。如同企业的产品有生命周期一样，客户同样也是有生命周期的。客户的保持周期越长久，企业的相对投资回报就越高，从而给企业带来的利润就会越大。

（二）内涵

饭店业作为典型的服务行业，在新经济浪潮的冲击下，其经营理念发生着深刻的变化，表现在从形式到内容、从外观到内涵、从服务到管理等各方面。我国饭店业的经营正在步入以人为中心的阶段。在饭店业，以人为中心就是要创造顾客，即通过饭店的经营，把消费人群中的一部分变为本饭店忠实的消费者。客户是饭店存在的基础，是饭店双重效益的源泉。

1. 饭店"以客户为中心（Customer-focused）"的理念是核心

客户关系管理是市场营销观念从"以产品为中心（Product-focused）"向"以客户为中心"转变的最典型体现之一，它将客户视为企业最重要的资源之一，通过完善的客户服务和深入的客户分析来满足客户的需求，保证实现客户的终生价值，从而提高客户满意度和忠诚度，增强企业核心竞争力。饭店业是当今这个体验经济时代最具代表性的体验经济产业之一，客人在饭店所感受到的体验是饭店所提供的最重要的商品，而这种体验是饭店的物质产品、服务、软硬件环境的综合体。饭店的客户关系管理只有依靠饭店的全体员工在点滴中身体力行才能真正实现。因此，在客户关系管理中，对饭店员工思想的改造才是真正的关键所在。没有"以客户为中心"的理念，仅有 CRM 系统，客户关系管理就是无源之水，空有表象，没有内容。以在业界享有盛誉的泰国东方饭店为例，该饭店客户关系管理向来以细致入微著称，甚至可以在客人离店两年之后在其生日之时寄出贺卡，使客人十分感动，有助于培养忠诚顾客。

2. 饭店企业文化是客户关系管理的保证

饭店企业文化（Enterprise Culture）是饭店员工共同拥有的价值观、饭店精神、经营哲学等，是一种渗透在饭店一切经营活动之中的东西，是饭店的灵魂所在。它对内能形成饭店内部的凝聚力，对外则形成本饭店在与同行业中的核心竞争力。饭店的客户关系管理要持续、有效地发挥作用就必须利用自身企业文化的微妙性和吸引力来影响、感召和管理全体员工。这里需要强调的是，饭店所要建设的企业文化是多层面的，而其中对客户关系管理影响最大的是"如何对待员工"和"如何对待客户"这两方面。一个真正"以人为本"的饭店企业文化才能真正创造出"以客户为中心"的客户关系管理。如丽兹·卡尔顿饭店就将其员工视为"为女士和绅士服务的女士和绅士"。这种文化使员工充满自信，他们会竭尽全力去满足客户的一切需求。

3. 饭店对客户关系的知识管理是关键

客户关系管理的重点是"客户关系"。饭店不断地搜集、整理、分析和预测有关客户的一切有效信息，目的无非就是获取客户、开发客户和保持客户。这不是饭店某个部门、某个时期的工作任务，而是整个饭店持续的、动态的、交互的、协同的系统工程。客户数据库要包含顾客的基本资料、联络途径、过往的消费记录、每次入住离店的日期时间、房间类型、订房渠道、特别服务、个人喜好、取消预订的记录、投诉和处理记录、累积消费积分、奖励记录、忠诚度评估等一切信息，要在饭店内部形成高效、畅通的知识管理环路。因为，客户关系管理中客户信息只是原材料，只有被饭店进行整理、组织、分析并在饭店内部形成高度共享，然后转化为每一位饭店员工的客户知识，才能被员工加以利用，以便在适当的时机、适当的场合用适当的方式为客户提供其最需要的服务。

二、宾客关系主管及专员的职责

（一）客户关系主管的岗位职责（如图 10-4 所示）

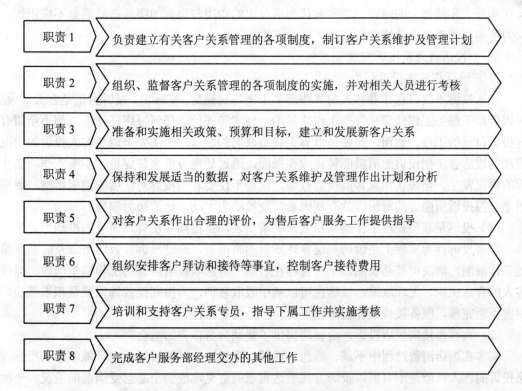

职责 1	负责建立有关客户关系管理的各项制度，制订客户关系维护及管理计划
职责 2	组织、监督客户关系管理的各项制度的实施，并对相关人员进行考核
职责 3	准备和实施相关政策、预算和目标，建立和发展新客户关系
职责 4	保持和发展适当的数据，对客户关系维护及管理作出计划和分析
职责 5	对客户关系作出合理的评价，为售后客户服务工作提供指导
职责 6	组织安排客户拜访和接待等事宜，控制客户接待费用
职责 7	培训和支持客户关系专员，指导下属工作并实施考核
职责 8	完成客户服务部经理交办的其他工作

图 10-4 客户关系主管的岗位职责

（二）客户关系专员的岗位职责（如图 10-5 所示）

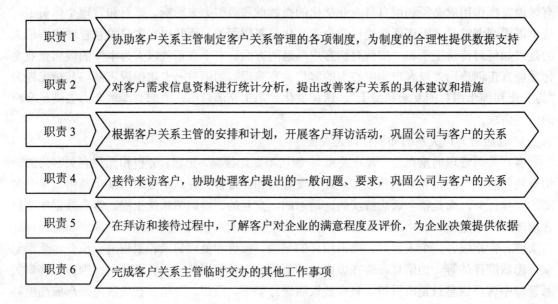

职责 1	协助客户关系主管制定客户关系管理的各项制度，为制度的合理性提供数据支持
职责 2	对客户需求信息资料进行统计分析，提出改善客户关系的具体建议和措施
职责 3	根据客户关系主管的安排和计划，开展客户拜访活动，巩固公司与客户的关系
职责 4	接待来访客户，协助处理客户提出的一般问题、要求，巩固公司与客户的关系
职责 5	在拜访和接待过程中，了解客户对企业的满意程度及评价，为企业决策提供依据
职责 6	完成客户关系主管临时交办的其他工作事项

图 10-5　客户关系专员的岗位职责

三、客人投诉及处理（Guest Complaints and Settlement）

服务是饭店的主要产品，饭店通过销售服务而赢利。宾客与饭店的关系是买和卖的关系，也是被服务与服务的关系。到店宾客以双方商定的价格来购买特定的服务产品，从而满足自身在物质上和精神上的需要。当宾客认为所付出的费用与得到的服务产品质量不成正比，即认为所购买的饭店产品物非所值时，就会产生投诉。

（一）投诉行为及投诉方式

1. 正确认识宾客投诉行为

客人投诉不仅仅意味着客人的某些需要未能得到满足，实际上，投诉也正是客人对饭店、对饭店员工服务工作质量和管理工作质量的一种劣等评价。任何饭店任何员工都不希望有宾客投诉自己的工作。然而，即使是世界上最负盛名的饭店也无法完全避免客人投诉的情况。成功的饭店善于把投诉的消极面转化成积极面，通过处理投诉来督促员工不断工作，防止投诉的再次发生。正确认识宾客的投诉行为，就是不仅要看到投诉对饭店的消极影响，更重要的是把握投诉所隐含的对饭店的有利因素，变被动为主动，化消极为积极。

（1）投诉是基层管理工作质量和效果的晴雨表，是提高基层管理质量的推动力。

宾客投诉行为实际上是饭店基层管理质量的晴雨表，通过投诉，饭店可以及时发现隐藏的工作漏洞，解决可能是长期以来一直存在着的严重影响饭店声誉的工作质量问题。即使是客人的有意挑剔、无理取闹，饭店也可以从中吸取教训，为提高经营管理质量积累经验，使制度不断完善，服务接待工作日臻完美。

（2）宾客直接向饭店投诉，给饭店提供了挽回自身声誉的机会。

宾客在饭店消费过程中不满、抱怨、遗憾、生气时，可能投诉，也可能不愿去投诉。不愿投诉的客人可能是不习惯以投诉方式表达自己的意见，他们宁愿忍受当前的境况。一种可能是认为投诉方式并不能帮助他们解除、摆脱当前不满状况，得到自己应该得到的。一句话，投诉没有用；还有一种可能是怕麻烦，认为投诉将浪费自己时间，使自己损失更大。这些客人尽管没有去投诉，但他们会在饭店通过其他途径来进行宣泄，或决定以后不再到该饭店消费，或向亲朋好友诉说令人不快的消费经历。而这一切，意味着饭店将永远失去这类客人，饭店就连向客人道歉的机会也没有了。一旦发生客人投诉情况，便说明饭店还有挽回客人的希望。饭店方应把握机会，完善自身服务，挽回声誉。

2. 在以投诉方式表达自己意见的客人中，也存在着以下几种不同的方式：

（1）直接向饭店投诉。

这类客人认为，是饭店令自己不满，是饭店未能满足自己的要求和愿望，因此，直接向饭店投诉能尽量争取挽回自身的损失。

（2）向旅行代理商、中间商投诉。

选择这种投诉渠道的往往是那些由旅行代理商等介绍而来的客人，投诉内容往往与饭店服务态度、服务设施的齐全、配套情况及消费环境有关。在这些客人看来，与其向饭店投诉，不如向旅行代理商投诉对自己更有利。

（3）向消费者委员会一类的社会团体投诉。

这类客人希望利用社会舆论向饭店施加压力，从而使饭店以积极的态度去解决当前的问题。

（4）用法律诉讼方式起诉饭店。

站在维护饭店声誉的角度去看待客人投诉方式，不难发现，客人直接向饭店投诉是对饭店声誉影响最小的一种方式。饭店接受客人投诉能控制有损饭店声誉的信息在社会上传播，防止政府主管部门和公众对饭店产生不良印象。从长远的角度出发，饭店接受客人投诉能防止因个别客人投诉而影响饭店与重要客户的业务关系，防止因不良信息传播而造成的对饭店潜在客户的误导。直接向饭店投诉的客人不管其投诉的原因、动机如何，都给饭店提供了及时作出补救、保全声誉的机会和作周全应对的准备余地。正确认识客人投诉对饭店经营管理的积极面，为正确处理客人投诉奠定了基础。

（二）投诉类型及投诉处理

1. 客人投诉时的表达方式一般分为：

（1）理智型。

这类客人在投诉时情绪显得比较压抑，他们力图以理智的态度、平和的语气和准确清晰的表达向受理投诉者陈述事件的经过及自己的看法和要求，善于摆道理。这类人的个性处于成人自我状态。

（2）火爆型。

这类客人很难抑制自己的情绪，往往在产生不满的那一刻就高声呼喊，言谈不加修饰，动作有力迅捷，对拖拉应付的工作作风深恶痛绝，希望能干脆利落地彻底解决问题。

（3）失望痛心型。

这类客人情绪起伏较大，时而愤怒，时而遗憾，时而厉声质询，时而摇头叹息，对饭店或事件深深失望，对自己遭受的损失痛心不已。这类客人投诉的目的多是希望通过投诉能得到某种程度的补偿。

2. 投诉处理的原则与程序

（1）坚持"宾客至上（Guest Foremost）"的服务宗旨。

对客人投诉持欢迎态度，不与客人争吵，不为自己辩解。受理投诉，处理投诉，这本身就是饭店的服务项目之一。如果说客人投诉的原因总是与服务质量有关的话，那么代表饭店受理投诉的管理人员就应真诚地听取客人的意见，表现出愿为客人排忧解难的诚意。对失望痛心者加以同情安慰，对脾气火爆者豁达礼让。

（2）处理投诉要注意兼顾客人和饭店双方的利益。

管理人员在处理投诉时，身兼两种角色：一方面，他是饭店的代表，代表饭店受理投诉，因此要考虑饭店的利益；另一方面，只要他受理了宾客的投诉，只要他仍然在此岗位工作，他也就同时成为了客人的代表。他既代表饭店同时也代表客人去调查事件的真相，给客人以合理的解释，为客人追讨损失赔偿。客人直接向饭店投诉，这种行为反映了客人相信饭店能公正妥善解决当前问题。为回报客人的信任，以实际行动鼓励这种"要投诉就在饭店投诉"的行为，管理人员必须以不偏不倚的态度公正地处理投诉。

（3）投诉处理的一般程序。

①倾听客人诉说，确认问题。

②请客人移步至不引人注意的一角，对情绪冲动的客人或刚刚抵达的客人，应奉上茶水或其他不含酒精的饮料。

③耐心、专注地倾听客人陈述，不要打断或反驳客人。用恰当的表情表示自己对客人遭遇的同情，必要时作记录。

④区别不同情况，妥善安置客人。对求宿客人，可安置于大堂吧稍事休息；对本地客人和离店客人，可请他们留下联系电话或地址，为不耽误他们的时间，请客人先离店，明确地告诉客人给予答复的时间。

⑤着手调查。必要时向上级汇报情况，请示处理方式，作出处理意见。

⑥把调查情况与客人进行沟通，向客人作必要解释，争取使客人同意处理意见。

⑦向有关部门落实处理意见，监督、检查有关工作的完成情况。

⑧再次倾听客人的意见。

⑨把事件经过及处理整理成文字材料，存档备查。

四、建立客史档案（Guest History）

建立客史档案，能够使饭店更准确地了解市场动向，把握自身客源结构、消费构成以及顾客对饭店服务产品的要求、意见等情况，这样饭店才能适应变化的趋势，制定正确的决策，提高产品针对性，增强顾客满意度，从而实现稳固的占有市场及拓展市场的目的。

（一）饭店客史档案的主要功能

1. 增强饭店的创新能力

饭店产品体系的创新是饭店生命力所在，而客史档案的科学建立和运用是提升饭店创新能力的基础。通过客史档案的管理和应用，饭店能够及时掌握顾客消费需求的变化，适时地调整服务项目，不断推陈出新，确保持续不断地向市场提供具有针对性、有吸引力的新产品，满足顾客求新、求奇、求特色的消费需要。

2. 提升饭店的服务品质

客史档案是饭店客户关系管理系统和客户忠诚系统的组合平台，一方面客户关系管理系统的作用就在于通过对客户信息的深入分析，能够全面了解客户的爱好和个性化需要，开发出"量身定制"的产品，大大提高客人的满意度；另一方面，客户忠诚系统的作用则体现在通过个性化服务和一系列饭店与客户间"一对一"的情感沟通，使客户对饭店产生信任感，从而升华为忠诚顾客。

3. 提高饭店经营效益

客史档案的科学运用将有助于饭店培养一大批忠诚顾客，一方面可以降低饭店开拓新市场的压力和投入；另一方面由于忠诚客户对饭店产品、服务环境熟悉，具有信任感，因此他们的综合消费支出和持续消费支出也就相应比新客户更高，有利于饭店的长期发展。

4. 提高饭店工作效率

客史档案为饭店的经营决策和服务提供了扎实的基础材料，使得饭店的经营活动能够有较强的针对性，避免许多不必要的时间、精力、资金的浪费。由于对客户消费情况的熟悉，员工的服务准备更为轻松。良好客户关系的建立，也有助于饭店工作氛围的改善，员工的工作热情、主动精神将得到有效的发挥，饭店整体的工作效率也将极大地提高。

5. 塑造饭店品牌

根据客史档案划分、培育忠诚客户，可以为饭店创造更为重要的边际效应及口碑效应。口碑效应是饭店品牌塑造的关键因素，忠诚客户一个显著的特点是会向社会、同事、亲戚朋友推荐饭店，义务宣传饭店的产品和优点，为饭店树立了良好的口碑，并为饭店带来新的客源。

（二）建立客史档案

1. 客史档案的信息收集

客史档案能够较好地反映饭店的服务意识，拉近与客户之间的距离，让顾客产生信任、安全、亲切之感。作为饭店员工，在服务中要用心倾听、细心服务，认真感受客人的一举一动，捕捉机会，尽可能多地获取顾客信息。要想达到这一目的，必须要全员参与，共同进行客史档案的建设和管理工作。

饭店管理人员要具有良好的沟通能力，在餐厅巡检过程中随机拜访客人、征求客人意见、用姓氏尊称客人应是管理人员与客人交往所具备的基本能力，这样会使客人产生一种受照顾的感觉。对于不熟悉的新客户，管理人员可以采取意见征询表的形式征询客人意见，同时运用婉转语言与顾客沟通，询问客人姓氏并即刻使用，然后形成文字记录备用。

2. 客史档案应该包含的基本内容

（1）客户的常规档案（Conventional File）。

包括单位客户档案和散客档案。单位客户档案主要有双方协议签订时所提供的单位名称、性质、经营内容、地址、负责人姓名、联系人姓名、联系方式、主要消费需求、认定的房价、消费折扣率、付款方式等信息。散客档案则是指客人在办理预定和入住登记时所留下的第一手资料，主要包括客人姓名、性别、出生年月日、所属单位、常住地、有效身份证件类别及号码、联系方式、入住房价、入住时间、付款方式等要素。

（2）顾客消费个性化档案（Consumption Individualization File）。

主要是指在饭店各服务区域，通过不同渠道、方式，饭店有意识、主动地去收集的顾客消费需求特点、行为特征、个人嗜好等信息后整理而成的资料档案，包括：顾客的学历、职称、职务，对客房房型的要求，洗浴用品的品牌追求，枕头高低、床垫软硬度选择，阅读习惯，电视节目、娱乐喜好，饮食习惯、口味特征，灯光、空调温度、洗澡水热度要求，卫生标准，个人其他嗜好，对饭店产品与服务的评价等。

（3）客人习俗档案（Customs File）。

客人习俗档案是指记录有关客人的民族风俗、民族习惯、饮食习惯、宗教信仰、颜色习惯、各种忌讳等资料的档案。

（4）客人反馈意见档案（Feedbacks File）。

客人反馈意见档案是指记录有关客人对饭店设施的要求、对饭店服务质量的评价、对某个服务员的印象、对饭店服务的批评意见和表扬投诉信件、对饭店服务的建设性建议等资料的档案。

只有把上述内容有机组合而成的客史档案才是一个完善的体系，才能构筑起饭店客户关系管理系统和客户忠诚系统的组合平台，使客史档案成为经营决策的有力依据。

第三节　客房管理

一、客房管理系统和组织机构

客房部（Housekeeping Department），又称房务部、管家部，其最为重要的任务是为客人提供清洁、美观、舒适、安全的客房，满足客人的住宿要求，并提供各种符合客人需求的服务项目。同时，客房部还负责整个饭店公共区域的清洁和保养工作，使饭店时刻处于清洁、优雅、常新的状态，给来店客人留下美好的印象。

（一）客房是饭店的基本设施

客房是饭店的基本设施，也是饭店出售的最主要产品。客房面积一般占饭店总面积的70%左右，在饭店投资中占有极大的比例；客房的数量决定着饭店规模的大小、饭店综合服务设施的数量多少；客房及内部配备的设备、物资无论种类、数量、价值都在饭店物资总量中占有较大比重。

（二）客房收入是饭店经济收入的主要来源

客房收入一般要占到饭店全部营业收入的40%～60%，甚至在有些饭店可以达到70%以上，且利润通常可占饭店总利润的60%～70%。同时，客房出租又会带动其他部门的各种服务设施的充分利用，给饭店带来更多的综合性经济效益。

（三）客房服务质量是饭店服务质量的体现

客房通常是客人在饭店中逗留时间最长的地方。因此，客房的清洁卫生程度、装饰布置的美观协调状况以及员工服务态度的好坏等都直接影响客人对饭店的总体评价和影响。另外，非住店客人对于饭店的印象主要来自饭店公共区域的设施和服务。客人同样希望这些场所清洁、舒适、优雅。因此，客房服务质量成为许多客人评价一家饭店服务质量水平的重要依据。

（四）客房部的管理直接影响着饭店的运行和管理

客房部负责整个饭店环境、设施的维护及保养，为饭店全体员工保管、修补、发放制服，为餐饮、娱乐等部门提供各类棉织品。所以，客房部为饭店其他各部门的运行创造了良好的环境和物质条件。另外，从员工角度讲，客房部员工占饭店员工总数的比例很大，其培训管理水平对饭店员工队伍整体素质的提高和服务质量的改善有着重要意义。因此，客房部的管理会直接影响饭店的正常运行和管理。

（五）客房部的组织机构设置

1. 客房部组织机构图（如图 10-6 所示）

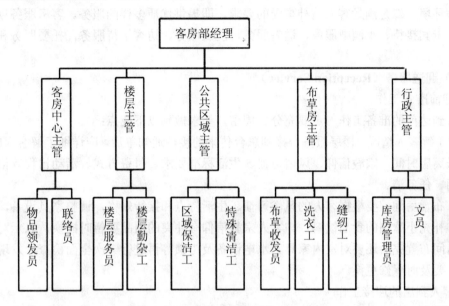

图 10-6 客房部组织结构示意图

2. 客房部职能

（1）宾客服务中心（Guest Service Center）。

又称房务中心，设职员若干名，开设早、中、晚三个班次，主要负责统一安排、调度对住客的服务以及负责失物招领等事宜。不设房务中心的饭店改设客房部办公室，主要负责处理客房部的日常性事务以及与其他部门联络、协调事宜。

（2）客房楼面（Floor）。

客房楼面人员负责全部客房包括楼层、走廊的清洁卫生，同时还负责房间内用品的替换、设备的简单维修保养，为住客提供必要的服务。设立楼层服务台的饭店，在饭店的每一楼面设立服务台，服务台的位置最好使当值服务员能看到整个楼层的走廊和出入口（包括电梯门），以便随时为宾客服务并确保楼面的干净。

（3）公共区域（Pubic Area）。

公共区域人员主要负责饭店部门办公室、餐厅（不包括厨房）、公共洗手间、大堂以及各通道、楼梯、花园和门窗等的清洁卫生工作。小型饭店则可缩短战线，保证前台质量，而将后台区域、饭店员工工作和生活的区域划归其他部门负责。

（4）布草房（Linen Room）。

又称制服与棉织品房。布草房主要负责饭店所有人员的工作服、餐厅和客房全部棉织品的收发、分类和贮存。

（5）洗衣房（Laundry Room）。

负责洗送住客衣物，洗涤工作服和其他工作用棉织品。关于洗衣房的归属，各家饭店有所不同：有的饭店洗衣房归属于客房部；有的饭店洗衣房成为一个独立的部门；有的饭店考虑到成本、场地等因素，其洗衣房业务是外包给社会上的洗衣公司或由其他饭店负责。

二、客房服务管理

构成客房服务的要素有两个方面：一是满足客人物质享受的要求，即为客人提供一个宜人的住宿环境；二是满足客人精神享受的要求，即提供优质多样的服务。客房服务项目由迎送宾客、贵宾接待、小酒吧服务、送餐服务、洗衣服务、访客接待服务，托婴服务和其他服务组成。

（一）迎送服务（Reception Service）

1. 迎前准备工作

客人到达前的准备工作一定要充分、周密，要求做到以下几点：

（1）了解客人情况。楼层服务台接到总台传来的接待通知单后，应详细了解客人的人数、国籍、抵离店时间、宗教信仰、风俗习惯、生活标准要求、付费方式、活动日程等信息，做到情况明、任务清。

（2）布置房间。要根据客人的风俗习惯、生活特点和接待规格，调整家具设备，配备齐日用品，补充小冰箱的食品饮料。与客人宗教信仰有冲突的用品要暂时撤换，以示对客人的尊重。房间布置完后还要对室内家具、水电设备及门锁等再进行一次全面检查，发现有损坏失效的，要及时保修更换。

2. 客人到店的迎接工作

客房服务的迎接工作是在客人乘电梯上楼进房间时进行的。客人经过长途跋涉，抵达后一般比较疲惫，需要尽快妥善安顿，以便及时用膳或休息。因此，这个环节的工作必须热情礼貌，服务迅速，分送行李准确，介绍情况简明扼要。

（1）迎接宾客（Greeting）。

客人步出电梯，服务员应微笑问候。无行李员引领时，服务员应帮助客人提拿行李至客房，介绍房内设施设备的使用方法。

（2）分送行李（Luggage Distribution）。

主要指的是团体客人的行李。由于团体客人的行李常常是先于或后于客人到达饭店，因此行李的分送方式有所不同。先到的行李由行李员送到楼层，排列整齐，由楼层服务员核实件数，待客人临近到达再按行李标签上的房号逐一分送。如发现行李标签失落或房号模糊不清时，应暂时存放。待客人到来时，陪同客人认领。后到或随客人到的行李，则由行李员负责分送到房间。

3. 客人离店时的送别工作（Departure Service）

（1）客人离开楼层之后，应立即入房仔细检查。看客人离房之前是否使用过小酒吧的酒水，如果有，应立即告知结账处，并将酒水单送到前台。

（2）检查房间物品是否有丢失。如果有，应立即报告大堂经理，及时进行处理。

（3）检查客人是否有物品遗失。如果有，应立即追送。若未能追上，应按饭店有关规定进行处理。

（4）作好离店客人的情况记录，并送至客房部进行存档，以备查阅。

（二）贵宾接待服务（VIP Reception Service）

贵宾是指有较高身份地位或因各种原因对饭店有较大影响力的客人。对贵宾的接待，从客房布置、礼品的提供，到客房服务的规格内容，都要有别于普通客人，以示其重要性。

（三）客房小酒吧服务（Mini-bar Service）

为方便客人在房间享用酒水饮料的需求，同时增加饭店客房收入，中高档饭店的客房必须配备小冰箱或小酒吧，存放一定数量的软、硬饮料和干果，如烈性酒、啤酒、果汁、汽水等，供客人自行取用。

客房服务员每天清扫时必须检查客人是否饮用过小酒吧的酒水，在交班前由专人将填好的账单送至房间。

（四）送餐服务（Room Service）

送餐服务是指某些客人由于生活习惯或特殊需要，如起早、患病、会客等，要求在客房用餐的一种送餐到房的服务。现在中高档饭店按规定必须提供这项服务，一般多由餐饮部的客房餐饮服务部专司其职。

（五）洗衣服务（Laundry Service）

客人在饭店居住期间，可能会需要饭店提供洗衣服务，尤其是商务客人和因公长住饭店的客人。洗衣服务分为水洗、干洗、熨烫三种。时间上分正常洗和快洗两种。正常洗多为上午交洗，晚上送回；或下午交洗，次日送回。快洗不超过 4 小时便可送回，但要加收 50%的加急费。

（六）访客接待服务（Visitor Reception Service）

楼层服务员对来访客人的接待应该像对待住客一样热情礼貌。在得到住客同意后，可引领来访者进入客房。访客常常是饭店潜在的客户。如果忽略对访客的服务，必会引起住客及访客的不快，影响其对饭店服务的总体印象，甚至会导致住客搬出饭店另寻居所。

（七）托婴服务（Baby-sitting Service）

托婴服务就是为外出活动办事的住客提供短时间的照管婴幼儿童的有偿服务。这项服务在中国饭店业兴起的时间不长，但很受长住客和度假客人的欢迎。一般以 3 小时为计费起点，超过 3 小时的按小时增收费用。担负此项工作的人员必须有责任心，受过专门训练，熟练掌握照管婴孩的基本知识和技能，并略懂外语。

（八）叫醒服务（Morning Call Service）

叫醒服务由饭店总机室负责提供，但对电话振铃无法叫醒的客人，接线员必须请客房服务员前去敲门，直到叫醒客人为止。在低星级或非星级旅游饭店，国家旅游局未规定必须有此服务，但客房服务员仍会按客人需要在早晨某一时间叫醒有此需要的客人。在有些饭店，客房服务员还会应客人需要按时提醒客人与客户电话联系、外出会客、吃药、办事等事宜，将单纯叫醒服务扩大为"提示服务"。

（九）私人管家服务（Butler Service）

私人管家服务是一种贴身的、"一对一"的高度定制化的服务模式。客人入住后只需面对私人管家而无需再找其他人就可享受各种服务，私人管家负责帮客人协调和解决从入住到离店的所有问题。私人管家又被称为"饭店保姆"。他们既是服务员，又是秘书，专责料理客人的起居饮食，为客人排忧解难。私人管家关注客人住店期间的每一个细节，因此，私人管家要具备极高的自身素质．拥有丰富的服务经验与专业素养。由于私人管家细致周到、体贴入微，深受客人信任，许多客人与曾为自己做过私人管家的服务员结下了深厚情谊，为此成为饭店的回头客。

三、客房服务质量的基本要求

"质量是企业的生命"这一观念已经成为当代企业的基本共识,对于饭店管理也是如此。在市场竞争条件下,饭店经营成败的关键在于服务质量的高低。客房服务是饭店服务的重要组成部分,其质量高低直接影响饭店服务质量和客房出租率。要加强客房服务质量管理,提高客房的服务质量水平,必须深刻认识客房服务质量及其管理内容。

(一)真诚(Sincere)

真诚就是要为客人提供最佳服务,突出"真诚"二字就是要实行感情服务,避免单纯的完成任务式的服务。客房服务员为客人提供的服务必须是发自内心的:热情、主动、周到、耐心、处处为客人着想。

(二)高效(Efficiency)

高效服务就是快速而准确的服务。在客房服务中的很多投诉都是由于低效率而引起的。因此,国际上著名的饭店集团都对客房各项服务有明确的时间限制。例如,希尔顿饭店集团对客房服务员的要求是:在25分钟内整理好一间符合饭店卫生标准的客房。

(三)礼貌(Courtesy)

礼貌是对客房服务人员的基本要求之一。

(四)微笑(Smile)

微笑服务是客房员工为客人提供真诚服务的具体体现,是服务工作所要求的基本礼貌礼节,是优质服务的基本要求。微笑不仅是热情友好的表示、真诚欢迎的象征,还是客人的感情需要,能给客人带来宾至如归的亲切感和安全感。

第四节　公共区域卫生与管理(PA)

饭店是为公众提供吃、住、行、游、购、娱等服务的场所,除了住店宾客之外,仅来店开会、用餐、购物甚至参观游览的人也常常在饭店公共区域停留,人们习惯根据饭店公共区域是否整洁来评判饭店的规格与服务水平。因此,饭店公共区域面临的评判者比客房区域更多,其工作质量的好坏对饭店的声誉具有极大意义。

一、公共区域的定义

饭店的公共区域,英文为 Public Area,简称 PA,故将公共区域称为 PA 区。凡是公众共有共享的活动区域都可以被称为公共区域。

饭店公共区域分为饭店外部和饭店内部两个区域。饭店外部即饭店外围,它包括广场、停车场、绿化地带、屋顶、外墙、广告的橱窗或栏(牌)、车道等。饭店内部又分为前台区域和后台区域。前台区域是指专供宾客活动而设计的场所,如大堂、门厅、休息室、康乐中心、舞厅、餐厅、卡拉 OK 厅和客用洗手间等;后台区域即为员工划出的工作和生活的地方,如员工更衣室、员工餐厅、员工活动室、员工电梯、员工通道等。以上这些区域和地方均是客房部 PA 工作组的清洁对象。

二、公共区域清洁卫生的特点

（一）众人瞩目，要求高，影响大

饭店的公共区域是人流过往频繁的地方，只要到饭店来，任何人都能接触饭店的公共区域。可以说，饭店的公共区域是饭店的门面，很多人对饭店的第一印象都是从饭店的公共区域获得的，这种印象往往影响着他们对饭店的选择。例如，有的人原计划来住宿或者用餐，但如果他们进入饭店后看到大厅不清洁、不卫生或设备用品有瑕疵时，往往会改变初衷，转而选择其他饭店。因此，饭店必须高度重视公共区域的清洁卫生保养工作，并以此增强饭店对公众的吸引力。

（二）范围广大，情况多变，任务繁杂

饭店的公共区域范围大，场所多，活动频繁，情况多变，因此，清洁保养工作的任务也就非常繁杂，而且有些工作是难于计划和预见的。人数多少、活动安排、天气原因等多种情况的变化都可能带来额外的任务。

（三）专业性较强，技术含量较高

饭店公共区域的清洁保养工作，尤其是其中一些特殊区域的清洁保养工作，专业含量较高。因为工作时所使用的设备、工具、材料等种类繁多，服务员必须掌握比较全面的专业知识和熟练的操作技能才能胜任这些工作。

三、公共区域清洁卫生的主要内容

公共区域卫生涉及饭店前台和后台、室内和室外的广泛区域，主要清洁卫生工作包括以下内容：

（一）大堂的清洁

大堂（Lobby）是饭店客人来往最多的地方，是饭店的门面，会给客人留下较深的第一印象。因此，大堂的清洁卫生工作尤为重要。

（二）地面清洁

在客人活动频繁的白天，公共区域地面需不断地进行除尘工作。遇到雨雪天，要在大厅门内放置存伞架，并在大门内外铺上踏垫和小地毯，同时在入口处不停地擦洗地面的泥尘和水迹。每天夜间12点以后打薄蜡一次，并用磨光机磨光，使之光亮如镜。大厅内有地毯处每天要吸尘3～4次，每周清洗1次。大堂地面清洁要仔细，不能有任何遗漏点。拖擦过程中应及时取下清洁工具上的灰尘杂物。操作过程应尽量避开客人或客人聚集区。打蜡或水迹未干区应有标示牌，以防客人滑倒。

（三）门庭清洁

白天对玻璃门窗、门框、指示牌等处的浮尘、指印和污渍进行擦抹，尤其是大门的玻璃应始终保持一尘不染。夜间对门口的标牌、墙面、门窗及台阶进行全面清洁、擦洗，对大门口的庭院进行清扫冲洗等。

（四）家具的清洁

白天勤擦拭休息区的桌椅、服务区的柜台及一些展示性的家具，确保干净无灰尘。及时倾倒并擦净立式烟筒，更换烟缸。随时注意茶几、台面上的纸屑杂物，一经发现，及进清理。

（五）扶梯、电梯清洁

大堂扶梯、电梯的清洁保养多在夜间进行，白天只作简单清洁维护。主要清洁工作是擦亮扶梯扶手、挡杆玻璃护挡，清洁轿厢，更换清洗地毯，使扶梯、电梯内外、上下、四周均无灰尘、无指印、无污迹。

（六）不锈钢、铜器清洁上光

不锈钢、铜器等金属装饰物为大厅增添了不少光彩，这些器件每天都要清洁，否则会失去光泽或沾上污迹。擦洗这些器件时注意要使用专门的清洁剂，若用其他的清洁剂会造成对器件的严重损坏。大堂广告架牌、指示标牌、栏杆、铜扶手及装饰用铜球等是大堂清洁保养的主要对象。铜器分为纯铜和镀铜两种，擦拭方法也不同。擦拭纯铜制品时，先用湿布擦去尘土，然后用少许铜油进行擦拭，直到污迹擦净，再用干布擦净铜油，使其表面发光发亮。擦拭后铜制品表面不能留有铜油，以免在使用过程中弄污客人的手或衣物。镀铜制品不能使用铜油擦拭，因为铜油中含有磨砂膏，经过擦磨后会损坏镀铜的表面。

四、公共区域清洁卫生的质量控制

公共区域清洁卫生具有涉及面广、工作项目繁琐、人员变动较大等特点，为保证其工作质量、提高工作效率，必须实行相应的控制措施：

1. 定岗划片，包干负责

公共区域卫生管辖范围广，工作繁杂琐碎，需要实行定岗划片、包干负责的办法，才能保证卫生质量，有利于管理。例如，可将服务员划分成若干个小组，如前厅及门前组、办公室及楼道组、花园组等，每组可根据实际需要将服务员定岗，使每一员工每天需要完成的主要工作相对固定，每人都有明确的责任范围，各负其责。定岗划片，要做到无遗漏、不交叉。

2. 制定计划卫生制度

为了保证卫生质量的稳定性，控制成本和合理地调配人力和物力，必须对公共区域的某些大的清洁保养工作采取计划卫生管理的方法，制定计划卫生制度。如公共区域的墙面、高处玻璃、各种灯具、窗帘、地毯等，不能每天清扫，需要制订一份详细的、切实可行的卫生计划，循环清洁。清扫项目、间隔时间、人员安排等要在计划中落实，在正常情况下按计划执行。对交通密度大和卫生不易控制的公共场所卫生，必要时应统一调配人力进行定期突击，以确保整个饭店的清新环境。

3. 加强巡视检查

公共区域管理人员要加强巡视，检查卫生质量，了解员工工作状态，及时发现问题并作出整改，之后填好检查记录。客房部经理也要对公共区域卫生进行定期或不定期的检查或抽查。

第五节　会议服务

一、会议的类型

广义的会议，是指有组织、有明确目的的团体活动。会议的形式多种多样，包括销售会、培训会、宴会、座谈会、新闻发布会、签字仪式等等。现在，国际饭店业通用一个词语"MICE"

来表示"会议"这一饭店的重要细分市场，其含义如下：

M——Meeting——会议

I——Incentive——奖励旅游

C——Convention——研讨会

E——Exhibition——展览会

会议团体由于其人数众多，消费额较大，一般包含住房、餐饮、会议、娱乐等一系列综合消费，能有效地带动饭店整体经营项目。因为参加的人员身份较高或者会议议题重要，社会影响较大，能够有效地提高饭店的声誉。因而，会议服务是许多饭店的重要服务内容之一，甚至有些饭店以"会议中心"命名，以会议服务作为饭店的主要业务。

二、会议方案设置

（一）会前协调

1. 请会务代表方提供会议预案。

2. 请会务代表方确定报到时间、具体会议时间、会议天数、参加会议人数、会议所需房型和房间数，以保证参会人员会议用房作好提前预留。

3. 请会务代表方确定场地、会场布置等要求。

4. 确定会议用餐时间、用餐标准及特殊客人，如少数民族客人的特殊要求。

5. 协调会议结束后，根据宾客需求，销售部经理制定详细会议接待方案，向各部门反馈接待方案信息，便于更好地接待会议。

6. 本着方便会议宾客、减少会议接待漏洞的目的，根据会议的人数、类型、住宿、用餐等要求，第一时间为宾客提供一整套全面的接待方案。接待方案2小时反馈，24小时确认，实时保持与会议方联系沟通。

7. 积极协助餐饮部、市场部，协商会议室接待标准及免费、收费项目，以及对会议的特殊要求。

（二）细节落实

根据会议规模和会议性质的需要，可以成立以总经理、副总经理为会议组长，各部门负责人为会议经理的接待小组，共同参加会议，落实相关部门工作细节，确保与宾客的快速沟通，保证信息畅通。

（三）会议洽谈确认

使用会议洽谈确认书，不仅体现高星级饭店会议洽谈的专业性与品质感，也有利于确保会议洽谈的细节无遗漏。

三、会议服务流程及规范

（一）会前检查

1. 在会议开始前30分钟，由领班或主管进行巡视和检查；如遇重要的会议，部门主管和餐饮总监/经理也须进行现场巡查和督导，以确保服务品质和安全。

2. 检查会场的灯光照明、室内温度、音响设备、会议物品是否符合标准以及各种饮品的存量是否符合要求。

3. 检查横幅、指示牌等会标内容是否正确，绿色植物的摆设是否妥当。

4. 检查整体环境卫生是否整洁舒适,消防通道门是否开启,要确保宾客行走通畅和安全。

5. 检查服务人员的着装是否统一,仪容仪表是否符合标准。

6. 饭店餐饮部自查后,应邀请会议主办方到场察看,尊重主办方的意见和要求,发现问题及时纠正。

（二）迎接客人

1. 迎宾员须在会议开始前 30 分钟到会场门口站立迎接客人。

2. 遇客人需要帮助时,应主动热情服务,如搀扶长者入座、派发会议资料等。

3. 当客人随身携带物品较多时,服务员应帮助提拿、协助摆放,并婉言提醒客人妥善保管。客人进场入座后,服务员应主动按顺序为客人沏茶(茶水七成满)。

4. 出席会议的重要宾客提前到达时,VIP 会议服务员应将其引领至休息室,上茶和上小毛巾。当重要宾客起身步入会场时,迎宾员应主动走在侧前方引领其入座。

5. 主持人宣布会议开始,服务员应环视会场,观察与会者是否全部到场入座,并退至门边轻轻将门关上。同时,在门外等候接待未到宾客。

6. 遇重大盛会活动时,根据工作需要,饭店总经理及相关管理人员应在大堂门口迎候相关领导和嘉宾,以示尊重。

（三）会中服务程序

1. 会议开始后,服务员应随时注意宾客人数,若超出预定人数应立即添加座位和用品;如属保密性会议,服务人员应面朝客人退出会场,轻轻把门关上,在会场外待命,不得擅自离岗。在会议期间如有客人进出会场,服务员应主动为客人拉门、关门。

2. 在会议进行中,服务员的服务要求做到"三轻、一快"(说话轻、走路轻、操作轻、服务快),讲究礼貌礼节,保持会场周围安静,确保会议安全。续茶送巾应根据实际情况进行,一般间隔 20 分钟左右续茶一次,同时更换部分烟缸,尽量不影响客人开会。

3. 遇大型或重要性会议时,主席台应有 VIP 会议服务员专职负责,并酌情灵活地做好服务工作。当重要领导讲话时,注意会场的严肃性,不得随意为客人添加茶水。

4. 当一切服务工作妥当之后,服务员可站立会场靠后一侧静候并观察全场。与会者有事招呼,随时应承,及时处理。特殊情况时可按客人要求进行服务。

5. 要控制与会无关人员随便出入会场,尤其是保密性较强的会议更不能让外人随意进出。如有电话或来访者找与会者,则必须通知主办方工作人员传呼接待,服务员不得大声传呼。若在会议中音响或其他电器出现故障时,工程部全程服务的音控师要立即查看和调整。

6. 若会场出现特殊意外情况,现场服务人员要反应敏捷,立即通报上级领导和有关部门,积极采取相应的应急预案措施,必要时及时快速引导客人撤离会场。

7. 遇重大盛会活动时,饭店专业会务经理及餐饮总监/经理要进行全场跟踪服务,饭店相关部门人员要主动、积极地协助与配合,完美地彰显服务品质和优势。

（四）会间休息服务

1. 会议中间有简短休息或与会人员离场饮用茶点时,服务员要辅助整理会场,补充和更换相应用品。若会议全天进行,服务员要利用客人就餐时间对会场进行整理。

2. 要快速整理会场卫生,保证会议场所的良好环境。桌椅重新排列整齐,并更换新的茶杯或水杯,补充纸、笔,调换烟缸等。要检查有无未熄灭烟蒂、有无破损设备等问题,以便及时处理,确保会议继续正常进行。

3. 服务员不得随意乱动客人的文件资料及物品。但发现宾客有贵重物品遗留桌上，应作好登记代为保管，以便客人返回会场后及时归还。

4. 客人中午离场就餐，一般应有服务人员留守会场值班。服务员若也有事需离开会议室，必须将门锁好，以免客人物品丢失。

（五）会后服务

会议结束之后的服务工作是圆满完成会议接待服务、体现优质会议服务的最后环节，全体服务人员必须从细微处着手，在"全"字上下工夫。

1. 会议结束时，服务员应站在门口两侧，微笑送客，礼貌道别，并关照宾客带好会议文件资料及随身物品。

2. 迅速仔细检查会场内有无宾客遗忘的物品，如发现有遗留物品应立即送还或及时上交。仔细检查设备设施是否完好，如有损坏现象应及时与会务组联系。

3. 根据客人需要，协助整理会议物品；如需要运送物品，应给予帮助并送到指定地点。

4. 关闭空调、大灯、机电设备及相关电源，拆除横幅、指示牌等会标，将绿色植物复位摆放。

5. 收拾会议桌面，清扫会场，小会议室应在半小时内完成清理工作，大会议室必须在下班前完成。离开会议室时要关闭所有电源和门窗。

6. 一切工作完成后，在会议工作交接本上记录本次会议接待中的相关事项（包括会务组、客人意见及内部交接注意事项等）。

【思考题】

1. 简述酒店前厅部的地位和作用。
2. 简述客房服务的主要服务项目和服务规范。
3. 如何做好公共区域清洁卫生的质量控制？
4. 客房部应怎样预防盗窃事故的发生？
5. 会议服务的准备工作有哪些？

【案例分析题】

春节期间，某公司组织职工前往旅游热点城市度假。为保证旅途顺利，该公司提前一个月便派人前往该城市预订了住房。应某三星级饭店的要求，该公司还向该饭店缴纳了定金。不料，当该公司旅游团到达该饭店登记入住时，却被告知因春节期间客源旺盛，该公司预订的客房已全部售完，无房可供。对此情况，该公司十分不满，与饭店进行交涉。饭店对此表示歉意，并表示愿意帮助联系其他饭店。但此时各个饭店均已客满，只能安排入住一家单位的招待所，条件十分简陋。为此，该公司要求饭店予以赔偿。饭店则表示，此情况的发生属于饭店"超额预订"所造成的，而"超额预订"是饭店业经常采用的预订策略，对此可以退还定金，但不承担赔偿责任。该公司向旅游行政管理部门投诉，要求饭店双倍返还定金，承担违约责任并赔偿损失。

案例思考：该饭店以"超额预订"为理由拒绝承担违约责任是否妥当？为什么？

第十一章 康乐部管理

【学习目标】

1. 了解康乐部的地位和作用，康乐部的基本任务，康乐管理的主要特点
2. 掌握康乐部项目设置的主要原则、设计依据及环境布局
3. 熟悉商务会议型饭店和度假型饭店常见的康乐项目

【主要内容】

1. 康乐部管理概述

康乐部的地位与作用；康乐部的基本任务；康乐管理的特点

2. 康乐部项目经营设计

康乐项目设置的原则；康乐项目设置的主要依据；康乐环境的设计与布局

3. 商务会议型饭店康乐项目设置

健身房；游泳池；网球场；桑拿浴；歌舞厅及 KTV；棋牌室

4. 度假型饭店康乐项目设置

温泉；高尔夫；海滨浴场；SPA

【导入案例】

加州乐高乐园酒店于 2013 年 4 月开业，在这家乐高乐园酒店中随处可见乐高积木。这是北美地区第一家乐高乐园酒店，也是全球第三家同类主题酒店。第一家乐高乐园酒店 1991年在丹麦落成，第二家于 2012 年在英国温莎开业。第四家乐高乐园酒店已经在马来西亚南部柔佛州破土动工，预计于 2014 年上半年开业。

加州乐高乐园酒店坐落在加州卡尔斯巴德的乐高乐园主题公园内，耗资约 4800 万美元。酒店主体为一栋三层建筑。酒店入口、廊柱均用色彩缤纷的乐高积木装饰。酒店内设 250 间海盗、皇室和探险主题客房，带有明显的乐高风格。

乐高乐园总经理 Peter Ronchetti 说，酒店的建造是自 1999 年乐园开园以来的最大投资。而乐高乐园上次的重要投资项目是，几年前园方花费 1200 万美元建造的海洋馆，以及模仿19 世纪 20 年代夺宝奇兵建造的埃及冒险场景。

加州乐高乐园酒店每个房间都有独特的乐高主题——海盗、王国或冒险，房间内还有寻宝游戏。酒店里也设有温水泳池、饭店和酒吧。该酒店是首家位于北美的类似主题酒店。

资料来源：迈点网，2013 年 1 月 22 日

第一节　康乐部管理概述

康乐是健康娱乐活动的简称，是满足人们健康和娱乐需要的一系列活动。康乐活动是人类物质文明和精神文明高度发展的结果，是人类精神文化生活不断提高的必然要求，它涉及体育、娱乐、艺术、卫生、心理、审美等广阔领域。现代康乐活动已成为人们生活中不可缺少的重要内容，同时也是现代饭店为客人提供的重要服务内容。

康乐部是满足客人娱乐、康体、健身需要的综合性营业部门，各饭店一般可根据当地和自身条件选择设立其中的一些项目。现在，三星级以上的饭店大都设有康乐部，如健身房、KTV 娱乐中心、美容美发厅、台球室、游泳池等康乐项目已经成为星级饭店的常规配置。甚至有些高星级饭店和度假型饭店还配置了网球场、高尔夫球场、温泉浴场、海滨浴场、滑雪场、壁球室、SPA 等康乐设施。拉斯维加斯和澳门的饭店，更是将博彩娱乐作为饭店的核心盈利项目。随着顾客对康乐活动的需求逐步扩大，饭店的康乐设施和项目也不断增加，康乐部在饭店经营管理中的地位与作用日益重要，盈利也越来越多。

一、康乐部的地位与作用

在现代饭店中，康乐部的地位越来越突出。作为一种较高档次的消费，康乐产品需要满足人们日益超前的需求，甚至引导人们的消费潮流。实际上，很多康乐项目已经成为一种旅游吸引物，是饭店吸引宾客入住的重要手段之一。很多顾客已经习惯了工作之余的体育运动和锻炼，这些客人在入住饭店时必然要求饭店配套各种娱乐健身设施来满足自身需求。因此，康乐部在饭店中不是可有可无的。

（一）康乐服务是评定饭店等级的一个重要标志

我国国家质检总局、国家标准化管理委员会在 2010 年新颁布的《旅游饭店星级的划分与评定》标准中明确规定，三星以上饭店应有康体设施，且布局合理，能提供相应的服务。在其附录 B 的设施设备评分表中，休闲度假型旅游饭店的温泉浴场、海滨浴场、滑雪场、高尔夫球场计入评分项目，其他类型饭店的游泳池、桑拿浴、蒸气浴、专业保健理疗、壁球室、网球场、高尔夫球场、歌舞厅或演艺厅或 KTV、健身房等计入评分项目。由此可见，康乐服务是高星级饭店的重要标志，康乐设施更是饭店设施设备不可缺少的组成部分。

（二）满足顾客健身和娱乐的需求

随着社会的不断进步，人们对康乐活动的需求也越来越多。特别是经常入住饭店的顾客，更重视康乐活动。顾客对健身和娱乐的需求是多方面的，形式也是多种多样的。因此，康乐部也必须设立相应的项目和设施以满足不同顾客的需求。

（三）新颖的康乐项目是饭店吸引客源的重要手段

饭店一方面满足顾客住宿、餐饮、康乐的需求，同时，也可以依靠新颖的产品来创造需求，吸引顾客。比如很多顾客入住饭店，并不一定是为了住宿，也可能是因为想挥杆练习高尔夫，或者洗一个舒适的温泉浴，或者打一场酣畅淋漓的网球赛，而后食宿就成了顺其自然的事情了。拉斯维加斯和澳门的饭店，博彩娱乐更是饭店的支柱项目，各饭店用层出不穷的创意娱乐产品来吸引客源，带动饮食、住宿等项目的消费。

（四）康乐部是饭店营业收入的重要来源

我们知道，在饭店经济收入中，餐饮、客房是非常重要的来源。但餐饮产品成本高，利润相对较低；客房产品虽然利润较高，但在饭店规模既定的条件下，客房销售量也不可能无限上涨。而康乐项目人力成本低，利润大，发展前景广阔，是饭店经济效益不断提高的有效保证。近年来，很多星级饭店已经慢慢将经营重点转入康乐项目的开发上来，而新建高星级饭店也特别重视对康乐设施的投资。可以说，饭店康乐部的营业收入在饭店整个营业收入中占有很大比重，甚至超过了其他业务部门，成为巨大的利润来源。

二、康乐部的基本任务

现代饭店不仅仅满足顾客基本需求，而且应该给客人提供更高档次的享受。如果说客房的舒适高雅、餐饮的丰盛美味是为了满足客人的食宿需要，那么康乐活动的开展则是为了满足客人康体休闲的生理和心理双重需求。饭店康乐部的基本任务如下：

（一）提供优良的康乐环境和康乐设施

康乐环境是开展康体娱乐健身活动的保证，饭店要特别注意健身房、台球厅、KTV 包房、游泳池、水疗室等场所的卫生清洁工作，保证客人的身体健康。另外，还要在相应的场所配置空气净化、背景音乐播放等设备，创造一个优雅、洁净的康乐空间。

康乐设施的质量首先关乎客人的安全，管理者应当给予高度重视，比如健身房器械、滑雪场索道等，必须按时进行检查维护；其次，康乐设施的质量关系到顾客康乐活动的直观感受，比如 KTV 麦克风质量、游泳池水质、高尔夫球场地质量等。

（二）为客人提供康体健身技能技巧的指导服务

康乐活动种类繁多，所依赖的器械多种多样，同时客人对于康乐活动技巧和器械使用方法的了解也各有差异，因此，为了保证客人能获得良好的康乐感受，服务人员应当为客人提供相应指导，比如滑雪和高尔夫的教练服务、健身器械使用指导服务等。

（三）为客人提供舒适的保健休闲服务

保健休闲项目是指通过提供相应的设施、设备或服务作用于人体，使顾客达到放松肌肉、促进循环、消除疲劳、恢复体力、养护皮肤等目的的活动项目。保健休闲活动的被动参与性很强，需要服务人员有很高的服务技巧。常见的保健休闲项目有美容美发、中医按摩、温泉、桑拿、足浴、SPA 水疗等。

（四）为客人提供精彩的娱乐表演服务

娱乐表演服务是指依赖舞台、灯光、音响等设施设备，通过演员的精彩表演或顾客直接参与而使顾客获得精神满足的活动。娱乐表演服务通常在 KTV 和歌舞厅中进行，也可将舞台设置在室外温泉浴场等地，以使顾客在舒适放松的环境下欣赏精彩的节目。

三、康乐管理的特点

康乐服务主要满足顾客高层次精神需求，由于这种需求具备不稳定性、社会性、专门性、享乐性和潮流性的特点，使得康乐部的管理在诸多方面区别于饭店其他部门。

（一）经营风险较高

首先，娱乐需求是生活需求的高层次部分，甚至是奢侈部分。因此，康乐部所面临的市场需求十分不稳定。消费者个人收入水平、个人兴趣的变化，乃至世界、国家、地区的经济、政治、文化环境的变化都会引起娱乐需求的变化。我们不可能预知未来市场的变化，所以相对于康乐设施的高投资而言，康乐部经营风险也很高。

其次，康乐需求的不稳定性和康乐活动的潮流性，使得康乐市场竞争十分激烈。项目的新旧、设施规模的大小和经营手法的灵活与否，都会给康乐项目的生存带来影响。比如某饭店斥巨资兴建大型演艺厅项目，却因为竞争或营销手段低劣而鲜有客人光顾，最终导致投资失败。

最后，康乐活动是文化活动的一种，它对人类意识形态有着重要的影响，对一个地区传统文化、社会风气和精神文明都有着不可低估的影响。因此，任何国家和地区的政府都十分重视对娱乐设施社会效益的把握和管理，通常都会设立多个政府职能部门从不同角度进行专业管理，并根据具体情况不断地出台各种长期和临时的管理法律和法规。娱乐业始终处于国家有关政策的"敏感区域"，因此，饭店康乐部门要不断了解政府的政策和法规，规避违法项目，减少经营风险。

【案例1】

澳门威尼斯人度假村是一个集美食、佳酿、购物、住宿、娱乐及商务于一身的大型综合度假村。澳门威尼斯人度假村酒店拥有3000间跃层式套房（每间面积超过70平方米），92900平方米的大运河购物中心，可容纳15000个座位的路冰金光大道金光综艺馆，111484平方米的会议场馆，以及极富特色的ZAiA剧院。皇室套房配备豪华的帷帐式超大型睡床，贝丽套房配备两张豪华帷帐式大型睡床。维雅套房面积达170平方米，巧妙地融合了宽敞的客厅、独立卧室和超大型睡床，以及精美的浴室，设计独具匠心。华丽的浴室以意大利大理石为装饰，配有独立的淋浴间及浴池。

以意大利水城威尼斯为主题，酒店周围有着充满威尼斯特色的拱桥、小运河及石板路，在这里可以尽情享受异国风情。除了建筑特色外，拥有700多张赌台的博彩大厅亦是其他赌场难及的优势。

酒店大楼高达144.8米，设计典雅，平面呈Y字形，建筑设计采用现代手法，表现了威尼斯16世纪的文艺复兴式风格，土白色墙体的上部建有挑檐、圆式窗拱和圆柱，外墙则主要以土色砖块和玻璃帷幕覆面。酒店充分展现了水城风光，旅客可乘坐威尼斯传统的狭长小船，饱览沿岸景色。该酒店还复制了威尼斯著名的圣马可广场（St. Mark's Square），云集世界各地名店和一流餐厅。

（二）对设施设备依赖性强

康乐项目的开展，不仅要依靠各种专业设施设备才能实现，而且必须使各种设备时刻处于完好状态，因此康乐部门必须比其他部门花费更多的成本来配备先进的设施设备，培养一支技术精良、随叫随到的设备维修保养队伍，以保证不间断地为顾客提高质量的供康乐服务。

（三）治安环境复杂

康乐部服务的对象是"有闲"顾客，这些"有闲"顾客往往成分复杂。在高密度人群和热闹的气氛中，在极为放松的情况下，人和人之间时常会出现各种摩擦，容易引发意外的治安事件。所以一般都需要一支强有力的保安队伍以预防和制止暴力事件的发生，避免和减少损失。

（四）服务质量控制难度高

康乐服务和其他饭店服务产品一样，具有生产与消费的同一性，在生产和销售的过程中无法对服务产品进行质量检测。康乐设施比饭店其他部门的设施设备都复杂多样，使用频率较高，康乐服务特别是保健休闲服务对服务人员技能素质要求也非常高，这些因素导致康乐服务质量控制难度较高。

第二节　康乐部项目经营设计

一、康乐项目设置的原则

（一）经济效益原则

不同类型的饭店为了实现经济效益的最大化，都在不断地推出特色康乐项目，而康乐项目的经济效益体现在两方面：直接经济效益和间接经济效益。目前，大部分康乐设施是单独收费的，如保龄球、美容美发、桑拿洗浴等，可以直接取得经济效益。然而，还有一些康乐项目是把费用直接并入客人房费当中，如客房新增交互式多媒体游戏、卡拉 OK 点播、视频点播、收费电视等康乐项目。通过这种隐性收费的方式可以提高客房的出租率、延长宾客停留时间，达到提高饭店经济效益的目的。对康乐项目来说，这是一种间接的经济效益。

（二）社会效益原则

饭店设置康乐项目不但要注重经济效益，同时还应注重社会效益。饭店应该积极响应政府有关部门提出的加强全民健身运动、提倡健康娱乐活动的号召，尽量满足社会对康乐活动的需求，将康乐部对外开放。在为住店客人提供服务的同时，又为非住店客人提供服务，从而取得很好的经济效益和社会效益，提高饭店的知名度，为稳定饭店的客源作出贡献。

（三）满足客人正当需求的原则

随着现代文明的日益进步，旅游客人对吃、住、行的要求不断提高，并有了康乐方面的较高需求。他们不再把旅游度假看成游玩的代名词，而是把它当作丰富精神生活、锻炼身体、增加知识的途径。饭店在设置康乐项目时应尽量满足客人健身、娱乐的需求。一般来说，正当需求有以下四种特性：一要有趣味性，二要有健身性，三要有高雅性，四要有新奇性。

（四）因地、因店、因时制宜原则

康乐项目是饭店特色经营的体现。饭店实施差异化经营战略，关键在于推出不同于竞争对手的特色产品，为顾客创造更多的价值，而康乐项目正是饭店彰显个性、突出风格、体现饭店事业性和独特性的重要内容，有利于形成独具特色的饭店品牌，并最终赢得市场的认可。这样将引导饭店在提供基本康乐服务项目的同时，因地、因店、因时选择特色服务项目，从而形成特色经营。例如，对于商务型饭店而言，客源大多为商务客人，其地理位置多在市中心等交通比较便捷之处，这也就决定了这种饭店没有过大的空间。因而，商务型饭店的康乐项目只能选择占地面积比较小的种类，如健身房、游泳池、台球室、室内模拟高尔夫球场。而对于度假饭店和主题饭店来说，客源多为旅游度假的客人，因此其地理位置通常选择在市郊比较偏僻、安静的地方，以满足客人更高的休闲要求。由于饭店建在地域宽广的僻静地区，通常都会有充裕的空间供其利用，因而其康乐项目的选择与设置通常以高尔夫练习场、温泉、

海滨浴场或滑雪场等为主。寒冷地区的饭店一般不宜建室外游泳池，这是因为受气候和季节的影响，室外泳池一年中只能在 6 到 8 月这 3 个月开放，利用率较低。市场的运作机制是优胜劣汰，而竞争压力将驱使饭店合理选择康乐项目，实现资源的优化配置。

（五）合理配套原则

根据饭店自身优势和市场前景，将市场潜力最大的项目确定为主营项目，并应具有一定的规模和一定的特色。例如主营项目为室外游乐项目或室内康乐项目，其中室外游乐项目又分为水上项目、陆地项目、冬季项目、夏季项目等，室内项目又分为康体项目、娱乐项目、保健项目等。主营项目确定以后，接下来的工作是选择、设定相应的配套项目，配套项目是主营项目的补充和完善。

绝大部分的饭店都能发掘出自己的优势，如项目规模、项目种类、服务特色、经济环境或地理环境、质量档次、价格优势等。饭店企业的决策者在选择康乐项目时不应一味追随潮流，而应扬长避短、发挥自己的优势。

二、康乐项目设置的主要依据

（一）市场需求

近几年来，随着全民健身活动的兴起，人们对康乐的理解更趋于全面化：休闲、怡情、健身、娱乐。饭店的康乐部除了给客人提供一个康乐场所外，还承担着人们情感交流、交换信息、洽谈业务的重要功能，这也赋予了康乐更现代化的含义。现代康乐是随着社会经济、科学文化技术、交通通信技术的进步而发展起来的。随着人们对物质和精神文化的需求不断提高、观念的不断更新、审美情趣的不断变化，对康乐也有了更深层次的要求。总之，饭店康乐项目的设置需要不断扩展外延，从形式和内容上也都要更加符合市场的需要。

（二）资金能力

康乐项目的设置应依据投入的资金量力而行。建设一个综合娱乐项目所需的资金可能与建一座相当规模的饭店差不多，但建一个饭店附设的适度规模的康乐部门则用不了那么多资金。因此，我们应当强调量力而为，实事求是地对康乐项目的设置作一个理性的规划。

（三）客源消费层次

客源的结构决定了消费能力，而消费能力又影响了对饭店康乐项目的消费水平。近几年来，随着国外康乐理念的引入，我国国内的客人对饭店康乐设施的消费也逐渐增加，带动了内资饭店康乐部门业绩的提高、规模的扩大和发展，而饭店也要根据客源层次的不同设置相应的康乐设施。

（四）客房接待能力

一般情况下，从饭店客房接待能力就可以推算出饭店康乐部需要的接待能力，从而决定康乐设施的设备规模。这是对只接待住宿旅客的饭店而言。有的饭店康乐部在接待本店旅客的同时还接待店外散客，这时就要考虑市场半径之内的客流量，并以此决定饭店康乐部的规模。

（五）康乐项目经营的整体环境

现代饭店康乐部门的运营管理有其自身的特殊性。康乐设施的选择与设置、服务与管理必须与外部大环境，如宏观经济环境、自然环境、社会文化环境，以及饭店的内部小环境有机结合，才能使其在饭店中发挥应有的作用。因此，对饭店的外部、内部环境都必须有明确的认知。我国新的《旅游饭店星级的划分与评定》标准出台，其中除了保留必备的健身设施，如健身房、游泳池、美容美发中心等，康乐项目、康乐设施中大部分内容调整到加分项目中，因此，也就使饭店在康乐项目的设置上有了很大的选择权，这也就能够使饭店在选择康乐项目与设置时重视环境的影响，慎重地作出选择。

从大环境来分析，经济、政治环境对饭店的运营有着很大的影响，对饭店的康乐设施的选择和设置也有着很大的影响。随着社会的发展以及经济、科学、文化、交通各方面的进步，旅游事业获得长足发展。康乐事业作为饭店业经营的新型武器，已经引起越来越多饭店经营者的重视，并得到了大跨越的进步。在日本和欧美一些经济发达的国家，康乐行业已经发展得相当成熟，康乐场所也逐渐成为当地经济发展的支柱产业，形成了康乐经济。因此，经济发达的国家和地区成为了带动康乐行业的"领头兵"，在这里饭店康乐项目的选择与设置通常以歌舞厅、音乐厅、投影电视、迷你电影院、卡拉 OK 厅、夜总会（Club）或健身中心、游泳池为主。因为这些地区的饭店密集，经济交往、会议、商务活动频繁，所以就会选择那些能够为客人提供相互沟通机会的康乐项目。

从自然环境来讲，旅游资源的多样性影响了饭店康乐部门项目的选择与设置。例如，在三亚、澳门、大连这类有自身特色的城市，旅游资源丰富，对于饭店康乐项目的选择就应该体现城市特色，如三亚、大连的水上娱乐项目以及澳门的博彩娱乐项目等。

从社会文化环境来分析，人文环境优异和历史悠久的地区，在选择康乐项目时则应具有地域文化特色。例如，云南地区具有民俗风情的歌舞表演、浙江和福建地区的茶艺等都很有特色，从而影响了当地饭店康乐项目的选择与设置。

从饭店的内部环境来看，由于饭店的类型、饭店的运营方向有所不同，饭店的内部环境设计也就各不相同。饭店在不同的条件下选择了各具特色的服务项目，从而形成特色经营。

由于饭店康乐项目的选择与设置会很大程度上影响饭店的盈利能力，因此，饭店的经营者对康乐项目的选择也异常地重视。除了社会经济、文化、政治以及自然环境会对康乐项目的选择与设置有重要影响外，同行业的竞争环境也会对其产生重要的影响。所以饭店经营者在选择康乐项目时，要注意有自己独特的风格与特色，不要一味地赶潮流。同时，要选择一些利用率较高的康乐设施，比如健身房、游泳池等。

三、康乐环境的设计与布局

现代康乐环境设计与布局是一项非常复杂的系统工程，不同项目有不同的设计规则与方法。但都应遵循以下原则：

（一）科学合理原则

现代康乐项目，特别是新兴的康乐项目如高尔夫球、桑拿浴、水疗、保龄球等，这些项目的设计在空间面积、使用设施、温度、湿度等各项相关指标方面都有严格、科学的要求，只有达到标准，才能使这些娱乐项目达到理想的使用效果，发挥出最佳的使用功能，也才能使康乐项目消费者在使用过程中充分享受到健身、娱乐、消闲的乐趣，增强这些项目的市场竞争能力。

（二）先进适用原则

现代康乐项目，无论是传统的棋牌、乒乓球、高尔夫球、保龄球等项目，还是新开发的桑拿、水疗等项目，都不同程度地应用了当代科学技术，从而在各种康乐项目中划分出不同的技术档次。康乐部门在设计康乐项目时，都要根据饭店的规模、目标市场、经营宗旨和方针等确定康乐项目和设施的档次和水平，使康乐项目和设施设备既先进又适用，提高饭店的吸引力和市场竞争能力。

（三）配套设施齐全原则

除了基本康乐设施与环境外，还需要相关的配套服务项目和设施，保证整个康乐消费过程健康、愉快、顺利地进行。康体场所的配套设施一般包括：接待收银处、办公室、会议室、员工休息室、空气调节机房、机电房、洗衣房、储物室等。

（四）突出特色原则

康乐项目的种类很多，康乐设施设备的品种、规格、型号、档次更是不可胜数，因此，在进行康乐项目的设置时，有必要在进行可行性研究的基础上，按照饭店的经营宗旨、经营方针、目标市场选择独具特色的康乐项目及其设施设备。只有那些富有个性、设施设备先进、服务优良的康乐项目，才能在市场上拥有一定占有率。饭店康乐部要么在康乐项目上，要么在设施设备上突出自己的个性。例如深圳市的南海酒店开设了国内饭店少有的日光浴室，在旁边附设按摩浴池及露天泳场，令顾客在和风中享受灿烂的阳光，洗尽身心的疲劳和烦忧。

【案例2】

神秘的海洋世界——亚特兰蒂斯酒店

在众多享誉全球的酒店里，亚特兰蒂斯不是最著名的一间，但当夏天来临时，亚特兰蒂斯无疑会成为最吸引游客的酒店。这间以传说为主题而建造的酒店有着世界上最大的水上乐园以及壮观的"失落海底世界水族馆"，身处其中，犹如住进了神秘的海洋世界。

走进酒店就感觉像是走进了艺术馆，八根巨大的白色鱼尾型立柱耸立在大堂中心，气势宏大，闪闪发亮的鱼鳞让立柱仿佛有了生命一般。立柱中央是由五彩玻璃烧制而成的巨型"珊瑚树"，姿态优美，色彩夺目，高超的海洋建造工艺让人称叹。顺着大堂直走便来到了水族馆——失落海底世界，透过10平方米的玻璃幕墙可以直接窥探到生活着各种鱼类的海底世界，包括虎斑、魔鬼鱼、鲨鱼等，以它们最原始的生活状态展现在世人面前。馆内还有着仿照亚特兰蒂斯古城而建的神秘遗迹，透过玻璃幕墙可以看到破败的沉船、古老的建筑，让人仿如置身于神话世界，体验古老的亚特兰蒂斯文明。

世界上最大的水上乐园是酒店的重头戏。从一座玛雅神殿里，与地面近乎垂直的滑水道从天而降，落差达30米。原本仅仅是从上滑下就已经够刺激了，但因为滑水道的底部围绕着玻璃水管，鲨鱼就在里面游荡，所以当宾客滑进水道经过鲨鱼群的时候，就会感受到鲨口逃生的刺激。还有2米高的人造巨浪以及2300米长的波涛汹涌的激流旅程……亚特兰蒂斯用高科技为宾客打造了一个水上享乐天堂。

资料来源：新浪旅游，2012年7月23日

（五）匹配原则

它是指任何康乐项目，除了必要的项目设备设施外，还必须配备相应数量和质量的辅助

设备设施及服务，如更衣箱数量就要与桑拿浴室的面积相匹配，健身房设施的各方面都要相互适应。除此之外，还应设有休息区，区内应设有水吧，向客人提供饮料和小吃。

第三节　商务会议型饭店康乐项目设置

商务会议型饭店以接待商务差旅和大型会议客户为主，为了方便顾客的商务活动，选址很少远离市区，囿于其自身地理位置、顾客类型和经营方式，商务会议型饭店的康乐项目一般设置有健身房、游泳池、KTV、歌舞厅、棋牌室、网球场、桑拿浴、美容美发厅、台球室、乒乓球室等。下面将对常见的商务会议型饭店康乐项目进行介绍。

一、健身房（Gymnasium）

健身房集多项运动于一体，具有较强的综合性，可提供科学、完善、安全的训练设备，能够使人们达到锻炼身体、缓解压力及瘦身健美的目的。健身房大部分器械都具有模拟运动的特点，如跑步机、划船机等，这样可以使练习者在有限的空间内做各种不同的运动，从而达到训练的目的。

（一）健身房的设计要求

1. 设施设备要求

（1）健身房设计合理，面积大小与健身房规模相适应。

（2）运动器材和设备符合国际统一使用标准。

（3）健身器材安全耐用。

（4）室内照明充足，光线柔和。

2. 配套设施要求

（1）健身房要有与接待能力相匹配的更衣室、沐浴室和卫生间。更衣室配带锁更衣柜、挂衣钩、衣架、长凳等。

（2）浴室各间互相隔离，配冷热双温水喷头、浴帘。卫生间配隔离式坐便器、挂斗式便池、洗台、大镜及固定式吹风机等卫生设备。

（3）各配套设施墙面、地面均满铺瓷砖和大理石，有防滑措施。

（4）健身房内设饮水处。

（5）各种配套设施材料的选择和装修，应与健身房设施设备相适应。配套设施设备完好率不低于98%。

3. 环境质量要求

（1）健身房门口设有营业时间、客人须知、价目表等标志标牌。

（2）标导标牌设置齐全，设计美观，安装位置适当，有中英文对照，字迹清楚。

（3）室内温度保持在18℃～24℃，相对湿度为50%～60%。

（4）自然采光良好，灯光照明度均匀，每1小时换气量不低于303升（人/小时）。

4. 卫生标准要求

（1）健身房卫生每日打扫，随时清洁。健身器材无污迹。墙面壁饰整洁美观，无蛛网、灰尘、污迹，不掉皮、脱皮。

（2）地面洁净，无废纸、杂物和卫生死角。所有用品及用具摆放整齐、规范。

（二）健身房的服务标准

1. 营业前

（1）服务人员上岗前应先自我检查，做到仪容仪表端庄、整洁，符合上岗要求。

（2）主管或领班提前到岗分配工作，提出要求和检查员工仪表。

（3）做好环境布置工作。包括打开照明灯使室内采光均匀；开启空调，使室内温度保持在18～24℃，相对湿度保持在50%～60%；打开通风装置及音响设备；做好营业前的清洁工作。

（4）检查各种健身机械是否安全可靠，发现问题及时报修。

（5）准备各种单据、表格、文具、毛巾、浴巾、纯净水和水杯等营业用品。

（6）精神饱满地作好迎客准备。

2. 迎宾

（1）面带微笑，主动迎候客人，并请客人在场地使用登记表上签字。

（2）向客人发放钥匙和毛巾，将客人引领到更衣室。

3. 健身服务

（1）客人更衣完毕，服务员主动迎候，征询客人要求，介绍各种健身项目，主动讲清要领并作示范。

（2）细心观察场内情况，及时提醒客人应注意的事项，当客人变更运动姿势或加大运动幅度时，服务员应先检查锁扣是否已插牢，必要时为客人换档。

（3）对不熟悉器械的客人，服务员要热诚服务、耐心指导，必要时作示范。

（4）如客人需要，在其运动时可播放符合其运动节奏的音乐；运动间隙时，服务员要主动递上毛巾，并为其提供饮料服务。

（5）客人更衣完毕，应主动征求客人意见，并及时汇报给领班。

（6）如客人希望做长期、系列的健身运动，服务员可按照客人的要求为其制订健身计划，并为客人作好每次健身记录。

（7）当客人示意结账时，服务员要主动上前将账单递送给客人。

（8）如客人要求挂账，服务员要请客人出示房卡并与前台收银处联系，待确认后要请客人签字并认真核对客人笔迹，如未获前台收银处同意或认定笔迹不一致，则请客人以现金结付。

（9）客人离开时要主动提醒客人不要忘记随身物品，并帮助客人穿戴好衣帽。

4. 送别客人

（1）送客人至门口并礼貌向客人道别。

（2）及时清扫场地并整理物品。

（3）将使用过的毛巾送至洗衣房，更换新毛巾并放入消毒柜消毒，作好再次迎客的准备。

二、游泳池（Swimming Pool）

游泳是普遍受到商务客人欢迎的一项体育康乐项目，一般而言，四星以上商务会议饭店应根据自身情况设置游泳池，以便客人在紧张的商务会议活动之余健美健身、放松身心、娱乐休憩。

（一）游泳池的分类

1. 标准游泳池（Standard Swimming Pool）

标准游泳池中作竞赛用的设有观众席，作练习用的则不设观众席。泳池的尺寸规格和设备应符合比赛标准。一般泳池的平面尺寸为长 50 米，宽 25 米，水深 1.8 米。

2. 标准跳水池（Standard Diving Pool）

标准跳水池也分为带观众席和不带观众席的两种。但跳水池的规格和设备都要求符合跳水比赛标准。跳水池平面尺寸为长 21.5 米，宽 15 米，水深 3.5～5 米，有跳水高台和跳板。

3. 综合池（Comprehensive Pool）

综合池就是为了达到一池多用的目的，增大泳池的面积，并设深水区和浅水区，满足不同游泳者的要求。在尺度规格上用大于、等于标准游泳池规格的池面和水深，达到比赛和练习的要求。（用浮标或水中拦网把水面和深浅区加以分隔，供不同年龄、不同游泳技术水平、有不同游泳项目要求的人使用）。

4. 其他类型

（1）普通游泳池（Ordinary Swimming Pool）。

平面形状尺寸不限，水深不限，一般水深 1.6 米左右。

（2）花样游泳池（Synchronized Swimming Pool）。

平面尺寸长 30 米，宽 20 米，水深应在 3 米以上。

（3）水球池（Water Polo Swimming Pool）。

平面尺寸长 33 米，宽 21 米，水深在 1.8 米以上。

（4）潜水池（Diving Pool）。

平面尺寸长 3.6 米，宽 5 米，水深 1.5～5 米。

（5）制浪池（Waving Pool）。

平面尺寸长大于或等于 25 米，宽大于或等于 5 米。水深 1.5 米左右。

（6）戏水池（Leisure Pool）。

平面形状、尺寸不限，水深一般不超过 1 米。

（二）标准室内泳池的设计要求

1. 设施设备要求

（1）游泳池设计合理，面积大小、深度及池内设施与国际比赛标准相适应。

（2）游泳池定期换水，保持干净无污染。

（3）室内游泳池照明充足，光线柔和。

2. 配套设施要求

（1）游泳池旁边要有与接待能力相应档次和数量的男女更衣室、沐浴室和卫生间。更衣室配带锁更衣柜、挂衣钩、衣架、鞋架与长凳。

（2）沐浴室各间互相隔离，配冷热双温水喷头、浴帘。卫生间配隔离式坐便器、挂斗式便池、洗台、大镜及固定式吹风机等卫生设备。

（3）各配套设施墙面、地面均满铺瓷砖和大理石，有防滑措施。

（4）游泳池内设饮水处。

（5）各种配套设施材料的选择和装修，应与游泳池设施设备相适应。配套设施设备完好率不低于 98%。

3. 环境质量要求

（1）游泳池门口设营业时间、客人须知、价目表等标志标牌。

（2）标导标牌设置齐全，设计美观，安装位置适当，有中英文对照、字迹清楚。

（3）池水保持恒温，常年在 26℃～28℃，冬季室温保持在 25℃左右。

（4）自然采光良好，每小时换气量不低于 303 升（人/小时）。

（5）整个池场环境美观、舒适、大方、优雅。

4. 卫生标准要求

（1）游泳池卫生随时清洁，池内、池外无杂物。

（2）所有用品及用具摆放整齐、规范。

（三）游泳池的服务标准

1. 营业前

（1）工作人员提前到场做好池水净化工作。采用先进的水处理设备，运用活性炭及天然石英海砂进行多级吸附过滤，再运用负压输入标准含量的液氯、臭氧消毒的方式，使水质更湛蓝、清澈，其水质、净度符合国家泳池用水标准。

（2）搞好池边及周围设施的卫生工作，包括瓷砖、跳台、沐浴间地面、镜子及卫生洁具等。

（3）准备好营业用品。

（4）检查更衣柜的锁和钥匙，沐浴室内的冷热水开关。备好洗浴用品，如浴巾、沐浴液、洗发液等。

（5）整理好自己的仪表，准备迎接客人。

2. 迎宾

（1）顾客来时，应主动热情地向客人打招呼，表示欢迎。

（2）礼貌进行验票，准确记录顾客姓名、房号、到达时间、更衣柜号码等。

（3）顾客更衣后，主动引导顾客进入游泳池。

3. 游泳池服务

（1）游泳池救生员。

①严格执行有关游泳规定，维持正常秩序，礼貌劝阻非泳客在游泳池周围休息、拍照。对饮酒过量或患有皮肤病的客人谢绝入内，并提醒客人若患有心脏病、高血压、中耳炎等疾病或在过饥过饱、剧烈运动后等情况下，不宜下水。

②负责客人的游泳安全，密切注意池内客人的动态，发现险情及时处理，并向有关领导汇报。

③提供饮料、订餐、发放救生圈等服务，负责每天的清场工作。

（2）更衣室服务员。

①认真做好泳客登记、发放更衣柜钥匙和浴巾的工作。

②坚守岗位，注意出入更衣室客人的动态，对客人的生命和财物负责，发现情况及时处理和汇报。

③对遗留物品要做好登记和上交工作，负责游泳池物品补充、统计和填写交班本。

④负责提供饮料和送餐服务。

⑤负责更衣室设备保养和报修工作。

（3）游泳池水质净化员。

①熟悉池水净化工作，负责游泳池水质的检测和保养。

②熟练掌握机房内机械设备的性能及操作规程，负责保养、检查和报修工作。

③保证池水清澈、透明、无杂物、无沉淀物、无青苔，水质符合卫生标准，每日作好水质分析化验。

④负责游泳池机房、工具房的清洁卫生工作，保管好净化工具、净化物品。

⑤负责制订净化药物和其他物资的补充计划。

4. 送别客人

（1）将客人送至门口，并向客人道别，欢迎客人下次再来。

（2）将使用过的浴巾送至洗衣房，更换新毛巾并放入消毒箱消毒，准备迎接下一批客人的到来。

【案例3】

宛如航母的金沙酒店　触摸得到的天际美景

犹如一艘航空母舰，宛似一座海市蜃楼，金沙酒店——这座矗立于新加坡滨海湾上的豪华酒店，以超现代的设计理念、夺人眼球的建筑外观、独一无二的天际花园，创造出了一座最为时尚的新地标。

落成于2010年6月23日的新加坡滨海湾金沙酒店是由美国拉斯维加斯金沙集团在新加坡斥巨资打造而成的大型综合豪华娱乐城，它包括有五星酒店、大型商场、会展中心等，吸引着世界无数宾客前来观光、娱乐。

金沙酒店的主建筑为三座55层的摩天大厦，顶部的空中花园犹如一艘船，将三座现代大厦连接在一起，它是金沙酒店的精华所在。位于酒店顶层的天际泳池，是目前世界上最高的泳池，也是最大的户外游泳池，长为150米，其实是由三个泳池相连而成。在这无边的泳池中畅游，饱览着城市美景，能让人酣畅淋漓、心旷神怡。

空中花园中人工温泉池，位于空中花园的最前部，仿佛是置身于船头的甲板之上。站在空中花园，俯瞰风景秀丽的新加坡，必会发出"会当凌绝顶"的感慨。从高处望去，新加坡的象征之一——滨海湾艺术中心近在咫尺；金沙真是与水密不可分，就连购物中心也是围绕在水边。霓虹璀璨、灯火辉煌的新加坡夜景更加迷人，站在金沙的顶层向下观看，紫色灯光映衬下的双螺旋人行桥更显魅力。金沙酒店这座新加坡的新地标，是让人可以触摸到天际美景的地方……

资料来源：新浪旅游，2012年2月22日

三、网球场（Tennis Court）

现代网球于1873年诞生于英国，1877年举行的首场温布尔登网球赛，是现代网球史上最早的比赛。国际网球联合会于1913年成立，网球运动也随之在世界各地得以广泛发展。今天，越来越多的人们参与其中，网球运动得到了大量商务人士的青睐，许多高星级商务会议

型饭店纷纷应顾客需求设置了网球场地。

（一）网球场的设计要求

1. 设施设备要求

网球场设计要符合国际比赛标准。

（1）球场。

网球比赛是在一个长方形的场地上进行，网球场地上用白线划出界线。标准网球场的长度是 23.77 米。单打比赛的球场宽度定为 8.23 米，双打比赛则为 10.97 米。球场左右两旁的线则相应地被称为"单打边线"或"双打边线"。球场两端的白线被称为"底线"。两条底线的中间标有短小的中界点。球场周围必须留出空间。

（2）球网。

球网与球场的底线平行，穿越整个球场，将球场分为相等的两部分。球网与两条底线的距离各为 11.89 米，球网两端悬挂在两边的网柱上。网柱中心在双打连线外的 91.4 厘米处。球网在网柱处的高度为 1.07 米，在球场中央的高度则是 91.4 厘米。球网顶部用白色网边布包缝。

（3）球场内布置。

球场上还有两条发球线，以划分出发球区。发球线与底线及球网平行，距离球网 6.4 米，两头连接到单打边线。发球中线则与边线平行，从球网的正中开始，到发球线为止。网球场的 4 个发球区边界分别为球网、一条单打边线、一条发球线和发球中线。

2. 配套设施要求

（1）球场旁边要有与接待能力相应档次和数量的男女更衣室、沐浴室和卫生间。更衣室配带锁更衣柜、挂衣钩、衣架、鞋架与长凳。

（2）沐浴室各间互相隔离，配冷热双温水喷头、浴帘。卫生间配隔离式坐便器、挂斗式便池、洗台、大镜及固定式吹风机等卫生设备。

（3）球场周围设有看台。

（4）球场内设饮水处。

（5）各种配套设施材料的选择和装修，应与网球场设施设备相适应。配套设施设备完好率不低于 98%。

3. 环境质量要求

（1）网球场门口设营业时间、客人须知、价目表等标志标牌。

（2）标导标牌设置齐全，设计美观，安装位置适当，有中英文对照，字迹清楚。

（3）球场内地面整洁，无杂物。

（4）整个球场环境美观、舒适、大方、优雅。

4. 卫生标准要求

（1）网球场卫生每日整理，随时清洁，球场平整无尘土。

（2）地面洁净，无废纸、杂物和卫生死角，所有用品及用具摆放整齐、规范。

（二）网球场的服务标准

1. 营业前

（1）上岗前作自我检查，做到仪容仪表端庄、整洁，符合要求。

（2）查阅值班日志，了解客人预订情况和其他需要继续完成的工作。

（3）最后检查一次服务工作准备情况，处于规定工作位置，作好迎客准备。

2. 迎宾

（1）服务员面带微笑，热情主动礼貌问候客人，询问客人有无预订服务。

（2）请客人在场地使用登记表上签字。

3. 场内服务

（1）帮助客人办好活动手续，并提醒客人换好网球服和网球鞋。

（2）客人换好球服、球鞋后，引领客人到选定球场。

（3）客人打球时，服务员要端正站立一旁，为客人提供捡球服务。

（4）如客人要求陪打时，服务员要认真提供陪打服务，视客人球技控制输赢，以提高客人打球兴趣。

（5）客人休息时，服务员要根据客人需要及时提供饮料、面巾等服务。

（6）客人打球结束，服务员应主动征询客人意见，如客人需要淋浴，则将客人引领到淋浴室并为客人准备好毛巾和拖鞋。

（7）当客人示意结账时，服务员要主动上前将账单递送给客人。

（8）如客人要求挂账，服务员要请客人出示房卡并与前台收银处联系，待确认后要请客人签字并认真核对客人笔迹，如未获前台收银处同意或认定笔迹不一致，则请客人以现金结付。

（9）客人离别时要主动提醒客人不要忘记随身物品，并帮助客人穿戴好衣帽。

4. 送别客人

（1）服务员将客人送至门口，向客人道别，欢迎顾客下次再来。

（2）迅速整理好场地，准备迎接下一批客人的到来。

四、桑拿浴（Sauna Service）

（一）桑拿浴介绍

桑拿浴起源于芬兰，故也称芬兰浴。在沐浴过程中将室内温度升高至 45℃以上，使沐浴者体内水分大量蒸发，达到充分排汗的目的。客人洗浴时，先用温水淋浴，将身体擦洗干净，女士要卸妆。进入温水池浸泡片刻，使毛孔、血管扩张，然后进入桑拿浴室蒸 10～15 分钟，感到全身排汗或太热时出来，进入冷水池中浸泡或用冷水淋浴，然后再次进入桑拿浴房。如此反复三次左右，最后将全身洗净，或在温水池浸泡一会后进入休息室休息。整个过程十分消耗体力，排汗的同时也会排出油分，有很好的减肥效果。差别强烈的冷热刺激促进了全身皮肤呼吸，使体内的无用物质和有害物质随着皮肤的呼吸排出体外，促进血液循环，加速新陈代谢，从而起到清除体内垃圾、保健身心和美容美肤的作用。

桑拿浴室的设备主要是木制房。房间内有木条坐椅和枕头，墙下有防水的照明灯、温度计和定时器。地板也是由木条制成，可以排水。浴室有观察窗，便于服务员观察室内客人的状况，以防不测。豪华的浴房有专用的音响系统，提供背景音乐，甚至还可以模拟大自然的阴、晴、风、雨而制造出不同的环境氛围，客人仿佛置身于大自然中。桑拿炉是通过电热载石盒，加热炉中的桑拿石，使室温迅速升高，让客人享受蒸浴。先进的桑拿炉配备全自动电子衡温控制器，能根据客人的需要随时调节室温和保持室温。桑拿房中还有桑拿木桶和木勺等配件，在洗浴的过程中客人可不断地用木勺舀水泼到桑拿石上，来调节室内湿度的大小。

（二）桑拿浴服务的步骤

1. 营业前的准备工作

（1）前台服务员整理好手牌和更衣柜钥匙，补充客用毛巾，将已经消毒的拖鞋摆放整齐。

（2）浴室服务员做好桑拿浴房、淋浴间、休息区、更衣室、卫生间等清洁消毒工作，打开桑拿设备，调整好温度和沙漏控时器，并将木桶内的水盛满，及时补充浴液、浴服、洗浴用品。

（3）休息厅服务员做好休息厅及包间的清洁、整理工作，补充酒水和小食品。

2. 营业中的接待工作

（1）前台服务员服装穿着整齐，姿态端正，礼貌接待每一位客人。

（2）主动询问客人的要求，向客人说明洗浴的费用标准。

（3）递送毛巾、手牌、更衣柜钥匙，并请客人更换拖鞋。提醒客人如有贵重物品应存放在前台。对不熟悉环境的客人作出必要的介绍，引导客人进入浴室。

（4）浴室内的服务员主动与客人打招呼。为客人打开更衣柜，协助客人挂好衣物，提醒客人锁好更衣柜，引导客人入浴。

（5）客人在桑拿过程中，服务员应随时观察，根据客人的需求调节蒸房内的温度。客人在洗浴中如需搓澡等服务，须记录服务项目及手牌号，并请客人签字，记录单及时传到前台。

（6）客人浴毕要送上浴服，请客人进入休息大厅或包间休息。

（7）休息厅服务员引导客人就座，并为客人盖上毛巾，递上棉签、纸巾，帮助客人调好电视节目。询问客人是否需要酒水和小食品。主动介绍其他配套服务。

（8）客人准备离开时，浴室服务员帮助客人打开更衣柜，协助客人换好服装后，提醒客人带好随身物品，引领客人到前台结账。

（9）前台服务员应根据手牌取出客人的鞋，交给客人，并迅速、准确地计算客人的消费金额，请客人核对、结账。

（10）向客人道别致谢，欢迎下次光临。

（11）客人离开后，浴室服务员应该迅速地更换浴巾、清洁茶几、清洗烟灰缸，做好环境卫生及用品清理工作。

3. 营业结束后的整理工作

（1）浴室服务员关闭所有设备的电源；全面清洁整理浴室、更衣柜；对桑拿房进行消毒；清点客用品，填写报表及交接班记录。

（2）休息厅服务员关闭电视、音响等设备及电源；整理休息椅，清扫地面；清点客用品、小食品、饮料；填写报表及交接班记录。

（3）前台服务员整理手牌、更衣柜钥匙、拖鞋；清扫前厅地面，整理沙发、茶几；核对营业单据，填写报表，连同现金收入一起上交财务部门。

（4）切断所有电源、水源，关好门窗。

（三）桑拿浴服务要点和注意事项

（1）对桑拿房的设备要坚持安全操作、合理使用和保养。

（2）营业中必须经常检测桑拿房内的温度以及温、热按摩池的水温，发现问题及时采取措施。

（3）客人进入桑拿房后，应每隔10分钟从窗口观察一次，看客人是否有不适应的情况。

（4）有效劝阻皮肤病患者进入浴室，劝阻高血压、心脏病患者进入桑拿房。

（5）要提醒客人随时带好手牌和更衣柜钥匙，手牌号是客人消费记账的依据，发现丢失应及时告知服务员及前台。

五、歌舞厅（Dance Hall）及 KTV

歌舞厅是指以专业人员进行歌舞表演为主的娱乐场所，舞台的灯光华丽、音响专业。与正规舞台表演相比形式较为轻松，演出内容通俗易懂，娱乐性极强。主持人是整台演出的灵魂，需要有很强的语言表达能力和应变能力，能把节目有机地串接起来并营造热烈的娱乐气氛。还要能及时把握和调整场上气氛，不能出现冷场，并在客人情绪高涨时适时调整原有节目的安排，让客人参与演出。同时给其他客人带来惊喜，使演出真正达到娱乐的目的。现代饭店通常都有一些歌舞场所，以供客人娱乐。

（一）歌舞厅及 KTV 的服务步骤

1. 预订工作

（1）接到预订电话后，服务员要主动介绍包间的特色和价格。

（2）询问客人的要求、人数、到来时间、姓名，如客人所需的座位或房间已被使用或预订，要主动介绍其他类似的座位或房间。

（3）确认后要清楚地向客人说明预留包房时间，并作登记。

2. 营业前的准备工作

（1）做好环境清洁工作，包括大厅、舞池、休息区、包间、卫生间、走廊、客用桌椅、吧台、音像设备、屏幕等。保持活动场所环境高雅美观，有利于客人轻松、愉快地活动。

（2）认真检查设施、设备工作是否正常；吧台服务员要检查好冰箱等设备，清点饮料数量，填写好申领单，报批后按时领取所需的物品。音响师打开电源及所有音像设备、灯光，调试设备，使之进入最佳状态。

3. 营业中的接待工作

（1）客人来时，主动迎接问候客人，询问是否有预订。若有预订，直接引领客人到预约好的座位或包间。若没有预订，则根据客人意见安排合适的座位或包间。

（2）大厅客人入座后，立即开始服务，递送歌单、饮料单、点歌卡、铅笔，主动介绍歌单内容，并帮助客人查找歌名。迅速递送酒水饮料，注意不要挡住客人的视线。客人点歌后，点歌卡迅速送到音响控制室。包间的客人就座后，服务员应立刻开机，调试音响系统，介绍点歌系统的使用方法。送饮料入包间时先敲门。

（3）客人演唱时，音响要调整适当，保证音质优美。

（4）主持人要与服务员、音响师协同配合，调动客人情绪，语言生动幽默。

（5）服务员经常巡视，根据客人的需要，及时补充酒水及小食品，并维护歌厅的秩序。

（6）音响师在营业期间，应根据客人的要求适时播放歌曲、舞曲、唱片，善于调节和控制客人的情绪，保持客人在娱乐活动中得到良好的精神享受。根据需要调整灯光，控制音量、音质，通过音乐、灯光调节歌舞厅的气氛，准确记录包间的开机和关机时间，为服务台的计费工作提供依据。

（7）对于投诉，不论何时和问题大小，都要及时向主管汇报。

（8）客人要求结账时，服务员要将账单迅速递到客人手中，收款后立即将零钱找还客人，并致谢，礼貌道别。客人离开后，尽快清理场地，准备迎接下一批客人。

（9）发现遗留物品，要及时报告主管，尽早归还失主。

4. 营业结束后的清理工作

（1）音响师关闭所有设备，切断电源，整理好唱片。

（2）服务员统计售出的饮料，清点所收的钱款，交归财务部门。清点存货，填写营业记录，做好交接班工作。

（3）清扫场地，清洗并整理各种用具和酒杯。

（4）关闭空调和灯光，关窗锁门。

（二）歌舞厅及 KTV 服务的要点和注意事项

（1）严格执行国家有关娱乐场所的管理规定，所提供的各种娱乐、服务项目必须明码标价。歌舞娱乐场所不得接待未成年人。聘请文艺表演团体或个人从事营业性演出的，应当符合国家有关营业性演出的管理规定。

（2）热情、主动、礼貌地接待客人，使客人尽快消除陌生感。

（3）为没有预订的客人安排座位或包间时，可根据客人的衣着、气质等安排适当座位或包间。

（4）音响师应熟悉所有音响设施设备、音乐唱片、歌单内容。具有良好的音乐修养和音乐知识，善于根据客人的要求播放舞曲和音乐唱片，满足客人的需要。与领班一起，作好舞曲、歌曲、唱片的选择和歌单的设计制作。

六、棋牌室（Chess Poker Room）

（一）棋牌室服务的步骤

1. 预订服务

（1）接到预订电话后，服务员要主动介绍棋牌室的情况和价格。

（2）记录预订人的姓名、电话、使用时间和房号（住店客人）。

（3）向客人重复一遍以确认，说明保留预约的时间，并作登记。

2. 营业前的准备工作

（1）整理好棋牌室及公共区域的卫生工作。

（2）认真、细致地检查棋牌室的设备、用品，保证能正常使用。

（3）准备好纸、笔供客人使用。

3. 营业中的接待工作

（1）主动向客人问好。如有预订，则按预订内容安排；如未预订，询问客人的需求进行安排。收取押金，计时开单。

（2）为客人打开房间，迅速准备好游戏用具。

（3）为客人提供酒水饮料，并定时清理房间、倒烟灰缸、续水。

（4）定时巡查房间，询问客人是否需要服务。发现设备故障，立即维修或报修。

（5）客人娱乐结束后，立即清点棋牌，将棋牌放入盒内。准确开具账单，钱款当面点清，并致谢，欢迎客人再次光临。

（6）客人离开后及时清理房间。

4. 营业结束后的整理工作

（1）整理好所有棋牌娱乐用具，放入吧台。认真填写交接班记录，做好棋牌室的卫生清理工作。

（2）核对当日营业单据，填写报表。

（3）切断所有电器的电源，关好门窗。

（二）棋牌室服务的要点和注意事项

（1）棋牌室要求相对安静，进入房间服务时应先敲门，服务完后应立刻离开，不宜参与客人讨论牌局，更不能参与游戏。

（2）及时更换烟灰缸、垃圾桶，以免烟头、垃圾等物烫坏、污损地毯。

第四节　度假型饭店康乐项目设置

度假型饭店主要为顾客旅游、休假、会议、疗养等活动提供食宿及娱乐，因此不论是观光型度假饭店还是休闲型度假饭店，一般都建在远离都市、自然闲适的环境中，占地面积相对宽裕，可以设置大型康乐项目，如温泉、海滨浴场、滑雪场、高尔夫球场等。

一、温泉（Hot Spring）

温泉自古就是人们用来作为水疗及养生的天然资源，我国历史上有关温泉的文献记载多达 972 处，如陕西临潼的华清池、北京的小汤山、黑龙江省的五大连池等都是全国著名的温泉，其中温度高于 50℃的温泉就有 229 个。

温泉是从地底涌出的天然热水，多是由于岩浆在地壳内部冷却所形成的水蒸气的温度发生变化后所产生的温热水。温泉的标准各国稍有不同，大都为 20℃～25℃。温泉的主要类型有碳酸泉、硫磺泉、食盐泉、碳酸氢钠泉、单纯泉等。泡温泉可以促进血液循环，改善心脏及血管的功能，增加身体的免疫能力。

（一）温泉的疗效

温泉是一种自然疗法，其化学物质可刺激自律神经、内分泌系统和免疫系统。温泉中不同的水质有不同的疗效。

（1）热疗效应。

温泉可以扩张血管，促进血液循环，增加肌腱组织伸展性，解除肌肉痉挛，减轻疼痛，增加内分泌，改善免疫系统，消耗热量达到瘦身效果。

（2）机械力学效应。

由于在温泉中阻力减轻，利用水的浮力，容易做各种复健运动，有助于改善运动机能；因肌肉放松，可改善痉挛，减轻疼痛；增加内腹压、增加心脏容量、促进排尿。

温泉的适应症有关节炎、神经炎、皮肤病、痔疮、肥胖病等。适时浸泡温泉可以缓解这些病症。

（二）温泉浴服务的步骤

1. 营业前的准备工作

（1）清理温泉池边的瓷砖以及游泳池、按摩池、沐浴间的地面，将消毒液与水以 1:200

的比例兑好后对池边躺椅、座椅、圆桌、更衣室长椅等进行消毒。

（2）整理吧台，准备足量的酒水、小食品。在池边撑起太阳伞，竖起酒水牌。

（3）检查更衣柜的锁和钥匙，沐浴的冷热水开关。补充好更衣柜里的洗浴用品，如大浴巾、小浴巾、毛巾、沐浴液、洗发液等。

2. 营业中的接待工作

（1）主动与客人打招呼，表示欢迎。进行验票，准确记录客人的姓名、房号（住店客人）、到达时间、更衣柜号码。办理押金手续后，发给客人手牌、更衣柜钥匙，请客人换鞋。提醒客人如有贵重物品应存在前台。对不熟悉环境的客人作出必要的介绍，指引客人进入更衣间。

（2）对有温泉禁忌症及皮肤病的客人应谢绝入内，并提醒患有心脏病、高血压等病的客人不宜下水。

（3）更衣室服务员应主动为客人打开更衣柜，协助客人挂好衣物，提醒客人锁好更衣柜。请客人进入温泉池前先淋浴洗净身体。

（4）及时整理温泉池边用过的浴巾，并为出浴的客人准备干浴巾。

（5）救生员密切注视水面，发现异常，立即施救。

（6）服务人员要根据客人的需要适时提供饮料和小食品。

（7）客人浴毕，更衣室服务员要送上浴服，请客人进入休息大厅或包间休息。

（8）休息厅服务员引导客人就座，为客人盖上毛巾，并递上棉签、纸巾，帮助客人调好电视节目。询问客人是否需要酒水和小食品。主动介绍其他配套服务，记录好手牌号，并请客人签字，将记录单及时传到前台。

（9）客人准备离开时，更衣室服务员帮助客人打开更衣柜，协助客人换好服装后，提醒客人带好随身物品，引领客人到前台结账。

（10）前台服务员根据手牌取出客人的鞋。交给客人，并迅速、准确地计算客人的消费金额，请客人核对、结账。

（11）客人离开时，提醒客人带好自己的东西。主动道别，欢迎下次光临。

3. 营业结束后的整理工作

（1）做好清场工作，核对钥匙、手牌，登记在交接班记录上。

（2）吧台清点酒水和小食品，做好报表。

（3）将所有用具放到指定地点，进行池水净化和消毒工作。

（4）安全检查后，关闭电源，锁好门窗。

（三）温泉浴服务的要点和注意事项

（1）严格执行温泉服务的安全规定，在明显处竖立提示牌。礼貌劝阻客人不要有违反安全规定的行为。

（2）坚守岗位，思想集中，密切关注客人的情况，保护好客人的安全。

（3）适时地为客人递送毛巾、饮料和小食品等。

（4）休息区、更衣室服务员应为客人提供周到的服务，并提醒客人保管好贵重物品。

二、高尔夫（Golf）

高尔夫球是一种集运动、休闲和社交于一体的高雅运动项目。高尔夫起源于苏格兰民间，形成于14、15世纪。高尔夫球的英文名称 golf 便来自苏格兰的方言 gouf，其意为"击、打"。

高尔夫球场既要有平坦的沙滩和葱绿的草皮，又要有一定的地势起伏和沟壑水流。1744年，世界上第一家高尔夫球俱乐部设立在苏格兰的爱丁堡。

（一）高尔夫球比赛的规则及方法

1. 比赛规则

高尔夫球比赛方式有比杆赛、比洞赛、个人赛、一对二比赛、二对二比赛、四球比洞赛、四球比杆赛、史特伯福特比赛、新贝利亚比赛等，参赛者每人、每组一个球，按顺序将球击入每个洞穴内，每击一下球算一杆，72杆为标准杆，其中短洞3杆，中洞4杆，长洞5杆。直到击完规定的洞数。最后所击杆数最少者胜利。

2. 比赛方法

（1）比赛前，用抽签方法决定开始的发球顺序。

（2）赛程中击球顺序，以球离穴最远者先击，次远者其次，最近者最后击。

（3）击落在什么地方，就在什么地方接着击球，不可以任意挪动球的位置。

（4）每次击球入穴后要将球取出，并将球移至下一穴的开球处。

（5）每次开球就如同比赛开始第一次击球一样，可以堆沙垫或使用球座垫球，然后击出。

（6）打球从进入1号洞开始，依次打完18号洞，称为一场球。

（二）高尔夫球场的设施

1. 标准场地

标准球场长5943.6～6400.8米，宽度不定，占地面积约60公顷。球场划为18个大小不一、形状各异的场地，每个场地均设有开球台和球洞，18个场地通常称为18个洞，18个洞相隔不同距离，分为近、中、远三种洞穴。近洞穴在229米以内（女子为192米），中洞穴是430米（女子为336米），远洞穴为431米以外（女子为376米）。

2. 洞穴

洞穴为埋在地下的圆罐，直径为10.8厘米，深10.2厘米，罐的上沿低于地面约2.5厘米。穴间距离为91.44～548.64米。

3. 通路

通路为开球区和洞穴之间经过修整的草地。既有平坦球道，也有粗糙不平的地形、沙洼地及水沟等障碍物。

4. 开球区与球座

开球区是一块平坦的草坪，球座是插入地面的一个小木桩，上为凹面的圆顶。比赛选手击球时将球放在木桩顶端，以便准确击出。

5. 高尔夫球

高尔夫球直径不得小于4.6厘米，重量约45.93克。

6. 高尔夫球杆

高尔夫球杆长0.91～1.29米，用木质或塑料与金属组合制成。比赛时，每个参赛者需备14根球杆，包括木头棒杆5支，铁头棒杆5支。除一支推击铁头棒杆外，其余为不同斜度的弯头（击球面）棒杆，要根据球击远、击近、击高的不同需要分别使用。

7. 标志旗

标志旗是系于细长旗杆上的小旗，用于插入每一洞穴指明洞穴的号数。近距离向洞穴击球时，旗杆可暂时拔去。

（三）高尔夫球场的服务标准

1. 营业前

（1）服务生提前到岗打扫卫生。包括对模拟高尔夫人造草皮进行吸尘，擦试座椅、茶几，将发球垫摆放整齐，清洗烟灰缸，打开太阳伞，将球、手套、球鞋等用品摆放整齐以及整理好服务台。

（2）备好各种营业用品及服务用品，并检查各种客用物品是否完好无损，发现有损坏现象应及时报修。

（3）由主管分配当天任务、传达上级指令及讲解各种注意事项。

（4）整理好服装，作好迎客准备。

2. 营业中

（1）服务生服务标准。

①礼貌迎客，主动问好，面带微笑，问清是否有预订，运用准确、规范的服务语言请客人到登记处登记。

②提醒客人换好专用球鞋。将客人的球具等设备清点并装车，给客人安排好场地。

③将客人带入发球区，根据客人的要求安排在红、蓝、白不同的发球区进行发球。

④介绍洞的码数并指导客人合理选择球杆。

⑤如果客人需要陪打员或教练，应作出相应的安排。

⑥客人打高尔夫球期间，视需要及时为客人提供服务。客人休息时需要饮料、小吃，应及时主动地询问需求，作好记录，并迅速提供服务。

⑦不断检查各种客用品是否损坏，及时解决设备问题。客人不适或发生意外，能够及时采取急救措施。

⑧预订时间结束时，服务员应礼貌地征求客人的意见，问清是否需延长使用场地的时间，如客人结束运动，服务人员应检查有无遗失物品，客人是否已退还租用球杆及其他用品等。

⑨客人离开，应主动告别，并欢迎再次光临。

（2）陪练服务标准。

①高尔夫球场设专门陪练员或教练员。

②客人要求陪练、教练服务，应热情提供。

③陪练员或教练员技术熟练，示范动作规范、标准。

④陪练要掌握客人的心理和输赢分寸，能够提高客人的兴趣。

⑤球场组织比赛，预先制定接待方案，使球场秩序良好。

3. 营业后

（1）填写服务记录。

（2）负责清场工作。整理球场，擦试用具，将用具摆放整齐。

（3）切断所有电器电源，将门窗关好。

三、海滨浴场（Seashore Swimming Ground）

多数符合条件的沿海度假饭店都设有海滨浴场，海滨浴场依托 3S 为客人提供服务，所谓 3S，即海洋（Sea）、沙滩（Sand）、阳光（Sun）。海滨浴场凭借独特的自然环境可开展游泳、日光浴、沙滩排球、沙滩足球、水上摩托艇、冲浪等多姿多彩的康乐活动，广受饭店顾客的欢迎。

（一）海滨浴场服务设施

1. 沙滩运动设施

（1）沙滩排球（Beach Volleyball）。

沙滩排球起源于 20 世纪 20 年代的美国。大多数人认为加州的莫尼卡是沙滩排球的发源地。当时人们玩沙滩排球是为了娱乐消遣。沙滩排球以自身特有的魅力越来越受人们的青睐，参加人数急剧增加。当时虽然是娱乐、健身的项目，但已具有相当的规模。

随着时间的推移，沙滩排球穿越大西洋传入法国，进入捷克，并逐渐风靡南美洲的巴西、阿根廷以及大洋洲的澳大利亚和新西兰。当时的比赛形式是三对三，四对四，在莫尼卡还首次出现了二人制男子沙滩排球。50 年代，沙滩排球才得以广泛发展。1951 年，在加利福尼亚的五个海滨浴场举行的沙滩排球巡回赛已具有相当规模，参加的选手达数百人。这时，沙滩排球已被美国政府列为娱乐、表演和健美项目。与此同时巴西也举办了首届沙滩排球锦标赛。60 年代法国举行了奖金为 3 万法郎的三人制沙滩排球巡回赛。1965 年，加利福尼亚沙滩排球协会成立，并在当地 8 个海滨浴场举行了公开赛。1979 年出现了职业沙滩排球比赛，并涌现出一批优秀的职业沙滩排球选手。1987 年 2 月，国际排联认可的第一届世界沙滩排球锦标赛在巴西的里约热内卢举行。巴西、美国、意大利、阿根廷、智利、墨西哥、日本等国参加了比赛。1988 年国际排联正式成立了世界沙滩排球联合会，并开始筹备世界沙滩排球系列大赛。1989 年的第一届系列大赛分别在巴西、意大利、日本和美国举行。90 年代，沙滩排球比赛更加频繁，国际排联组织的系列大奖赛每年 18 站，比赛总奖金达 550 万美元。目前，除了国际排联正式的比赛以外，各国都有不同水平的沙滩排球赛事。1993 年沙滩排球成为奥运会正式比赛项目。首届奥运会沙滩排球赛于 1996 年 7 月 2 日至 28 日在亚特兰大沙滩上举行，从此沙滩排球进入新纪元。

沙滩排球比赛场区为 16 米×8 米的长方形，场地的地面是水平的沙滩，沙滩上无石块、贝壳及其他可能造成运动损伤的杂物。比赛场区上所有的界线宽为 5～8 厘米，界线与沙滩的颜色需有明显的区别，并且由抗拉力材料的带子构成。

球网设在场地中央中心线的垂直上空，高度为男子 2.43 米，女子 2.24 米。球网长 8.50 米，宽 1 米，网眼直径 10 厘米。球网上有两条宽 5～8 厘米、长 1 米的彩色带子为标志带，分别系在球网的两端，垂直于边线。标志杆是有韧性的两根杆子，长 1.80 米，直径 10 毫米，由玻璃纤维或类似质料制成。两根标志杆分别设置在标志带的外沿、球网的两侧。

沙滩排球比赛所使用的球的外壳是由柔软的、不吸水的材料制成（皮革、人造皮革或类似材料）。球内装橡胶或类似质料制成的球胆，颜色是黄色、白色、橙色、粉红色等明亮的浅色。球的圆周为 66～68 厘米，重量为 260～280 克，气压为 0.175～0.225 千克/平方厘米。

（2）沙滩足球（Beach Soccer）。

沙滩足球最早发源于巴西里约热内卢，其后于 20 世纪 70 年代末相继在拉丁美洲和欧洲等地风靡，继而发展为国际性运动。第一场正规沙滩足球比赛在 1992 年举行。1993 年，世界沙滩足球协会（IBSA）成立，并制定了统一的比赛规则。同年，世界沙滩足球协会开始举办世界性沙滩足球比赛，但最初只有几个国家参加。1995 年，沙滩足球世界锦标赛的举行标志着沙滩足球正式成为体育比赛项目。1998 年，欧洲率先举行职业沙滩足球联赛。2005 年，国际足球联合会将其纳入其管理范围，并制定更完善的《沙滩足球规则》。同年，第一届国际足协沙滩足球世界杯举行。现在沙滩足球已成为发展最快的职业竞技运动之一，更是海滨浴场必备的沙滩娱乐运动项目。

沙滩足球每队由 5 名队员组成，其中包括 4 名球员和 1 名守门员。每场比赛分 3 小节，每小节 12 分钟。标准沙滩足球场长 37 米，宽 28 米；球门宽 5.5 米，高 2.2 米。

2. 水上运动设施

（1）摩托艇（Motorboat）。

摩托艇起源于 19 世纪末。是驾驶以汽油机、柴油机或涡轮喷气发动机等为动力的机动艇在水上竞速的一种体育活动。摩托艇的比赛形式为闭合场地的环圈竞速，主要技术关键有：起航、加速、绕标、超越和冲刺等。摩托艇操作并不复杂。在驾驶仓里，选手一只手握着方向盘，用一根手指按着发动机的启动按钮。4 排发令红灯接连亮起，红灯熄灭时，将近 1 万马力的发动机即启动，并喷射出多条白色水柱，瞬时间马达轰鸣、浪花飞溅、高潮迭起、扣人心弦。

水上摩托根据驾驶方式分为座式水上摩托和立式水上摩托（也称滑水型水上摩托）两种类型，国际摩托艇联合会正式设立的比赛级别为：立式水上摩托 800CC；坐式水上摩托 1200CC。比赛项目有：障碍赛、耐力赛和花样赛（仅限立式水上摩托）。

很多海滨浴场都有摩托艇出租业务，很受游客欢迎，游客一般在专业人员的带领下体验摩托艇的速度与激情。艇上人员均须穿戴救生衣和护盔，以防意外。

（2）帆船（Sailing Boat）。

帆船是风、水、人、船四者的完美结合，是充满活力的运动。帆船运动中，驾驶者依靠自然风力作用于船帆上，驾驶船只前进，是一项集竞技、娱乐、观赏、探险于一体的体育项目。它具有较高的观赏性，备受人们喜爱。现代帆船运动已经成为世界沿海国家和地区最为普及而喜闻乐见的体育活动之一，也是各国人民进行体育文化交流的重要内容。

经常从事帆船运动能增强体质，锻炼意志。

随着帆船运动风靡全球，帆船运动与普通人之间的距离正在进一步拉近，越来越多的人开始走向大海，寻找那种在海面上驰骋的感觉。

（3）帆板（Sailboard）。

帆板运动是介于帆船和冲浪之间的新兴水上运动项目。帆板由带有稳向板的板体、有万向节的桅杆、帆和帆杆组成。运动员利用吹到帆上的自然风力站到板上，通过帆杆操纵帆使帆板产生速度在水面上行驶，靠改变帆的受风中心和板体的重心位置在水上转向。因和冲浪运动有密切关系，所以又称为风力冲浪板或滑浪风帆。

帆板起源于 20 世纪 60 年代末的世界冲浪胜地夏威夷群岛，1970 年 6 月美国一位热爱冲浪的电脑技师修万斯设计制造出世界上第一条带有万向节的帆板，并获专利权，此后在当地很快兴起帆板热，不久便流传到欧洲、大洋洲和东南亚一带。首届世界帆板锦标赛于 1974 年举行。1981 年帆板作为帆船的一个级别被接纳为奥运会大家庭的一员，1984 年洛杉矶奥运会第一次把帆板列为正式比赛项目。现在所有大型综合性运动会，如奥运会、亚运会、全运会等，都有帆板比赛，每年世界各地还举行常规性的职业选手系列赛。

3. 安全设施（Security Facilities）

为保证客人安全，海滨浴场必须设有相关安全设施。

（1）警示标旗。

警示标旗用颜色区分来提示客人此时是否适合下海活动。一般来说，警示标旗应树立在沙滩上醒目的高处，绿色标旗代表风平浪静，适合下海活动；黄色标旗代表稍有风浪，注意安全；红色标旗代表风急浪大，禁止下海。

（2）警示浮球及警示绳。

警示浮球配合警示绳来圈定海滨浴场活动区域，客人应在划定的区域内活动，并注意不能用手触摸警示绳，以免被绳上的海蛎划伤。部分警示绳下应配有防鲨网，防止凶猛海洋动物伤害客人。

（3）瞭望塔。

沙滩上应设有瞭望塔，高度一般超过 3 米，在浴场开放时间内始终应有救生人员值班，救生员应以高度的责任心配合望远镜、探照灯、救生圈、高音喇叭等设施确保游客安全，防止意外发生。

4. 辅助设施（Support Facilities）

为保证客人获得更好的休闲感受，海滨浴场还应配备相关辅助设施，如更衣室、淡水淋浴处、沙滩椅及遮阳伞等。

（二）海滨浴场服务要点及注意事项

1. 上岗前应先作自我检查，做到仪容仪表端庄整洁，符合要求。

2. 根据台风预报确定台风的走向和风力，并随时对台风信息进行更新。

3. 检查各种水上运动器械是否完好，锁扣和传动装置是否安全可靠，将各种用具准备齐全，保证水上运动器械整洁干净。

4. 对沙滩上的太阳伞及沙滩椅和一些可移动设施设备进行安置和固定。

5. 检查安全浮球和警示绳区域是否正常。

6. 为客人准备相关安全设施，并当面指导客人如何使用、使用时间和活动区域。

7. 时刻观察下海活动客人的一举一动，必要时候给予援助。

8. 客人离别时要主动提醒客人不要忘记携带随身物品。

9. 及时清扫并整理物品，作好下次迎客的准备。

四、SPA

（一）SPA 的涵义

SPA 一词源于拉丁文 "Solus Par Agula" 的字首，Solus 意为 "健康"，Par 意为 "在"，Agula 意为 "水中"，SPA 可直译为 "用水来达到健康"。

从狭义上讲，SPA 指的就是水疗美容与养生。SPA 的形式包括冷水浴、热水浴、冷热水交替浴、海水浴、温泉浴、自来水浴，能在一定程度上松弛、缓和紧张、疲惫的肌肉和神经，排除体内毒素，预防和治疗疾病。水疗配合各种芳香精油按摩，会加速脂肪燃烧、具有瘦身的效果。

从广义上讲，SPA 是水疗、芳香按摩、沐浴、去死皮角质等休闲放松活动的总称。现代SPA 主要透过人体的五大感官功能，即听觉、味觉、触觉、嗅觉、视觉，达到人体全方位的放松，将精、气、神三者合一，实现身、心、灵的舒适休闲感受。

（二）SPA 的基本要求

1. 水

没有水就不能做 SPA，而且必须是活水，最好是温泉水。如果开设 SPA 的饭店没这个条件，也要在水中加入些矿物质，使之在化学成分上接近温泉水。

2. 减压护理

现代人压力都非常大，减压护理如芳香疗法等可以使顾客从生理到心理都得到极大的放松享受。

3.“五感”的情境

SPA 是通过人体的五大感官功能——听觉、味觉、触觉、嗅觉、视觉，使人达到一种身体、心灵皆舒畅自在的感受。SPA 必须作用于五大感官，为顾客提供无微不至的关怀。

（三）SPA 的设置条件

设有 SPA 服务的饭店首先应具备以下条件：

宁静幽雅的环境，专业的美疗师，配置顾客使用的 SPA 保养品，营养、健康咨询顾问等，为顾客带来全方位轻松有效的呵护。

其次，SPA 还需要提供以下服务：

1. 浴

泥浴、水浴、矿泉浴、石浴、花浴等，让身体沐浴在纯天然的物质里，辅之以按摩、蒸汽等手段，可使客人舒筋活络，消除疲劳。

2. 敷

用蜂蜜、水果泥、海藻泥、死海泥等护体产品将身体包裹起来，帮助客人清除体内杂质。

3. 修护

包括为客人去角质、修护指甲等。东南亚国家经常选用咖啡粉或蜂蜜加水，在脸上磨掉角质。法国水疗中心则喜欢用芳香油及乳液在脸上推磨。

4. 按摩

通过按摩帮助客人神经和肌肉得以放松休息。

5. 运动

冥想、打坐以及徒步训练等运动项目也是 SPA 体疗的项目。通常 SPA 中心都有一间光线较暗的冥想室，让客人在享受过身体的松弛后还可以享受一段幽静的心灵之旅。

（四）SPA 的功能

美容专家认为，SPA 能改善人体的六大机能：

循环系统：增强细胞新陈代谢功能，降低血压。消化系统：放松肠胃肌肉，增强肝肾活动力，强化排泄功能。肌肉系统：放松或刺激肌肉，消除肌肉酸痛、紧张及僵硬。精神系统：消除烦躁不安及失眠，安定精神状况。呼吸系统：强化呼吸器官，增强心脏功能。皮肤系统：刺激皮肤吸收养分，增加皮肤光泽及弹性，减轻皱纹及老化程度。

（五）SPA 的禁忌及注意事项

SPA 不适合体质欠佳的人。以下人群不宜接受 SPA 服务：

头脑或意识不清、老人痴呆、智力退化及平衡感障碍者，心律不齐者，未接受治疗的癫痫病患者，血糖控制不良的糖尿病患者或低血糖症者，严重的下肢静脉曲张者，对光、热敏感者（例如红斑性狼疮患者），恶性肿瘤病患者，血压控制不良的高血压患者，姿势性低血压患者。

此外，SPA 的副作用虽不常见，但也可能发生，康乐部服务员应提前向顾客作出说明：

SPA 安全须知：

（1）必须要确认水质达标，平均每 5 至 6 小时循环一次。

（2）应有专业人士和合格救生员在场指导，且场所应有自然光线照明或明亮灯光，空气流通良好。

（3）水疗进程最好以温水开始，以免冷水或热水太刺激，使毛孔收缩太激烈而导致昏眩甚至休克。

（4）SPA 过程应先从温和的按摩设备开始，如脚底按摩，而较强的按摩方式则不宜太久，以免身体不适。

（5）SPA 后必须喝水补充水分，擦干全身并抹上乳液以免皮肤干燥。

【思考题】

1. 康乐管理有哪些特点？
2. 康乐项目设置的原则有哪些？
3. 商务会议型饭店有哪些常见的康乐设施或康乐项目？
4. 海滨浴场服务过程中应注意哪些要点？

【案例分析题】

心灵跑进乌托邦——意大利佛罗伦萨科拉别墅大酒店

2007 年，当美国一家网站在一项调查中公布，慢跑运动已经取代了瑜伽成为当时最受欢迎的运动时，坐落于意大利佛罗伦萨的科拉别墅大酒店正进行着浩大的翻修工程。3 年之后，当跑步运动因为大受欢迎而成为一种时尚的时候，科拉别墅大酒店的翻修工程正好宣告结束。它无意赶上了人们将慢跑运动纳入时尚潮流的契机，重新对外开放。于是，伫立在佛罗伦萨市中心南面丘陵上一座百年公园之内的这座酒店，凭靠自身在地理位置上的优势，成为在这项时尚运动潮流中慢跑达人的理想度假地之一。

科拉别墅大酒店坐落于意大利佛罗伦萨城市边沿，横越在丘陵下的，是一条在岁月里流淌、从不间断的阿诺河。它将佛罗伦萨这块土地分割成宁静和喧闹的两部分。蜿蜒而微斜的道路从阿诺河岸向上攀沿。从热闹的市中心走来，经过横跨阿诺河的著名石桥——老桥，来到对岸的小区后不久，道路就由宽变窄，两排直耸入蓝天的梧桐树就生长在这条道路的两旁。道路首先经过著名的世纪公园、波波里公园，然后再绵延往上。距离波波里公园 1 公里左右的地方，种植在科拉别墅大酒店入口处的千株玫瑰丛就以一种娇嫩的姿态出现在弯曲的道路上。

宏伟华丽的科拉别墅大酒店的前身是 19 世纪一位伯爵的私人豪华住宅。它是由 3 栋折中主义风格建筑物组成的。它们各自伫立在这座古罗马式庭院中的 3 个角落。完美的翻修工程还原了科拉别墅大酒店昔日的风采。新添的露天温水泳池更加强了它的折中主义建筑风格。不管是在硬件还是软件方面，科拉别墅大酒店都给人以华丽脱俗的印象。除了露天温水泳池之外，雪茄室、长型酒吧、SPA空间及其水疗设施等，都让人感到讶异。新旧艺术在这里碰撞出火花。跳跃的现代艺术绽放在昔日的贵族气息里，为原来的古典和优雅注入了一股生气。尤其是站在科拉别墅大酒店第5层，镜厅外的天台上，背靠着镜厅的金碧辉煌外墙眺望，眼前是佛罗伦萨的城市风貌。俯瞰时，波波里公园和弯曲的山路也在梧桐的枝叶间断断续续地出现在视线里。

不仅在佛罗伦萨的历史中心地带，就算是在这南面的山区中也有着古罗马时期流落至今的城市布局——小而窄的道路在这里四纵五横，最适合具有冒险精神和好奇心强的慢跑者。从科拉别墅大酒店出发，顺着主要道路向1公里之外的波波里公园慢跑过去，15分钟左右就能到达。但是，很多人都会因为要亲眼看看别样的风景而选择主要道路以外那些盘错的小路来作为慢跑路线。凭着天赐的地理条件，科拉别墅大酒店在翻修之后一开始重新营业就踏入了时尚"城市隐居"领域。弥漫在科拉别墅大酒店之上的静谧氛围和新鲜的空气，不止吸引了每一颗在日常生活里疲惫不堪的心，还成为了现代热爱运动人士的心灵乌托邦。

案例思考：阅读以上材料，分组讨论康乐活动在饭店中的重要性，康乐部与饭店其他业务部门相比，其发展前景如何？为什么？

第十二章　餐饮部管理

【学习目标】

1. 了解餐饮部管理的意义及其组织机构
2. 熟悉菜单设计的原则和程序；掌握中、西餐厅，宴会厅，酒吧及特色餐厅的经营特点、服务技巧及规程；熟悉酒水基本知识
3. 了解食品原材料的采购、验收、贮存、发放的基本程序；了解饭店后厨的岗位和工作内容

【主要内容】

1. 餐饮部管理概述

餐饮管理的特点；餐饮部的主要任务；餐饮部的组织机构

2. 餐饮部生产管理

菜单设计的原则和程序；中餐厅、西餐厅、宴会厅管理；酒水与酒吧管理；特色餐厅管理

3. 餐饮部后勤管理

餐饮原材料采购与验收管理；餐饮原材料贮藏与发放管理；餐饮后厨管理

【导入案例】

王先生是我国南方城市一家饭店的餐厅经理，他在检查客人的投诉意见时发现了如下的一段话："自助餐餐具不够，海鲜和肉类供应不足，烤肉串和有些食品的加工时间太长，让人等得不耐烦。鸳鸯火锅的调料不齐全，不太够味儿。烧烤的锅子不干净，容易粘锅。服务生的清理速度太慢，餐桌缺少饰物。"这家饭店的餐厅最近刚开展自助餐业务，试营业已有一周，效果不太理想。针对出现的问题和客人的意见，王经理召集所有员工讨论，强调了餐前准备的重要性。他们对餐具的质量和数量、菜肴与食品的供应和加工、水果与酒水的品种、餐饮的供应时间、摆台与撤台、餐桌装饰和餐厅环境布置等方面的服务作了改进。在此期间，王经理每天都细致地观察餐厅的营业情况，询问和了解宾客的需求与反映。经过大家的努力，餐厅的面貌改变了，生意越来越红火，得到的表扬也越来越多。

第一节　餐饮部管理概述

餐饮部（Food & Beverage Department）是现代旅游饭店的重要组成部分，餐饮是一个饭店赖以生存和发展的基础，它不仅满足了客人对餐饮产品和餐饮服务的需求，而且作为饭店对外服务的窗口，为饭店树立良好的社会形象发挥着积极的作用，并为饭店创造良好的经济

效益。餐饮部作为饭店的重要组成部分，承担着对客提供餐饮服务、满足餐饮需要的任务。餐饮部作为集采购、生产加工、销售、服务于一身的饭店内唯一生产食物的部门，有着经营管理环节多、管辖范围广、分工细、员工人数多、管理运作难度较大的特点。在餐饮部的管理过程中，必须明确餐饮部在饭店中的地位和作用，建立合理有效的组织网络，进行科学分工，使餐饮部内部各部门各司其职，以保证餐饮部的正常运转，并要加强餐饮部与其他部门的合作沟通，树立全局观念。

一、餐饮管理的特点

饭店餐饮管理（Food & Beverage Management）是一项集经营与管理、技术与艺术、秉承与创新于一体的业务工作，与其他部门的管理相比，具有不同的特点。这就要求饭店在餐饮管理上也应独具特色，以适应管理主体的要求。

（一）产销即时性，收入弹性大

餐饮部的业务过程表现为生产、销售、服务与消费几乎是在瞬间完成的，具有生产时间短、随产随售、服务与消费同时进行的特点。这就要求餐饮部必须根据客人需要马上生产，生产出来立即销售，不能事先制作，否则就会影响菜的色、香、味、形，甚至造成经济损失。由此可见，作好预测分析，掌握客人需求，提高工作效率，加强现场控制，是饭店餐饮管理的重要课题。不仅如此，饭店餐饮部作为主要的创收部门，与客房相比，具有收入弹性大的特点。客房收入来源于住店客人，其房间数和房价相对稳定，客房收入是相对固定的，其最高收入往往是一个可预测的常量。而餐饮部的服务对象除了住店客人外，还有非住店客人，而且客人的人均消费也是一个弹性较大的变量。饭店可通过提高工作效率、强化餐饮促销、提高服务质量等手段提高人均餐饮消费量，使餐饮的营业收入得到较大幅度的提高。所以，餐饮往往是决定饭店营业收入多寡的关键项目。

（二）业务内容杂，管理难度高

餐饮业务管理构成复杂，既包括对外销售，也包括内部管理；既要根据饭店的内部条件和外部的市场变化选择正确的经营目标、方针和策略，又要合理组织内部的人、财、物，提高质量，降低消耗。另外，从人员构成和工作性质来看，餐饮部既有技术工种，又有服务工种；既有操作技术，又有烹调、服务艺术。这必然给餐饮管理增加了一定的难度，要求我们既要根据客观规律组织餐饮的经营管理活动，增强科学性；又要从实际出发，因地制宜，灵活处理，提高艺术性。此外，餐饮成本构成广泛，变化较大。从原材料成本来看，有的是鲜活商品，有的是干货，有的是半成品。这些原材料拣洗、宰杀、拆卸、涨发、切配方法和配置比例存在明显差异，加工过程中损耗程度各不相同，而且有些原材料的价格往往随行就市，变动幅度较大。但是饭店的菜品价格又不能经常变动。此外，还有燃料、动力费用、劳动工资、餐具等易耗品的消耗，家具、设备的折旧等，其中有些是易碎品，损耗控制难度较大。因此如何加强餐饮成本控制，降低消耗，往往是餐饮管理的重要内容。

（三）影响因素多，质量波动大

餐饮质量是餐饮管理的中心环节，但由于影响餐饮质量的因素较多，餐饮质量控制难度也较大。首先，无论是菜点的制作，还是服务的提高，主要靠人的直观感觉来控制，这就极易受到人的主观因素的制约。员工的经验、心理状态、生理特征，都会对餐饮质量产生影响。其次，客人来自不同的地区，其生活习惯不同，口味要求各异，这就不可避免地导致同样的菜点和服务可能会产生截然不同的结果。再次，饭店的餐饮质量是一个综合指标，餐饮质量的好坏不仅依赖市场的供应，而且还受到饭店各方面关系的制约。菜点质量如何，同原材料的质量有直接关系，对协作配合的要求也非常严格。从采购供应到粗加工、切配、炉台、服务等，都要求环环紧扣，密切配合。不仅如此，它还要求工程部等其他部门的紧密配合。

（四）品牌忠诚低，专利保护难

在一般餐饮消费上，客人求新求异、求奇求特的消费心理使其在餐饮消费上不断追逐新产品、新口味、新服务，常会出现"吃新店、吃新品"的"随新赶潮消费"现象。另一方面，饭店餐饮部很难为自己的装饰、服务方式等申请专利。因此，倘若某一产品或服务能吸引客人，则仿者甚多。这一切都给餐饮管理带来了很大挑战。如何培养品牌忠诚，如何寻求专利保护成为饭店餐饮研究的重要课题。

二、餐饮部的主要任务

餐饮部的主要任务是以市场开发和客源组织为基础，以经营方针为宗旨，以经营计划为指导，对餐饮食品的供、产、销进行全面的筹划；对餐厅服务和厨房生产进行合理细致的安排；对外扩大宣传，积极销售，对内提高产品的服务质量，加强管理，降低成本，最终在满足宾客需求的同时，力争取得最大的经济效益和社会效益。

（一）餐饮部在饭店中的地位

1. 餐饮部是现代饭店的重要组成部分

餐饮产品作为饭店在市场竞争中的重要"武器"，其服务水平和服务设施常被宾客作为选择饭店的重要因素。餐饮部所管辖的范围包括各类餐厅、酒吧等传统的经营场所，也是客人经常活动的地方，因此餐饮部是现代饭店的重要组成部分。

2. 餐饮部的服务与管理水平直接影响饭店声誉

餐饮部工作人员直接为客人提供面对面的服务，客人可以根据餐饮部为他们所提供的餐饮产品的种类、质量以及服务态度等来判断饭店服务质量的优劣及管理水平的高低。

3. 餐饮收入是饭店营业收入的重要组成部分

餐饮部是饭店重要的营利部门之一，就目前中国饭店而言，餐饮总营业收入占饭店总收入的 1/3，但不同规模、档次的饭店餐饮收入也有所不同。

4. 餐饮部的工种多，用工量大

餐饮部规模大、用工量大、环节众多且复杂，需要各部门各岗位的许多员工配合和协调才能发挥其职能作用，是饭店中员工人数最多的部门，因此也是饭店管理的重要环节。

（二）餐饮部的主要任务

1. 确定餐饮目标市场，搞好餐饮经营市场定位

宾客是市场的主体，是餐饮部经营的出发点和归宿，餐饮部必须依靠充足的客源来维持一定的销售额。餐饮部要根据其内外部的条件，认真作好市场的调查和预测，确定餐饮目标市场，搞好餐饮经营市场定位，并据此确定部门的经营计划。

2. 加强食品原材料的采购验收、贮藏管理

餐饮部要制订计划，根据经营需要做好原材料的采购验收、贮藏管理等工作，降低成本消耗，提高利润。

3. 作好厨房生产管理

根据经营计划，合理安排生产程序，使加工、切配、面点、炉灶和原材料供应、餐厅服务等业务活动保持协调一致，保证产品质量，提高工作效率。

4. 切实作好餐厅销售服务管理

餐厅是餐饮产品的销售场所，又是直接提供服务的领域，所以餐饮部应该不断提高服务质量，优化就餐环境，做好餐厅服务过程的管理工作，扩大销售量，增加销售额。

5. 加强成本控制，提高经济效益

餐饮成本构成复杂，要作好餐饮成本与费用的全面控制，制定成本标准及消耗定额，降低耗损，加强成本控制，以获得良好的经济效益。

6. 保证食品卫生安全

在餐饮部的管理中不但要特别保证工作人员的健康，还要加强设备清洁卫生以及原材料和餐饮成品的卫生管理，以保证食品在采购、贮存、加工、销售、服务等各个环节的卫生安全。

三、餐饮部的组织机构

餐饮部的内部组织机构，因餐饮部门本身的职能不同而形式各异。各饭店企业应根据自身的特殊情况和经营任务来设计餐饮部的组织机构，目的是保证该组织目标的实现。

（一）小型饭店的餐饮组织机构

小型饭店的餐厅数量少，类型单一，其组织结构模式比较简单，分工也不宜过细，如图12-1所示。

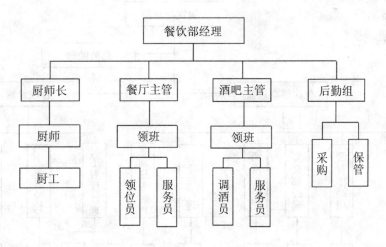

图 12-1 小型饭店的餐饮组织机构图

（二）中型饭店的餐饮组织机构

中型饭店的餐厅数量比小型饭店多，功能也比较全面，内部分工更加细致，如图 12-2所示。

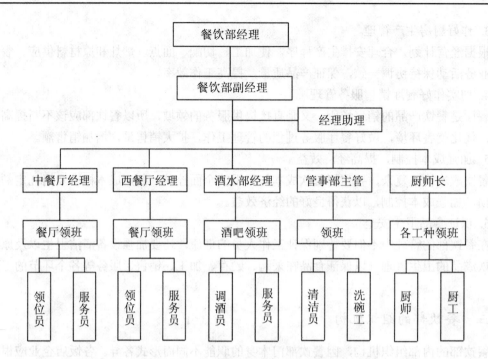

图 12-2　中型饭店的餐饮组织机构图

（三）大型饭店的餐饮组织机构

大型饭店餐厅数量较多，组织机构比较复杂，层次多，分工明确细致，如图 12-3 所示。

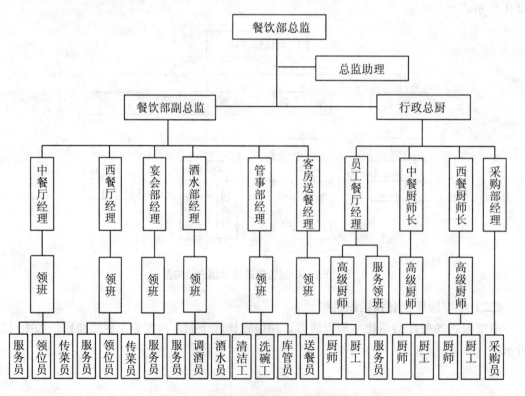

图 12-3　大型饭店的餐饮组织机构图

第二节　餐饮部生产管理

一、菜单设计

菜单（Menu）是餐饮管理的关键和中心，餐饮经营管理的所有活动都围绕着菜单来进行。所谓菜单有两种含义：一是指餐饮业为客人提供的菜肴的种类、价格一览表和清单，另外一种含义是指某次餐饮活动中菜肴的组合。菜单是餐饮经营与管理的关键和中心，是餐饮经营的精髓，餐饮经营管理的所有活动都是围绕菜单来进行的。

（一）菜单的作用

1. 菜单是沟通餐饮经营者与消费者之间的桥梁

菜单是载有餐饮企业销售、生产、服务等信息的媒介，餐饮企业通过菜单向客人介绍自己的产品，推销餐饮服务、餐饮企业的经营意图。而用餐者则通过菜单了解餐厅的类别、特色、产品和价格，选择自己需要的产品和服务。

2. 菜单标志着餐饮部的菜肴特色和水准

每个餐厅各有自己的特色、等级和水准，通过菜单上的食品、饮料的品种和价格可以使宾客了解本餐厅商品的特色和水准。

3. 菜单应起到推销菜品的作用

一张成功的菜单不仅要反映餐厅的经营特色和范围，而且要通过菜品的内容和价格反映出餐厅服务的对象。菜单还要起到向顾客传达产品信息和推销餐厅及其菜品的作用，并通过菜单分析顾客的需要。

4. 菜单决定食品原料的采购和贮存

食品原料的采购和贮存是餐饮部业务活动的重要环节，它们受菜单内容和菜单类型的影响和支配，菜单内容规定了采购和贮存的对象，菜单类型在一定程度上决定了采购和贮存活动的规模、方法和要求。

5. 菜单影响着厨房布局和餐厅装饰

厨房是加工制作餐饮产品的场所，厨房内各业务操作中心的选址，各种设备、器械、工具的定位，应以适合菜单上菜肴的加工制作需要为准则。

（二）菜单的设计

菜单的设计是一项技术性很强的工作，它包括市场调研、目标市场确立、菜品开发、价格定位、餐饮促销、资源综合利用、评价反馈等技术操作环节；同时菜单设计又是艺术性很强的创意策划，是饭店餐厅形象设计系统的重要组成部分。

1. 菜单设计原则

菜单在餐饮经营中的地位和作用以及影响菜单整体综合效果发挥的各种内外因素，决定了菜单设计必须遵循以下基本原则：

（1）继承传统，改革创新，突出特色，树立品牌。

（2）常变常新，紧随餐饮市场的时尚潮流。

（3）积极参与餐饮业的竞争，努力提高竞争力。

（4）代表先进的饮食文化，技术性与艺术性俱佳。

2. 菜单设计的内容

（1）菜单应具备的内容：菜肴的名称和价格、菜肴的介绍、告示性信息（餐厅名称、餐厅的特色风味、餐厅的地址和电话、餐厅的营业时间、餐厅加收的费用等）。

（2）菜单上的内容安排，即菜单上各类菜式的排列次序。中餐进餐通常是按照冷菜（Cold Dish）、热菜（Hot Dish）、大菜（Main Dish）、汤（Soup）、点心（Dessert）的次序依次进行，西餐的进餐次序是开胃菜（Appetizer）、汤（Soup）、主菜（Entree）、甜点（Dessert）和餐后饮料（Pousse-cafe）等。

3. 菜单设计的步骤

（1）准备所需资料。各种旧菜单，标准菜谱档案，库存信息、时令菜和畅销菜，每份菜的成本，各种烹饪书籍、菜单词典，食品、饮料一览表以及过去的销售资料等。

（2）运用标准菜谱。只有运用标准菜谱，才能确定菜肴原料的各种成分及数量，计划菜肴成本，计算价格，从而保证经济效益。

（3）初步构思设计。把可能提供给客人的食品填入一张空白表格，再作适当取舍和补充，最后确定菜式内容。

（4）将已经设计好的菜单按一定顺序排列，然后召集广告宣传、美工、营养学家和有关管理人员进行菜单的程式和装帧设计。

二、中餐厅管理

（一）中餐简介

中餐（Chinese Cuisine），即指中国风味的餐食菜肴。其中有粤菜（Cantonese Cuisine）、川菜（Sichuan Cuisine）、鲁菜（Shandong Cuisine）、淮扬菜（Yangzhou Cuisine）、浙菜（Zhejiang Cuisine）、闽菜（Fujian Cuisine）、湘菜（Hunan Cuisine）、徽菜（Anhui Cuisine）"八大菜系（Eight Main Cuisines）"。中餐的选料非常广泛；在原料加工方面，中餐厨师非常讲究刀工，可以把原料加工成细小的丝、丁、片、末等；烹调方法非常多，主要有煎、煮、炖、烧、焖、烩、炒、爆、炸、煸、煨、烤、蒸、白灼等基本方法；中餐菜肴大都有明显的咸味，并富于变化，多数菜肴都是完全烹熟后再食用；中餐有明确的主、副食概念，主食有米、面等多种制品。

（二）中餐厅的经营特点

1. 主题鲜明，风格独特

中餐厅就是经营以中国式烹调方法烹饪的风味餐食为主的餐厅，是向国内外宾客宣传中国饮食文化的经营服务场所。中餐厅的装饰风格各不相同，其主题的选择决定了餐厅的特色和个性。我国各大饭店都拥有一个或多个中餐厅。

2. 服务热情，周到细致

服务是餐厅销售的无形产品，因此餐厅服务要比其他任何企业的服务都周到细致。

3. 生产环节多，管理难度大

中餐厅产品在生产上具有即时性和及时性的特点，再加上中餐菜肴品种丰富、构成的原料繁多、菜式规格多，批量小、生产环节多、分工细致和烹饪技艺要求高等因素，使得中餐菜肴质量控制和厨房管理难度较大。

（三）中餐厅服务技能

1. 端托

端托操作是每位餐厅服务人员必须掌握的一项基本技能。根据不同物品和工作需要，用各种不同的托盘装运、递送，不仅有利于餐厅服务工作的规范化和服务质量的提高，而且有利于体现餐厅的管理水平。同时，端托也是摆台、斟酒、上菜等技能的基础，要想做好服务工作，必须熟练掌握托盘的操作技能。

（1）端托服务的姿势要领为"三平、一松、一稳"，即眼睛平、双肩平、托盘平，面部表情轻松，盘内物品要稳定，姿势大方优雅。

（2）端托行走时要做到头正、肩平、盘平、不晃动、汤汁不洒、菜肴的形状不变。根据端托物品的不同，应选择不同的行走步伐。

（3）进行端托服务时应注意个人卫生。

2. 餐巾折花

餐巾又称口布，既是餐厅中常用的卫生保洁用品，又是一种装饰美化餐台的艺术品，还能起到标识席位和广告宣传的作用。餐巾折花可以分为杯花、盘花和环花等。

3. 摆台

摆台，是将餐具、酒具以及辅助用品按照一定的规格程序整齐美观地铺设在餐桌上的操作过程。

（1）铺设台布时，台布应正面朝上，四角与桌腿成平行直线下垂，与地面距离相等，铺完台布再围好桌椅。

（2）摆放餐具要相对集中，餐具、酒具配套齐全，整齐划一，符合规范要求。

（3）摆台要尊重不同国家的风俗习惯。

4. 酒水服务

酒水服务是餐厅服务工作的重要内容之一，服务人员为客人提供的酒水服务应做到技术规范，姿势正确、优美，动作迅速。

（1）示瓶。

服务员站在点酒客人的右侧，左手托瓶底，右手扶瓶颈，酒标朝向客人，让客人辨认。

（2）开瓶。

开瓶时要使用专用的开瓶器。开瓶时要将酒瓶放在桌上，尽量减少晃动，开瓶后应及时检查酒水质量，并用干净的布巾擦拭瓶口。

（3）斟酒。

斟酒应该按照逆时针的顺序，从第一主宾开始，而后在给其他宾客倒酒。

5. 菜肴服务

餐厅服务人员为客人进食菜肴、点心、主食所进行的服务工作称为菜点服务。上菜整个过程大体分为端托、行进、上菜、摆菜、分菜、撤盘六道工序。

（1）上菜。

上菜一般选择在陪同或翻译人员之间进行，菜肴上桌后要后退一步报菜名。中餐上菜程序一般是由菜单的排列顺序或客人的要求而定的。一般原则是先上凉菜后上热菜，先上咸味菜后上甜味菜，先上荤菜后上素菜，先上佐酒菜后上下饭菜，先上优质菜后上一般菜，先上干菜后上汤菜，先上浓味菜后上清淡菜，先上菜肴后上水果。中餐在上菜时除应按顺序上菜以外，还要讲求台面摆放的艺术效果。菜肴在摆放时应注意菜肴要对称摆放，应遵循"一中心、二平放、三三角、四四方、五梅花"的原则。上菜同时要核对菜单，避免上错。

（2）分菜。

分菜服务，在用餐标准较高或是客人身份较高的宴会上，每道菜肴均需分餐给客人。所有需要分派的菜品，都必须在宾客面前先展示一下，征得客人同意后再拿下去派分。

（3）撤换餐饮用具。

撤换餐饮用具就是服务人员把宾客已使用完毕或暂时不用的餐饮用具从餐桌上撤换下来，并根据需要换上干净的餐饮用具。

（4）撤换烟灰缸。

在进行中餐服务时，烟灰缸里的烟头达到两个就要为客人换上干净的烟灰缸。

（四）中餐零点服务

中餐零点服务是指服务人员接待零星而来的、根据菜单自由点菜的客人时所提供的一种服务。

1. 中餐零点服务的特点

中餐零点服务的特点主要通过服务对象就餐的不同要求来体现的，包括就餐时间的随意性、就餐要求的多样性和就餐场所的选择性三个方面。

2. 零点餐厅服务程序

零点餐厅服务是一项具体而复杂的工作，具体程序如下：

（1）餐前服务。

包括岗前列队、整理并布置餐厅、准备餐厅用具、摆台、召开班前会和全面检查等。

（2）开餐服务。

包括主动迎客、合理安排座位、拉椅让座、送茶递巾、递送菜单、接受点菜、酒水服务及为客人打开餐巾等。

（3）席间服务。

包括斟酒、上菜、撤换餐具和巡台等。

（4）餐后服务。

包括结账、拉椅送客和整理餐厅等。

三、西餐厅管理

（一）西餐简介

西餐（Western Cuisine）一般以刀叉为餐具，以面包为主食，多以长形桌台为台形。它的主要特点是主料突出，形色美观，口味鲜美，营养丰富，供应方便等。其大致可分为法式（French）、英式（British）、意式（Italian）、俄式（Russian）、美式（American），地中海式（Mediterranean）等多种不同风格的菜肴。西餐在原料的选择方面有着鲜明的特点，食品原料以海鲜、畜肉、禽类、蛋类、奶制品、蔬菜、水果和粮食为主。

（二）西式菜肴的特点

1. 选料精细讲究

由于西餐菜肴大多不宜烹制得太熟，有些菜需要生吃，故而选料特别考究，力求新鲜精细。

2. 调料、香料品种繁多

西餐的调料、香料品种繁多，菜肴特别讲究口味香醇、浓郁，西餐烹调时讲究以酒配菜。

3. 烹调方法独特

常用的西式烹调方法有煎、焗、炸、炒、烤、烩、烘、蒸、熏、煮、炖、扒、铁板煎、铁扒等，其中以铁扒、烤、焗最具特色。

4. 调味沙司单独烹制

沙司是调味的汤汁，西餐中很多菜式的变化都是由于使用了不同的沙司而引起的。

5. 注重肉类的老嫩程序

西餐菜肴特别讲究肉类菜肴的鲜嫩，以保持营养。每位客人对火候的要求不尽相同，服务人员在接受点菜时必须问清宾客的需求，以便厨师按宾客的口味进行烹制。牛羊肉通常有五种不同的成熟度，即全熟、七成熟、五成熟、三成熟、一成熟。

（三）西餐的服务技能

1. 西餐摆台

西餐摆台一般包括：铺台布、摆放餐具、摆陶瓷餐具及玻璃餐具、摆其他餐具。

2. 西餐正餐服务

（1）迎宾、引导客人入座。

当客人进入餐厅时，迎宾人员应立即面带微笑，上前迎接，由服务人员将客人带到用餐位置。

（2）递送菜单。

服务人员从服务台拿取酒单和菜单，从客人右侧轻轻将菜单正面标识朝上递送给客人。

（3）铺口布。

当客人入座后，将客人桌面的口布取下，铺到客人膝上。

（4）餐前饮料或餐前酒。

服务人员向客人介绍餐厅的饮料及餐前酒，并按客人所需为客人提供服务。

（5）接受点菜。

当客人看完菜单后，应从主人开始依顺时针方向主动向客人提供点菜服务，并作好详细记录。

（6）客人用餐间的服务。

在客人用餐过程中应主动为客人添加酒水、更换烟缸、清理桌面卫生等。

（7）客人用餐后的服务。

在客人用餐完毕后主动为客人更换刀叉，主动为客人提供茶水服务，并呈递账单请客人结账。

3. 西餐菜品与酒水的搭配

（1）白葡萄酒和玫瑰酒一般与鱼、海鲜、白色的肉类及容易消化的食品一起享用。白葡萄酒和玫瑰酒必须冷藏后才能供应。

（2）红葡萄酒通常配深色家禽肉、牛排和煎炸的食物以及不易消化的菜。红葡萄酒一般以室温供应。

（3）香槟酒适合于和任何菜肴共同享用，同时也适合于任何一种场合，香槟酒必须冷藏后才能饮用。

4. 西餐的咖啡厅服务

（1）餐前准备。

台面装饰美观，餐茶用品、展示食品摆放整齐。餐桌与餐椅疏密排列得当，台面整洁。

（2）迎宾服务。

客人来到餐厅门口时主动热情迎接，语言规范，对常客和回头客能够尊称其姓名。引导客人进入餐厅，安排坐位适当。

（3）服务桌面。

客人来到餐桌前时，主动拉椅让座，询问客人需求。客人点菜内容记录准确、复述清楚。客人开单后，上咖啡或冰水。菜点上桌摆放整齐，掌握好上菜节奏与时间。照顾好每一个台面，适时为客人斟饮料，补充咖啡。及时撤去空盘，撤换烟缸，保持台面整洁。整个桌面服务做到接待热情、开单快速、上菜及时、照顾周到。

（4）结账送客。

客人用餐结束示意结账时，须将账单准备妥当，复核无误，用账单夹呈放客人面前。客人过目核对后，要求结账迅速，挂账签单手续规范，并向客人表示感谢。客人离坐时，主动拉椅并递送衣物，欢迎客人再次光临。客人离开餐桌后，快速撤盘清台，要求无声响。重新整理好台面后，餐茶用具要摆放整齐、规范。

四、宴会管理

（一）宴会简介

宴会（Banquet）是国家政府、社会团体、单位、公司或个人之间为了欢迎、答谢、祝贺、喜庆等社交目的，根据接待规格和礼仪程序而举行的一种隆重的、正式的聚餐活动。它是以餐饮聚会为表现形式的一种高品位的社交活动方式。它是应习俗或社交礼仪需要而举行的餐饮聚会，又称筵宴、酒会，是社交与饮食结合的一种形式。人们通过宴会，不仅获得饮食艺术的享受，而且可增进人际之间的交往。

（二）宴会服务

1. 准备工作

开餐前半小时作好一切准备工作，服务员及领位员站在自己的工作区域迎候客人。

2. 迎接客人

热情迎宾，使用敬语，将客人引领至餐桌，为客人拉开餐椅，从客人右侧为客人把餐巾铺好，并为客人倒好一杯热茶水。

3. 宴会中的服务

（1）询问客人需要什么软饮，然后从右侧斟倒酒水和软饮。

（2）菜品取来时要先为客人展示菜品并报出菜名，需要时帮助客人分餐。准备下一道菜所用的餐具，为客人添加酒水，更换烟缸，并及时为客人更换骨碟。

（3）如果菜单中有需要用手去皮的菜品时，上菜同时配洗手盅，等客人吃完后一同撤下。

（4）上水果前要清台，将台面上客人不再使用的餐具一起撤下。

（5）将水果刀叉随水果盘从客人右侧放在垫碟上。

（6）客人用完水果后，从客人右侧将刀叉及水果盘一起撤下，并将茶水放到客人的垫碟上。

4. 结账服务

当客人用完餐后，准备好账单，检查无误，与宴会负责人结账。

5. 送客服务

客人离席，主动为客人拉椅，取所存衣物，热情道别。

6. 宴会后的收尾工作

检查台面，有无客人遗留物品，收拾台面，清理餐桌。

（三）宴会策划

宴会活动策划（Banquet Planning）是一个系统工程，它包括：计划与组织、协调与指挥、实施与控制等。宴会活动的策划要根据宴会举办者的目的、活动的性质、宴会的规格和举办者要求等内容进行。

宴会活动计划通常由饭店宴会销售预订人员根据洽谈的具体内容和饭店的创意，对场地安排、餐台、菜单、环境气氛和具体步骤进行设计，并征得主办方的同意后安排组织实施。

五、酒水与酒吧管理

（一）酒水概述

1. 酒的分类

酒的生产方法通常分为发酵、蒸馏、配制三种，生产出来的酒分别称为发酵酒、蒸馏酒和配制酒。发酵酒是指用谷物与水果汁直接放入容器中加入酵母发酵酿制而成的酒液，常见发酵的酒有葡萄酒、啤酒、水果酒、黄酒、米酒等。蒸馏酒是将经过发酵的原料（发酵酒）加以蒸馏提纯，获得的含有较高度数酒精的液体。常见的蒸馏酒有金酒、威士忌、白兰地、朗姆酒、伏特加酒、德基拉酒和中国的白酒。配制酒的制作方法很多，常用浸泡、混合、勾兑等几种方法。浸泡制法多用于药酒，将蒸馏后得到的高度酒液或发酵后经过滤清的酒液按配方放入不同的药材，然后装入容器中密封起来。经过一段时间后，药味就溶解于酒液中，人饮用后便会得到不同的治疗效果或刺激效果。饭店常见酒水主要有白酒、白兰地、威士忌、伏特加、金酒、朗姆酒、特基拉、利乔酒、鸡尾酒、葡萄酒、香槟、啤酒、日本清酒等。

（1）中国白酒。

中国白酒（Chinese Liquor）是我国所产酒类中的大类，按香型分为酱香型、清香型、浓香型、米香型和其他香型。主要品牌包括茅台酒、五粮液、剑南春、水井坊、汾酒、泸州老窖、古井贡酒、洋河大曲等。

（2）白兰地。

白兰地是由英文"Brandy"音译而来，意为"生命之水"。通常被人称为"葡萄酒的灵魂"，其中法国的干邑地区出产的白兰地最为著名。

（3）威士忌。

威士忌（Whiskey）是以大麦、黑麦、燕麦、小麦、玉米等谷物为原料，经发醇、蒸馏后放入橡木桶中醇化而酿成。威士忌分为苏格兰威士忌、爱尔威士忌、加拿大威士忌和美国威士忌等几种，都是以国家或产地命名，其中苏格兰威士忌最为著名。

（4）松子酒。

松子酒（Gin）又称琴酒、金酒和毡酒，是将以谷物为主要原料的蒸馏酒经糖化发酵蒸馏之后与草根、树皮等一起进行二次蒸馏后制成的酒。因酒中以杜松子为调香原料，酒液中带有浓烈的杜松子香味，故又称为杜松子酒。该酒 1660 年出现在荷兰，是由一名叫 Styvins 的医生发明的，最早是用来作麻醉剂，也有利尿的功能。

（5）朗姆酒。

朗姆酒（Rum）的主要原料是甘蔗，加入糖蜜及蔗汁和其他副产品后经发酵、蒸馏而成。

（6）伏特加。

伏特加（Vodka）最初用料是大麦，后来改用为以玉米、土豆和其他谷物等为原料，经糖化发酵后蒸馏而成。因为此酒几乎无色、无味，所以可与其他任何饮料配合，也可用来调配鸡尾酒。

（7）特基拉（墨西哥烈酒）。

特基拉（Tequila）是以龙舌兰谷物为原料的蒸馏酒。

（8）餐后甜酒（Liqueur）。

餐后甜酒又称利乔酒，有"液体宝石"之称。它是以食用酒精和其他蒸馏酒为基酒，配加各种调香物品，并经过甜化处理后制成的一种餐后用酒。

（9）啤酒。

啤酒（Beer）以大麦芽为主料，以大米、玉米、燕麦为辅料，啤酒花为香料酿造而成的。

（10）香槟酒。

香槟酒（Champaign）是一种含气泡的葡萄酒。香槟酒产于法国北部的香槟地区。

（11）鸡尾酒。

鸡尾酒（Cocktail）是一种以蒸馏酒为基酒，配以果汁、汽水、矿泉水等辅助酒水，再用水果、奶油、冰淇淋、果冻、布丁及其他装饰材料调制而成的色、香、味、形俱佳的艺术酒品。

（12）葡萄酒。

葡萄酒（Wine）是指以葡萄为原料酿制的酒。世界上的葡萄酒以法国最为著名，其中法国主要葡萄酒产区有波尔多地区、勃根地、香槟地区。

（13）清酒。

清酒（Sake）俗称日本酒，它与我国黄酒为同一类型的低度米酒。清酒是以精白米为主要原料，以久负盛名的滩之宫水为水源，并采用优质微生物和现代科学方法酿成。清酒在日本享有"国酒"之誉。

2. 酒店常用软饮料

软饮料（Soft Drink）是指不含酒精成份的饮料，包括咖啡、茶、可可、矿泉水、汽水、果蔬汁、牛奶等。

（1）碳酸饮料。

碳酸饮料（Carbonated Drink）有苏打水、干姜水、可乐、七喜、雪碧、芬达等。

（2）果蔬汁饮品。

果蔬饮品（Fruit & Vegetable Drinks）成本低廉，制作方便，而且营养丰富。酒吧中常见的鲜榨果汁有雪梨汁、柠檬汁、菠萝汁、西瓜汁、红萝卜汁、苹果汁、葡萄汁等。罐装果汁主要有椰子汁、橙汁、苹果汁等。

（3）水。

水主要包括纯净水、矿泉水、太空水等。著名的品种有：法国皮埃尔矿泉水、爱维安矿泉水、挪威芙丝水和中国的崂山矿泉水。皮埃尔矿泉水俗称巴黎水，产于法国，它是世界上独一无二的天然含汽矿泉水，被誉为"水中槟"，价格昂贵。爱维安矿泉水又译依云矿泉水，产于法国，它是世界上销量最大的矿泉水，无泡、纯洁、有甜味是它的特色，且富有均衡含量的矿物质。挪威芙丝天然水源于挪威南部的一片净土，没有任何污染，是世界上最干净的水，从那里源源流出的天然水矿物质含量低，不含钠，口感好。我国的崂山矿泉水，品质也十分优质，富含矿物质，有清肠胃助消化。

（4）牛奶。

牛奶含有丰富的蛋白质、脂肪、乳糖和人体所需的矿物质钙、磷以及维生素等。牛奶不仅营养丰富且利于消化，极易为人体所吸收。

（二）酒吧分类

酒吧是专门为客人提供酒水和饮用服务的场所，它同餐厅的区别是：只有酒水供应没有用餐服务。酒吧最初源于美国西部大开发时期的西部酒馆，Bar 一词到 16 世纪才有了"卖饮料的柜台"这个义项，后又随着时代的发展演变为提供娱乐表演等服务的综合消费场所。酒吧约在 20 世纪 90 年代传入我国。

1. 纯饮品酒吧

主要提供各类饮品，也有一些佐酒小吃，如果脯、杏仁、果仁、花生等。一般的娱乐中心、机场、码头、车站的酒吧都属此类纯饮品酒吧。

2. 供应食品的酒吧

绝大多数酒吧经营餐饮食品，酒仅是吸引客人消费的一个手段。含有食品供应的酒吧其目的是使客人增加消费。小吃往往是风味独特且易于制作的食品，如三明治、汉堡或地方小吃。在这种以酒水为主的酒吧中，小吃的利润即使高些客人也会消费。

3. 娱乐型酒吧

这种酒吧主要为了满足寻求刺激的客人，所以这种酒吧往往会设有乐队、舞池、卡拉 OK 等，有的甚至以娱乐为主酒吧为辅，所以吧台在总体设计中所占空间较小，舞池较大。此类酒吧气氛活泼热烈，大多青年人较喜欢这类刺激豪放类酒吧。

4. 休闲型酒吧

通常我们称之为茶座，是客人松弛精神、怡情养性的场所。主要服务对象为寻求放松的客人，所以座位会很舒适，灯光柔和，音响音量较小，环境温馨优雅。供应的饮料以软饮为主，咖啡是其所售饮品中的一个大项。

5. 俱乐部、沙龙型酒吧

由具有相同兴趣爱好、职业背景、社会背景的人群组成的松散型社会团体，常会在沙龙型酒吧定期聚会，谈论共同感兴趣的话题，交换意见及看法。这种酒吧在承办集会的同时也有饮品供应，比如在城市中可看到的"企业家俱乐部"、"股票沙龙"、"艺术家俱乐部"、"单身俱乐部"等，都属于此种类型的酒吧。

（三）酒吧经营特色

1. 酒吧地域的集中性

一般在饭店中或者相对集中并形成以酒吧为主题的街面。

2. 酒吧的营业时间长

一般从下午或晚上开始营业直到次日凌晨。

（四）酒单策划与设计

1. 酒单策划的原则

酒单是沟通客人和酒吧经营者的桥梁，是酒吧无声的推销员，是酒吧管理的重要工具。酒单在酒吧经营和管理中起着非常重要的作用。一份合格的酒单应反映酒吧的经营特色，衬托酒吧的气氛，为酒吧带来经济效益。同时，酒单作为一种艺术品，能给客人留下美好的印象。因此，酒单的策划绝不仅仅是把一些酒名简单地罗列在几张纸上，而是经过调酒师、酒吧管理人员、艺术家们的集思广益、群策群力，将客人喜爱的而又能反映酒吧经营特色的酒水产品印制在酒单上的过程。

2. 酒单策划的步骤

明确酒吧的经营策略，确认酒吧的经营方针；了解市场需求、客人饮酒的习惯及对酒水价格的接受能力；掌握酒水的采购途径、费用、品种和价格；了解酒水的品名、特点、级别、产地、年限及制作工艺；明确酒水的成本、售价及企业合理的利润；选择优良的纸张，认真地对酒单进行设计和筹划，写出酒水的名称、价格、销售单位等内容；作好销售记录，定时评估、改进，将客人购买率低的酒水品种去掉，重新选出受客人喜爱的酒水产品。

3. 酒单策划的内容

酒单策划的内容包括酒水品种、酒水名称、酒水价格、销售单位（瓶、杯、盎司）、酒品介绍等。

（1）酒水品种。

酒单中的各种酒水应按照它们的特点进行分类，然后再分类别排列各种酒品，比如分烈性酒、葡萄酒、鸡尾酒、饮料等类别。

（2）酒水名称。

酒水名称是酒单的中心内容，酒水名称直接影响客人对酒水的选择。

（3）酒水价格。

酒单上应该明确地注明酒水的价格。如果在酒吧服务中加收服务费则必须在酒单上加以注明。若有价格变动应立即更改酒单。

（4）销售单位。

所谓销售单位是指酒单上在价格右侧注明的计量单位，如瓶、杯、盎司等。销售单位是酒单上不可缺少的内容之一。

（5）酒品介绍。

酒品介绍是酒单上对某些酒水产品的解释或介绍，尤其是对鸡尾酒的介绍。酒品介绍要以精练的语言帮助客人认识酒水产品的主要原料、特色及用途，使客人可以在短时间内完成对酒水产品的选择，从而提高服务效率。

（6）葡萄酒名称代码。

在葡萄酒单上的葡萄酒名称左边常有数字，这些数字是酒吧管理人员为方便客人选择葡萄酒而设计的代码。

（7）广告信息。

一些酒吧在酒单上注明该酒吧的名称、地址和联系电话，这样，酒单又起着广告的作用，使酒单成为客人和酒吧的联系纽带。

六、特色餐厅管理

成功的餐饮空间设计对发展餐饮事业及各地文化交流有着莫大帮助。在现今国际化的城市里，应不同的市场需求，饮食业融汇了各地不同的特色，使饮食文化多姿多彩，特色餐厅应运而生。特色餐厅要有独特风格和主题，不论是选址、环境、空间还是气氛，都是不能忽视的。

（一）特色餐厅概述

特色餐厅（Specialty Restaurant）主题鲜明，有一定的社会性。它以特定的历史阶段为背景，依照一定的文化传统、历史沿革、风俗时尚来体现古今中外餐饮文化的无穷魅力。它涉及不同时期、不同国家和地域的历史人物、文化艺术、风土人情、宗教信仰、生活方式等，餐厅以特定的菜系或美食为主题。该类餐厅的经营特色是通过一个或多个主题为吸引物，希望人们身临其中时能进入预设的主题情境之中。

【案例1】

浙江首家标准化特色文化主题饭店——70公社知青饭店

70公社知青饭店坐落于千岛湖龙川湾景区内，该酒店外观保留了当年知青宿舍的建筑风貌，但酒店内部的现代化设计又迎合了当今游客的品质生活要求。有入住的游客评价它在舒适程度不减的基础上，为人们营造了别有风情的住宿休闲环境。它与当前都市酒店的最大区别是提供了一种独特的历史文化内涵。通过入住知青饭店，通过饭店的知青文物陈列室、老电影放映厅等文化旅游设施，可以了解体验当年知识青年上山下乡、战天斗地的那段特殊经历。70公社知青饭店以其灵秀的水乡风情、深厚的文化底蕴和独特的饮食文化，成为融合鲁迅文化、江南文化、越文化为一体的特色文化主题饭店。

（二）特色餐厅的特点

1. 特色餐厅具有较强的文化性

社会在不断发展进步，当人们告别了果腹式的饮食方式后，更多的是希望获得一种精神上的满足。主题餐厅作为一种特殊的餐饮消费场所，饮食只是消费中的一部分，丰富的主题文化内涵才是餐厅真正的商业卖点，文化成了餐厅实现生存发展的有效资本和灵魂支柱，只有对文化不断发掘和创新，才能使主题餐厅焕发出长久的生命力。

2. 特色餐厅与一般餐厅存在差异

与一般餐厅相比，特色餐厅往往针对特定的消费群体，不单提供饮食，还提供以这种饮食文化为主题的服务。利用独特的装修、设备，精心制作的菜肴、糕点以及服务员的着装吸引顾客，使自己的产品与服务优于竞争对手。与一般餐厅的差异也形成了该主题餐厅的标志，为消费者提供了一个很好的视觉识别形象，并以此来触动消费者的内心，引起消费者心灵共鸣，刺激其消费行为。

3. 特色餐厅存在一定的经营风险

所谓特色，是餐饮企业针对目标顾客群体的专门化服务，一种对顾客"量身定做"的营销手段。如果把握不准，不能得到一定人群的认同，则"卖点"也会成为餐厅的"死穴"。

（三）特色餐厅的设计

餐饮空间的内部装饰是吸引消费者的一个重要因素，其特殊的空间氛围及其所体现的内涵通常是引导消费者购买的一种深层次的营销手段，因此餐厅内部设计也呈现出多元发展的趋势。

1. 利用命名进行主题营造

人对环境的感知是通过特定信息来传递的，通过命名所产生的视觉形象能够唤起人们的知觉和想象，并暗示某种不同的意蕴。如北京 8 号学苑、神酷监狱主题餐厅等。

2. 利用色彩关系进行主题营造

色彩在情感表达方面给人非常鲜明且直观的视觉印象。色彩的主题营造的关键在于以色彩来把握人们的心理，所采用的色彩要能够引起人们的联想与回忆，从而达到唤起人们情感的目的。如激情岁月主题餐厅等。

3. 利用装饰形态符号进行主题营造

餐厅中的装饰形态对主题的表达起着关键性作用，装饰形态的造型反映着餐饮环境的某种特征。可以利用这个特点在空间中体现出不同的环境氛围。如马桶餐厅、武林餐厅等。

4. 利用照明形态进行主题营造

照明形态是创造餐饮环境的重要手段，应最大限度地利用光的变化创造出情感丰富的环境氛围。如吸血鬼餐厅、漆黑餐厅等。

（四）特色餐厅的发展趋势

1. 特色餐厅的主题趋于个性化

善于接受新鲜事物的年轻人思想前卫、极具个性，要吸引年轻人必然要有个性化的主题。

2. 消费定位大众化

我国市场上的特色餐厅主要集中在大中型城市，价格趋向大众化才能吸引更多的顾客。

3. 菜肴质量仍是关键

顾客在追求主题个性、消费大众化之外，最关心的还是菜肴质量。只有注重菜肴质量才是餐厅长久发展的关键所在。

第三节　餐饮部后勤管理

一、餐饮原材料采购与验收管理

采购（Purchase）指企业在一定条件下从供应市场获取产品或服务作为企业资源，以保证企业生产及经营活动正常开展的一项企业经营活动。采购是一个商业性质的有机体为维持正常运转而寻求体外摄入的过程。餐饮原材料的采购直接关系着餐厅的利润，因此餐饮原料采购活动必须考虑企业的总成本，在最适当的时间以最高的效率获得最适当质量、最适当数量的原料，并能保持物料连续供应的一种采购技术。

（一）食品原材料的采购

1. 采购的组织形式

在目前的饭店业中，餐饮原材料的采购有以下几种组织形式：

（1）餐饮部全权负责制。

（2）饭店采购部负责制。

（3）饭店采购部和餐饮部共同负责制。

2．采购的程序

餐饮部和仓库通过订购申请单向采购部门提出订货要求；仓库保管员在某种原材料的现存量低于规定数量时，提出订购申请；采购部门收到订货申请后，开出正式的订购单，向供货单位订货，同时给验收部门一份副本，以备收货时核对；当货物运到饭店后，由验收部门对照订购单和原材料规格、标准等，对货物的品种、数量、价格、质量进行验收；对厨房订购的新鲜食品应立即通知厨房通过申领手续领出，其他原材料填单后入库；验收结束，将签验后的货物发票连同合同一起交采购部，采购部再交财务部门审核，然后向供货单位付款。如图12-4所示。

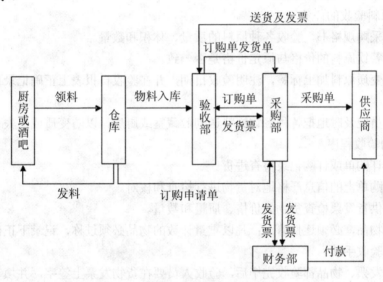

图 12-4　餐饮原料采购流程图

3．采购方法

（1）直接市场采购（Direct Procurement）。

这种采购方法使原材料的新鲜度得到保障，库存量降到最低。

（2）供应商报价采购（Supplier Bidding Procurement）。

将每日所需的生鲜食品和每周需要的杂货用量，交由几个供应商报价，从中选择最佳的厂商供应。

（3）产地进货（Stock Origin）。

这种进货方式既可以保证原材料的新鲜度又可使成本价格降到最低。

（4）招标采购（Bidding Procurement）。

以投标的形式将需要采购的原材料名称、规格和标准寄给有能力的供货单位，由它们进行报价投标。

（5）其他采购方法。

两家以上的餐饮企业可以联合采购某些共同标准的原材料，或某些连锁饭店统一采购其旗下饭店的原材料。

（二）食品原材料的验收

餐饮原料的验收工作是保障饭店餐饮原料新鲜、安全的重要环节。采购验收工作虽不直接向客人提供服务，但其工作的好坏将直接影响到整个饭店向客人提供服务的质量。因此，作好饭店餐饮原料的验收工作的管理是十分重要的，有利于提高饭店的服务质量和经济效益。

1. 餐饮原料验收人员的要求

（1）有健康的体魄。

（2）能熟练使用验收的各种设备和工具。

（3）对物品的采购规格非常清楚。

（4）具有鉴别原料品质的能力。

（5）懂得各种票据处理的方法和程序，熟悉企业的财务制度。

（6）诚实守信，对企业忠诚。

2. 餐饮原料验收的任务

（1）根据采购规格书，验收各种原料的质量、体积和数量。

（2）核对餐饮原料的价格与原定价格是否一致。

（3）给易变质原料加上标签，注明验收日期，并在验收日报表上正确记录已经收到的各种食品原料。

（4）验收员应及时地把各种餐饮原料送到贮藏室或厨房，以防变质或损失。

3. 科学的验收程序

（1）根据订购单或订购记录检查进货。

要根据订购单上的信息严格地对货物进行检查和核对。

（2）根据供货发票检查货物的价格、质量和数量。

凡可数的物品，必须逐件清点；凡以重量计数的物品必须过称，记录下正确的数量。

（3）办理验收手续。

当送货的发票、物品都验收完毕后，验收人员要在货物发票上签字，并填写验收单，以表示货物已经收到。

（4）分流物品，妥善处理。

原料验收完毕，需要入库进行保存的原料，要使用双联标签，注明进货名称、日期、重量、单价等，并及时送仓库进行保存。一部分鲜活的原料由厨房开领料单，直接进入厨房。

（5）填写验收日报表和其他报表。

验收人员填写验收日报表的目的是保证供货发票不至于发生重复付款的差错。验收日报表也可作为控制依据和计算每日经营成本的依据。

二、餐饮原材料贮藏与发放管理

原料的库存与发放是食品原料控制的重要环节，因为它直接关系到餐饮产品的生产质量、成本和经营效益。良好的库存管理，能有效地控制食品成本。如果控制不当，就会造成原材料变质、腐烂、账目混乱、库存积压，甚至还会导致盗窃等严重事故的发生。

（一）食品储藏区域的要求

餐饮原料的仓库又称原料储藏室，每天要接收、存储和分发大量的食品原料，因此贮藏室应尽可能地位于验收处与厨房之间，以便于将食品原料从验收处运入贮藏室或从贮藏室运入厨房。贮藏室的面积大小要合理，既要做到存放有序又要节约成本。

（二）食品储藏库的分类

餐饮原料的易坏程度是不同的，不同的物品需要不同的储存条件。由于餐饮原料要求使用的时间不同，因此应分别存放在不同地点。餐饮原料往往会处于不同的加工阶段，例如新鲜的鱼、清洗好的鱼、半成品的鱼和加工好的成品鱼，这又需要不同的储存条件和设备。因此，饭店就应设置不同功能、不同类别的库房。

（三）食品贮藏库对温度、湿度和光线的要求

几乎所有的食品饮料对温度、湿度和光线的变化都十分敏感。不同的食品饮料在同一种温度、湿度和光线条件之下的敏感度又不一样。因此，不同的食品饮料应存放于不同的贮藏库之内，并给予不同的温度、湿度和光线条件，使食品饮料始终处于最佳食用状态。

1. 对温度的要求

干货贮藏库温度最好控制在10℃左右；冷藏食品最好存贮在10℃以下的冷藏库里；冷冻库的温度一般需保持在-24℃～-18℃。

2. 对湿度的要求

食品原料仓库的湿度也会影响食品存储时间的长短和质量的高低。不同的食品原料对湿度的要求不一样。另外，所有的贮藏仓库都应保持空气流通。

3. 对清洁卫生的要求

食品原料贮藏仓库应及时清扫，时刻保持清洁，并做好防油污、防虫、防鼠工作。

（四）餐饮原料的库存方法

按原料对储存条件的要求，可分为干货库贮藏、冷藏库贮藏、冷冻库贮藏。

1. 干货原料的贮藏管理

干货原料主要包括面粉、糖、盐、谷物类、豆类、饼干类、食用油类、罐装和瓶装食品类等。其管理要求是：按各种原料的不同属性对原料进行区分，并用标签标明货名、进货日期，按照不同的类型存放于货架上。仓库的温度控制在10℃左右，并做好防虫、防鼠及防潮处理。

2. 鲜货原料的冷藏管理

鲜货原料包括新鲜食品原料和已加工过的食品原料。新鲜食品原料指蔬菜、水果、鸡蛋、奶制品及新鲜的肉、鱼、禽类等；加工过的食品原料指切好的肉、鱼、禽类原料，冷荤菜品，蔬菜与水果沙拉，各种易发酵的调味汁，剩余食品等。鲜货原料一般使用冷藏设备。其管理要求是：按各种原料类别的不同对原料进行区分，并用标签标明货名、进货日期，按照不同的类型存放在冷藏室内，并将所有原料按生、熟进行分类存放，保持冷藏室干净整洁，并保证所有食品原料在保质期内使用。

3. 食品原料的冷冻贮藏

冷冻食品原料包括冷冻肉类、禽类、水产类，冷冻蔬菜，以及已加工的成品和半成品。为保证冷冻食品原料的新鲜，尽量延长有效的储藏期，在食品原料的冷冻过程中应做到：冷冻贮藏的食品原料应用抗挥发性材料包装紧密，标明货名和入库日期，分类存放于-24℃～-18℃的冷冻室内。在使用过程中要坚持"先进先出"的原则，并经常挪动贮藏的食品原料，防止贮藏过久造成损失。

（五）餐饮原料的发放控制

领料是厨房为了获得生产所需要的各种原料而履行的一种手续，也是食品成本控制的一个方面。发料则是仓库根据领料的凭据向厨房发放原材料的一个过程。领发控制，就是要在保证厨房用料及时、充分供应的前提下，控制领料手续和领料数量，并正确记录厨房用料的成本。

1. 领料及领料单的控制

领料单的使用能有效地控制成本，也能有效地计算出当日食品成本。领料单在使用时应做到以下几点：

（1）字迹工整、清楚，不得随意涂改领料单。

（2）各项内容填写完整。

（3）领料单一式四联，一联厨房存留，一联交仓库领料，一联交财务处，一联交成本控制员。

（4）领料单必须经审批签字方可生效。

2. 发料的要求

（1）任何原材料的发放都必须通过正规的手续进行，发料人要坚持原则，做到：没有领料单不发货；领料单没有经过审批不发货；领料单上有涂改或字迹不清楚的不发货；手续不全的不发货；腐败变质的原料不发货。

（2）贮藏室的发料人员必须熟悉本饭店管理者的签名笔迹，在发料时在领料单上签字。

（3）发料时应做到及时、准确。

（4）在发放时，如遇到贮藏室缺货，须在领料单上注明。

（5）根据领料单作好餐饮原料的发放记录和存货记录，使库中的实物与账目一致，使仓库账目与成本控制员或会计手中的账目一致。

三、餐饮后厨管理

厨房管理是一门科学，也是餐饮部管理和饭店管理的重要组成部分。厨房管理水平对菜肴质量、餐饮成本、餐厅的服务质量、饭店经营特色、宾客的消费满意度和饭店经济效益有着举足轻重的影响。厨房管理是指厨房管理人员依照厨房生产业务的规律、原则，遵循一定的程序和方法，对厨房内各项人力、物力资源进行有效的计划、组织、控制和协调，充分调动厨房工作人员的积极性、创造性，以实现企业的经营目标。

（一）厨房的整体规划

厨房的整体规划设计是指根据餐厅经营类型和厨房生产规模的需要，充分考虑可利用的条件，因地制宜，对厨房的种类、数量、面积、位置、厨房和餐厅的连接方式以及厨房的工作环境进行确定和设计，在此基础上提出厨房各功能区域的设计和布局方案。

1. 厨房的位置

确定厨房位置时，应在遵循餐饮设施总体规划的前提下，使厨房的不同加工作业点在同一建筑区域内或同一楼层内，并靠近相应的餐厅、原料进货口和储藏区，便于工作的沟通协作和菜肴的加工烹制，有利于整体与局部的相互协调。

2. 厨房的区域划分

厨房各部门的布局应当根据菜肴生产中的运动方向进行。菜肴从原料到制成产品的全过程通常要经过五个部门，即食品原料验收区、食品储藏区、初加工厨房、烹调厨房、备餐间与洗碗间、厨房员工的更衣室等。因此厨房部门的数量和位置的设定必须根据其实际需要来进行设计。

3. 厨房的设备布局

厨房设备的布局必须有利于提高菜肴制作的质量和效率，减少厨师在制作菜肴中的流动距离，除此之外，还要考虑各种设备的使用率。厨房设备的布局方法通常有直线型布局、L型布局、面对面布局、带式布局、U型布局、酒吧式布局、快餐厅布局等。

（1）直线型布局。

适合场地面积较大的直线型厨房，所有设备按照菜肴的加工程序以直线排列。烹调厨房一般都按直线型布局，所有炉灶、炸锅、烤箱等加热设备均作直线型布局。

（2）L型布局。

当厨房面积和厨房建筑结构不利于作直线型布局时，往往采用L型布局方式。此种布局是将厨房设备按英文字母"L"的形状排列，它的特点是将烹调灶具和各种蒸锅及煮锅分开，烤炉、炸炉等排列在一条直线上，右方摆放煮锅和蒸锅，方便菜肴的加工和烹调。此种排列方法一般在酒楼的烹调厨房或饼房、面点房中得到广泛应用。

（3）U型布局。

根据菜肴的加工需要，在厨房设立几个区域，每个区域就是一个专业生产部门，如初加工、冷菜、热菜和面点等，每个部门的生产设备都要按英文字母"U"的形状排列。这种排列方法的优点是使专业厨师和他们使用的设备集中在一起，缺点就是设备使用率低。

（4）带式布局。

这种布局方法根据菜肴的制作程序将厨房分成几个部门，每个部门负责一种或一类菜肴的加工和烹调，各个部门间常用隔板分开以减少噪音和方便管理。每个部门的菜肴加工设备都成直线排列，这样厨房中的各种生产设备的布局像几条平行的带子。此种方法的最大好处是保持空气清洁，减少厨师在工作中的流动距离。

（二）厨房的设备管理

1. 厨房设备

厨房设备主要指厨房生产菜肴的各种炉灶、保温设备、冷藏设备和切割设备等。由于菜肴的形状、品味、颜色、质地和火候等各质量指标都受生产设备的影响，因此厨房设备对菜肴质量起着关键的作用。

2. 厨房烹调设备

主要包括：焗炉、扒炉、平板炉、烤箱、炸炉、西餐烹调灶、中餐烹调灶、组合式烹调灶、翻转式烹调炉、蒸箱、倾斜式煮锅等。

3. 厨房加工设备

主要包括：切片机、绞肉机、多功能搅拌机、锯骨机、万能去皮机、切割机和拌面机等。

4. 厨房存储设备

主要包括：冷藏设备、食品保温设备以及各种货架等。

（三）厨房的业务组织管理

饭店一般根据餐厅生产规模和产品特色，即餐饮接待能力和市场定位来设置餐饮生产的组织机构。厨房作为餐饮生产的重要部分，它的机构设置必须遵循以生产为中心、以岗定编、有分工有协作、指挥控制得当、权责分明、高效等基本原则。

1. 现代大型饭店组织机构

现代大型饭店的厨房一般设立一个主厨房，承担所有厨房原料的初加工及配份，各分厨房直接向主厨房领取半成品原料进行生产，如图 12-5 所示。

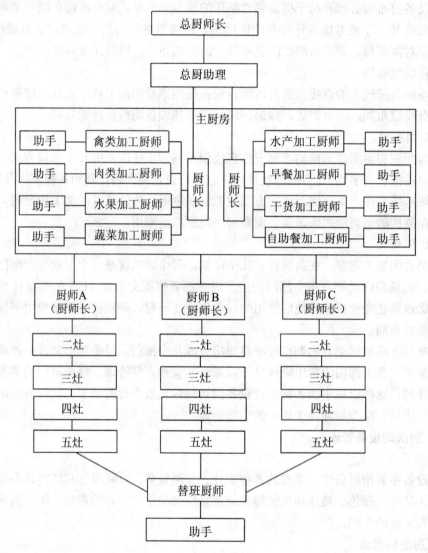

图 12-5 大型厨房组织机构图

2. 中型厨房组织机构

现代饭店的中型厨房大多分为中餐和西餐两部分，中西餐厨房生产的产品有区别，因此每个厨房的组织机构相对独立，各自负责原料的初加工、精加工、配份、烹制等全面生产活动，承担制订生产计划、产品质量控制、人员调配、产品成本控制等管理职能。中型厨房组织机构如图 12-6 所示。

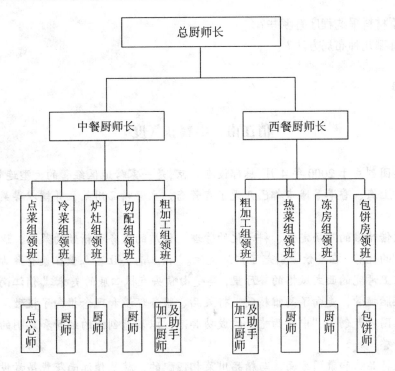

图 12-6 中型厨房组织机构图

3. 小型厨房组织机构

小型厨房由于其生产规模较小,组织机构一般根据厨房生产的环节分成不同的工作岗位,实行岗位负责制,分工明确,层层管理,有效地控制餐饮产品质量、成本和人员调配,如图 12-7 所示。

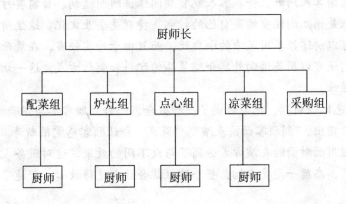

图 12-7 小型厨房组织机构图

【思考题】

1. 餐饮管理的特点是什么?
2. 餐饮部的主要任务是什么?
3. 菜单设计的原则有哪些?
4. 餐饮原料的库存方法有几种?

5. 餐饮原材料采购程序有哪些？
6. 厨房有哪几种布局方法？

【案例分析题】

俏江南：中餐新气度

俏江南集团创立于 2000 年 4 月，总部设在北京，是一家跨地区经营的大型连锁餐饮企业。目前在北京、上海、香港等城市都已开设了直营店，主营精品川菜，并辅以粤菜和谭家官府菜。

俏江南凭借精准的市场定位、科学化的管理、优质的服务和精致的菜品，逐渐形成了品牌及规模发展的优势，在餐饮业引起了广泛关注。"俏江南要让客人坐在兼有最古典优美的中国风情和最前卫考究的西式风格的餐厅里，享受由喉头直抵心底的美味。"俏江南使原来廉价味重的川菜脱胎换骨，走向了高雅精致，将菜品、服务环境和理念推向了极致。

俏江南在国内开创了"中餐西吃"的成功典范，以富有创意的经营和鲜明的特色赢得了顾客的普遍赞誉。

在营造独特品味和氛围方面，与精品川菜相匹配的，就是俏江南花费昂贵设计费打造的独一无二的高雅环境。30 多家俏江南尽管菜式一致，但装修却各有风格。客人们在不同的俏江南可以找到不同的情调与新鲜感。俏江南的运营不求急功近利，而是考虑客人的第一需求是什么。客人来到这里就能享受到俏江南的整体氛围和文化，首先是视觉享受，其次才是味觉享受。

服务方面，俏江南做到了快速，周到。在顾客进门的那一刻，不论餐厅多么繁忙，服务员都要在 5 秒钟内向客人问好，并在客人就餐期间保证随叫随到。目前餐厅行业的服务整体水平提升很快，但是俏江南注重的是自己的特色，特别是企业文化。这里所有员工不仅可以背出宋词牌，还可以讲述很多川菜中的小典故。而且由于外宾较多，在展示一些表演类的菜时，表演的厨师们还可以用英语向外宾介绍菜品的配料和制作方式。这一切新奇而有趣，给食客增添了特别滋味。

"俏江南的菜色比较新颖，把菜做成了一种概念，一种让顾客参与体验的表演。"上海餐饮行业协会秘书长指出，"到顾客面前表演制作菜式，会让顾客感觉很新奇。其实这些都可以在厨房里完成，但用面对面的表演方式达到了与众不同的效果。这对服务人员的服务态度也提出了更高的要求，态度一定要亲切，整个过程就会让人觉得放心、舒适了。"

案例思考：结合餐饮业的发展趋势，分析俏江南成功的原因有哪些？

参考书目

1. 杨洋. 饭店管理概论 [M]. 青岛：中国海洋大学出版社，2011.
2. 袁宗堂. 中国旅游饭店发展之路 [M]. 北京：中国旅游出版社，2001.
3. 冯颖如. 全球化视角——饭店经营与管理 [M]. 北京：企业管理出版社，2008.
4. 程旭东. 现代饭店管理 [M]. 北京：人民邮电出版社，2006.
5. 蒋丁新. 饭店管理概论 [M]. 大连：东北财经大学出版社，2007.
6. 廖卫华. 现代饭店管理原理 [M]. 北京：经济科学出版社，2007.
7. 刘慧明，杨卫. 酒店领班岗位职业技能培训教程 [M]. 广州：广东经济出版社，2007.
8. 钮先铖. 酒店营运管理与实务 [M]. 广州：南方日报出版社，2002.
9. Chuck Y. Gee. 国际饭店管理 [M]. 谷慧敏译. 北京：中国旅游出版社，2002.
10. 邹益民等. 现代饭店管理 [M]. 杭州：浙江大学出版社，2006.
11. 刘慧明，杨卫. 酒店营销经理岗位培训手册 [M]. 广州：广东经济出版社，2011.
12. 胡宇橙，王文君. 饭店市场营销管理 [M]. 北京：中国旅游出版社，2005.
13. 李翔迅. 酒店经营与管理 [M]. 北京：对外经济贸易大学出版社，2009.
14. 丹尼. G. 拉瑟福德. 饭店管理与经营 [M]. 大连：东北财经大学出版社，2006.
15. 傅生生. 酒店管理 [M]. 上海：上海交通大学出版社，2011 年.
16. 徐桥猛，李丽. 酒店管理经典案例分析 [M]. 广州：广东经济出版社，2007.
17. 邬玮玮. 饭店管理（第二版）[M]. 郑州：郑州大学出版社，2012.
18. 孙靳. 现代饭店管理 [M]. 西安：西北工业大学出版社，2010.
19. 郭琰. 酒店管理 [M]. 郑州：郑州大学出版社，2010.
20. 黎洁，肖忠东. 饭店管理概论（第二版）[M]. 天津：南开大学出版社，2003.
21. 郑向敏，谢朝武. 酒店服务与管理 [M]. 北京：机械工业出版社，2004.
22. 左剑. 康乐服务与管理 [M]. 北京：科学出版社，2008.
23. 吕建中. 现代旅游饭店管理 [M]. 北京：中国旅游出版社，2002.
24. 陆慧. 现代饭店管理概论 [M]. 北京：科学出版社，2005.
25. 黄震方. 饭店管理概论 [M]. 北京：高等教育出版社，2001.

南开大学出版社网址：http://www.nkup.com.cn

投稿电话及邮箱：　022-23504636　　QQ：1760493289
　　　　　　　　　　　　　　　　　　QQ：2046170045(对外合作)
邮购部：　　　　　022-23507092
发行部：　　　　　022-23508339　　Fax：022-23508542

南开教育云：http://www.nkcloud.org　

App：南开书店 app　

　　南开教育云由南开大学出版社、国家数字出版基地、天津市多媒体教育技术研究会共同开发，主要包括数字出版、数字书店、数字图书馆、数字课堂及数字虚拟校园等内容平台。数字书店提供图书、电子音像产品的在线销售；虚拟校园提供 360 校园实景；数字课堂提供网络多媒体课程及课件、远程双向互动教室和网络会议系统。在线购书可免费使用学习平台，视频教室等扩展功能。